Webcode – Übungsdateien

90A0-3359-A6A8

W0391450

Illustrator CC 2014

Grundlagen

ILLCC2014

Peter Wies

1. Ausgabe, August 2014

ISBN: 978-3-86249-375-3

HERDT

Zu diesem Buch

Dieses Buch vermittelt Ihnen schnell und anschaulich alle grundlegenden Techniken, um effizient und professionell mit Illustrator CC 2014 zu arbeiten.

Lernziele	Vor jedem Kapitel sehen Sie die jeweiligen Lernziele und Voraussetzungen.
Arbeitsanleitungen	Die effizientesten Wege zum Ziel werden Schritt für Schritt im Kapitel erklärt.
Auf einen Blick	Eine Übersicht der Funktionen erhalten Sie am Kapitelende.
Übungen	Ebenfalls am Ende des Kapitels festigen Sie Ihre erworbenen Kenntnisse.

Was bedeuten die Symbole im Buch?

hilfreiche Zusatzinformation	leichte Übung
Praxistipp	mittelschwere Übung
Warnhinweis	schwierige Übung

Nachhaltig lernen mit Beispiel-, Übungs- und Ergebnisdateien

Für die meisten Kapitel stehen Ihnen Beispiel-, Übungs- und Ergebnisdateien zur Verfügung.

- Mithilfe der **Beispieldateien** können Sie die erläuterten App-Funktionen direkt nachvollziehen.
- Die Übungen am Ende der einzelnen Kapitel lassen sich ohne weitere Vorbereitungen mit den jeweiligen **Übungsdateien** durchführen.
- Anhand der **Ergebnisdateien** kontrollieren Sie schnell, ob Sie die entsprechenden Übungen korrekt ausgeführt haben.

Mit dem Kauf dieses Buches haben Sie die Berechtigung erworben, diese Dateien von der Website des HERDT-Verlages unter *www.herdt.com* herunterzuladen. Nutzen Sie hierzu den **Webcode**, der sich rechts oben auf der Titelseite dieses Buches befindet:

Verwendete (Software-)Einstellungen

Die Funktionsbeschreibungen des Buchs basieren auf ...

- einer Installation von Adobe Illustrator CC 2014,
- der Nutzung des Betriebssystems Windows 8.1 Pro,
- den Standardeinstellungen der App,
- einer Bildschirmauflösung von 1280 x 1024 Pixeln.

Wenn Sie eine andere Bildschirmauflösung eingestellt haben, kann das Aussehen der Fenster von den Abbildungen im Buch abweichen.

Bitte beachten Sie, dass Illustrator CC 2014 vergleichsweise häufig aktualisiert wird und sich dadurch kurzfristige Abweichungen hinsichtlich des Funktionsumfangs und der Bedienung ergeben können. Informationen zu den Änderungen der jeweils aktuellsten Illustrator-Version finden Sie im Internet unter *helpx.adobe.com/de/illustrator/using/whats-new.html*.

Hinweis zur Nutzung des Buches beim Arbeiten mit einem Mac

Sie können dieses Buch auch verwenden, wenn Sie die App auf einem Mac unter Mac OS X mit PowerPC- oder Intel-Prozessor installiert haben. Unterschiede kann es z. B. bei den typischen Windows-Tasten und bei Vorgängen wie Öffnen, Speichern etc. geben.

Das sollten Sie bereits können

Sie können sich den Inhalt dieses Buches am besten aneignen, wenn Sie bereits über folgende Kenntnisse verfügen:

- Sie beherrschen die grundlegenden Techniken bei der Arbeit mit dem Betriebssystem.
- Sie wissen, was eine Pixel- und eine Vektorgrafik auszeichnet.
- Sie haben einen Überblick über Farbmodelle wie RGB, CMYK und HSB/HSL, deren Eigenschaften und Unterschiede.

Weitere Medien von HERDT nutzen

Hat Ihnen das vorliegende Buch gefallen, empfehlen wir Ihnen weitere HERDT-Bücher wie z. B.:

- **Photoshop CC 2014 - Grundlagen**
- **InDesign CC 2014 - Grundlagen**
- **Dreamweaver CC 2014 - Grundlagen**

Diese und weitere Lehr- und Lernmaterialien können Sie direkt auf unserer Website bestellen:

www.herdt.com

Wir wünschen Ihnen viel Spaß und Erfolg mit diesem Buch.

Ihr Redaktionsteam des HERDT-Verlags

1 Einstieg in Illustrator

In diesem Kapitel erfahren Sie

- ✔ welche Elemente das Illustrator-Anwendungsfenster enthält
- ✔ wie Sie Zeichnungen neu anlegen, speichern, drucken, öffnen und schließen
- ✔ wie Sie eine einfache Zeichnung erstellen und bearbeiten
- ✔ wie Sie Vorlagen erstellen und verwenden

1.1 Mit dem Illustrator-Anwendungsfenster arbeiten

Illustrator über den Windows-Startbildschirm starten

- ▶ Tippen Sie direkt auf dem Windows-Startbildschirm die Anfangsbuchstaben der App ein (*ill*).
- ▶ Klicken Sie in der nun eingeblendeten Suchleiste auf den rechts abgebildeten Eintrag.

Nach dem App-Start wird das Illustrator-Anwendungsfenster eingeblendet, in dem zunächst noch keine Zeichnung geöffnet ist. Um alle Illustrator-Werkzeuge anzuzeigen, erstellen Sie eine neue Zeichnung.

Eine neue Zeichnung erstellen

- ▶ Rufen Sie *Datei - Neu* auf oder drücken Sie Strg N.

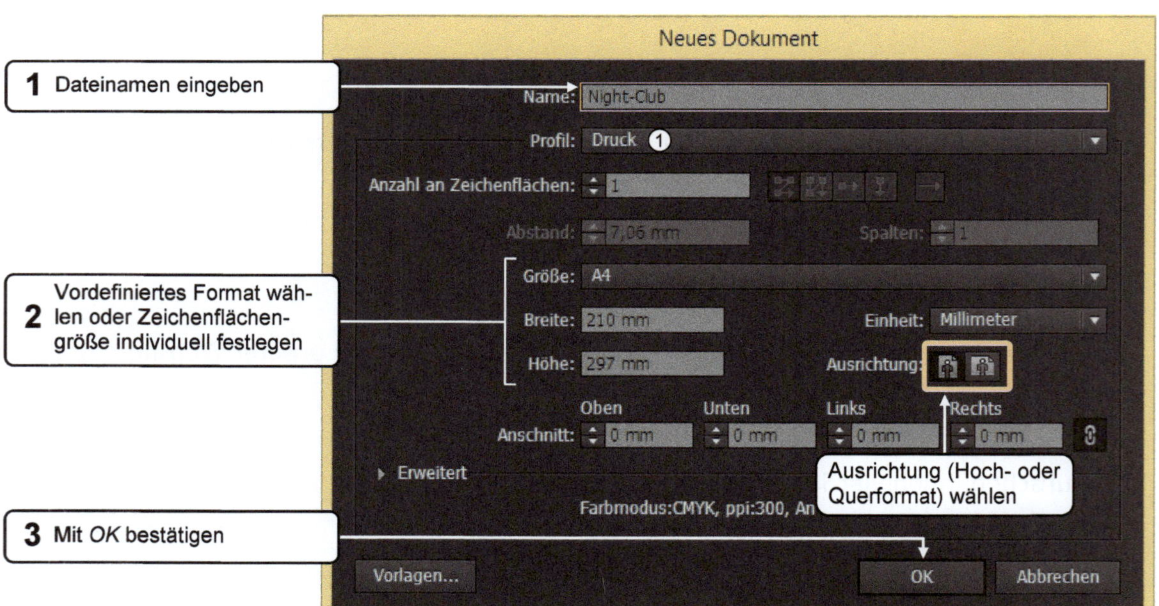

- ✔ Sie können im Feld ① auch ein anderes vordefiniertes Profil wählen. Wählen Sie hier z. B. das Profil *Web*, wenn die Zeichnung im Internet veröffentlicht werden soll.
- ✔ Falls Sie im abgebildeten Dialogfenster Änderungen vorgenommen haben, stehen diese beim erneuten Aufruf des Dialogfensters wieder zur Verfügung und im Feld ① wird der Eintrag *[Benutzerdefiniert]* angezeigt.

Das Illustrator-Anwendungsfenster

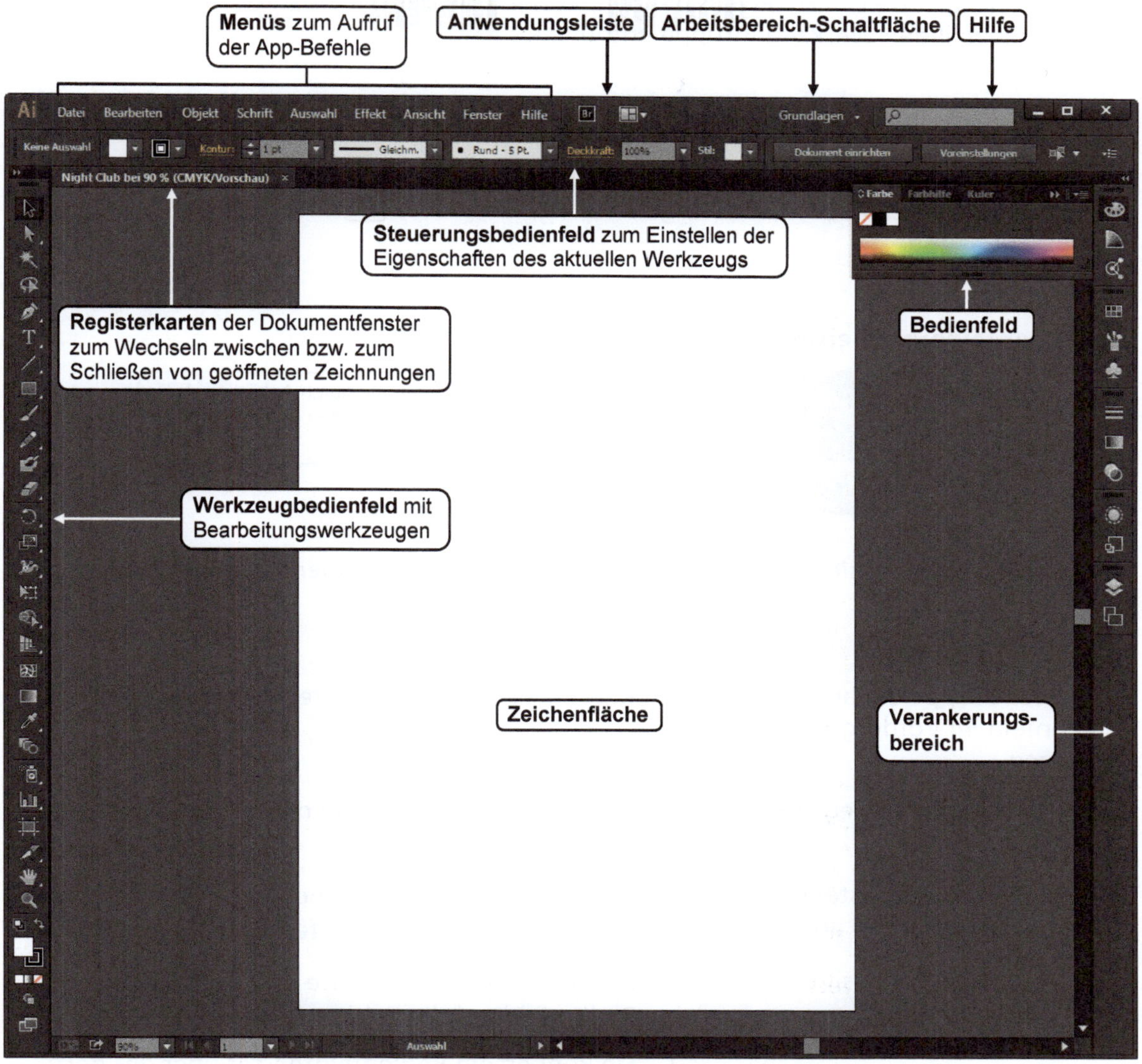

Das Werkzeugbedienfeld nutzen

Im Werkzeugbedienfeld stehen Ihnen sämtliche Werkzeuge zur Verfügung, die Sie für die Erstellung bzw. Bearbeitung einer Zeichnung benötigen.

Sie möchten ...	
den Namen eines Werkzeugs einblenden	▶ Zeigen Sie mit der Maus auf eine Schaltfläche, bis eine QuickInfo mit dem Namen des Werkzeugs erscheint. 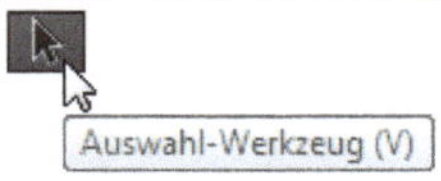
ein ähnliches Werkzeug aktivieren	▶ Klicken Sie auf eine Schaltfläche, auf der sich ein kleines Dreieck befindet, und halten Sie die Maustaste einen Moment lang gedrückt.  Ein Menü erscheint, aus dem Sie ähnliche Werkzeuge wählen können.
das Werkzeugbedienfeld zweispaltig anzeigen	▶ Klicken Sie auf den Doppelpfeil oberhalb des Werkzeugbedienfelds. 

Im Anhang dieses Buchs finden Sie neben der Übersicht aller Werkzeuge eine Beschreibung, wie Sie benutzerdefinierte Werkzeugbedienfelder erstellen und verwenden können.

Viele Werkzeuge lassen sich auch über die Tastatur aktivieren. Um welche Taste es sich jeweils handelt, können Sie dem Menü der jeweiligen Werkzeuggruppe entnehmen.

Mit dem Steuerungsbedienfeld arbeiten

Im Steuerungsbedienfeld stellen Sie die Eigenschaften des aktiven Werkzeugs ein. Wenn Sie z. B. in ein Feld einen neuen Wert eingeben, muss dieser mit ↵ bestätigt werden, damit er übernommen wird.

Mit Bedienfeldern arbeiten

Mehrere Bedienfelder sind zu einer Gruppe mit Registern zusammengefasst.

Sie möchten ...	
aus einer Gruppe ein anderes Bedienfeld im Vordergrund anzeigen	▶ Klicken Sie auf das betreffende Register.
die Reihenfolge der Register ändern	▶ Ziehen Sie die Register an die gewünschten Positionen.
alle Bedienfelder vollständig bzw. als Schaltflächen anzeigen	▶ Klicken Sie am oberen Rand des Verankerungsbereichs auf den Doppelpfeil bzw. .
ein Bedienfeld frei positionieren (als Fenster anzeigen)	▶ Ziehen Sie das gewünschte Register aus dem Bedienfeld auf die Zeichenfläche. ✔ Sie können ein Bedienfeldfenster über das dortige Schließfeld schließen. Um ein geschlossenes Bedienfeldfenster wieder anzuzeigen, öffnen Sie das Menü *Fenster* und aktivieren Sie den entsprechenden Menüpunkt. ✔ Möchten Sie ein Bedienfeldfenster wieder verankern, ziehen Sie das Register an die gewünschte Stelle im Verankerungsbereich. Mögliche Einfügepositionen werden beim Ziehen durch eine blaue Linie gekennzeichnet.

Jedes Bedienfeld bietet ein Menü, das über die Schaltfläche ① geöffnet wird und jeweils spezifische Befehle enthält.

- ✔ Um schnell mehr Platz für die Anzeige des Dokuments zu schaffen, können Sie den Verankerungsbereich sowie sämtliche Bedienfelder außer dem Werkzeug- und dem Steuerungsbedienfeld mit ⇧ ↹ aus- und wieder einblenden. Möchten Sie auch diese zwei Bedienfelder aus- bzw. einblenden, drücken Sie stattdessen nur ↹.
- ✔ Blenden Sie das Werkzeugbedienfeld bzw. die Bedienfelder im Verankerungsbereich vorübergehend ein, indem Sie auf den linken bzw. rechten Rand des Anwendungsfensters zeigen.

Arbeitsbereiche verwalten

Über die Arbeitsbereich-Schaltfläche ① können Sie ...

- ✔ zwischen verschiedenen (vordefinierten und individuellen) Arbeitsbereichen wechseln ②.
- ✔ alle Anpassungen am aktuell geöffneten Arbeitsbereich in einem Schritt rückgängig machen ③,
- ✔ individualisierte Arbeitsbereiche speichern ④ bzw. verwalten ⑤.

Standardmäßig wird der Arbeitsbereich *Grundlagen* verwendet.

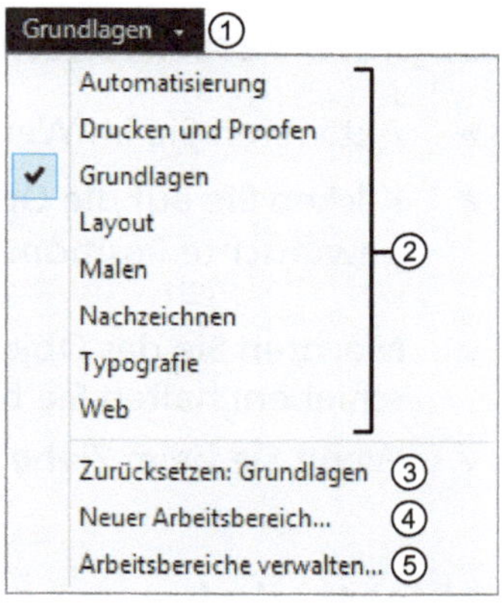

1.2 Eine einfache Zeichnung erstellen

Einfache Objekte zeichnen

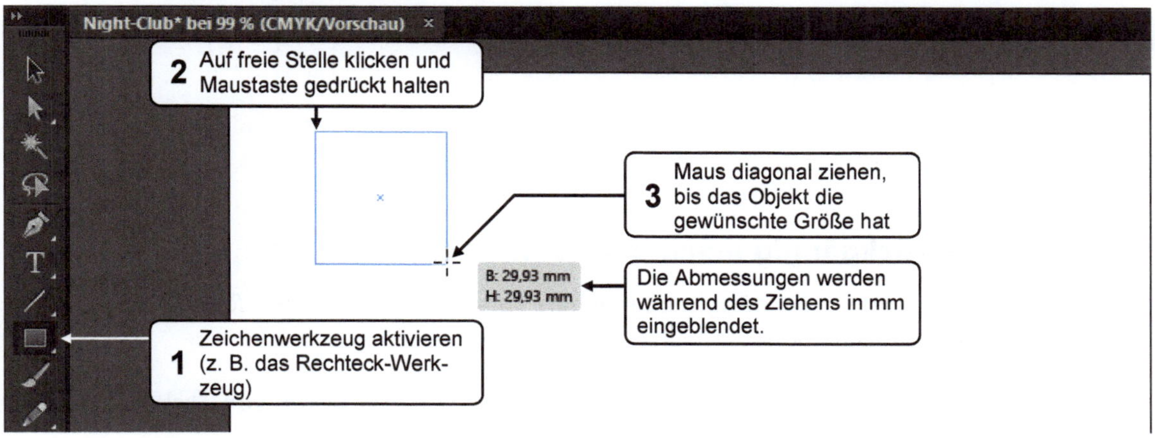

- ✔ Um ein gleichseitiges Objekt bzw. einen Kreis zu zeichnen, halten Sie während dieser Aktion zusätzlich ⇧ gedrückt.
- ✔ Um das Objekt von seinem Mittelpunkt aus zu zeichnen, halten Sie während des Aufziehens Alt gedrückt.

Objekte auswählen

Für viele Arbeiten ist es notwendig, das zu ändernde Objekt zuvor auszuwählen.

- ▶ Aktivieren Sie im Werkzeugbedienfeld das Auswahlwerkzeug oder drücken Sie V.
- ▶ Klicken Sie mit dem Mauszeiger auf die Kontur des betreffenden Objekts.

  Der Begrenzungsrahmen mit den Griffen wird angezeigt. Auf der Objektkontur werden die Ankerpunkte eingeblendet.

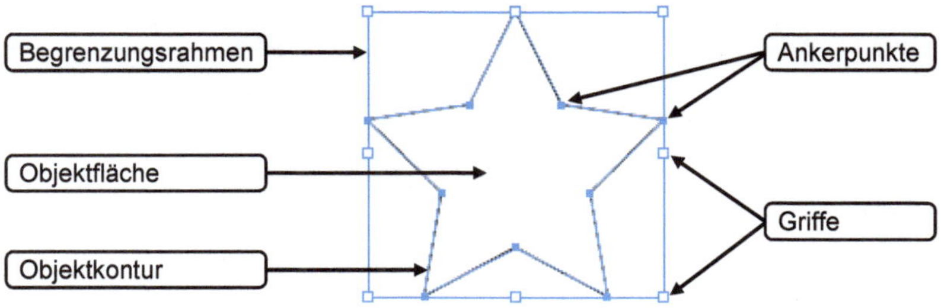

Objekte verschieben

- ▶ Aktivieren Sie im Werkzeugbedienfeld das Auswahlwerkzeug.
- ▶ Klicken Sie auf die Objektfläche oder -kontur und ziehen Sie das Objekt an die gewünschte Position.

- ✔ Möchten Sie das Objekt exakt horizontal, vertikal oder in einem Winkel von 45° verschieben, halten Sie beim Ziehen ⇧ gedrückt.
- ✔ Wenn Sie beim Ziehen Alt gedrückt halten, wird das Objekt kopiert statt verschoben.

Objekte skalieren

- ▶ Wählen Sie ein Objekt mit dem Auswahlwerkzeug aus.
- ▶ Ziehen Sie einen Griff des Begrenzungsrahmens, um die Größe des Objekts zu ändern. Die aktuelle Größe wird in einer Infobox angezeigt.
- ▶ Möchten Sie das Objekt proportional skalieren, halten Sie beim Ziehen ⇧ gedrückt.

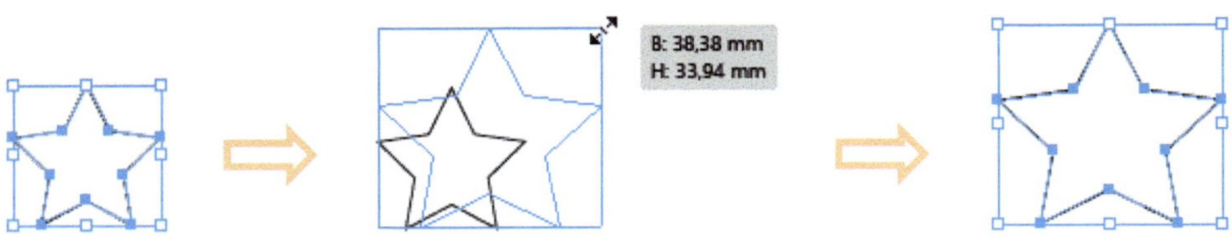

Letzte Aktion rückgängig machen bzw. wiederherstellen

- ▶ Um die letzte Aktion rückgängig zu machen, rufen Sie *Bearbeiten - Rückgängig: „Befehl"* auf oder drücken Sie Strg Z

Durch erneuten Aufruf des Menüpunkts bzw. durch erneutes Drücken von Strg Z können Sie auch mehrere Aktionen rückgängig machen.

- ▶ Um rückgängig gemachte Aktionen wiederherzustellen, rufen Sie *Bearbeiten - Wiederholen: „Befehl"* auf oder drücken Sie ⇧ Strg Z.

1.3 Zeichnungen drucken, speichern und schließen

Zeichnungen mit Standardeinstellungen drucken

- ▶ Rufen Sie *Datei - Drucken* auf oder drücken Sie Strg P.

- ▶ Starten Sie den Ausdruck, indem Sie auf *Drucken* klicken.

Zeichnungen erstmalig speichern

▶ Rufen Sie *Datei - Speichern* auf oder drücken Sie Strg S.

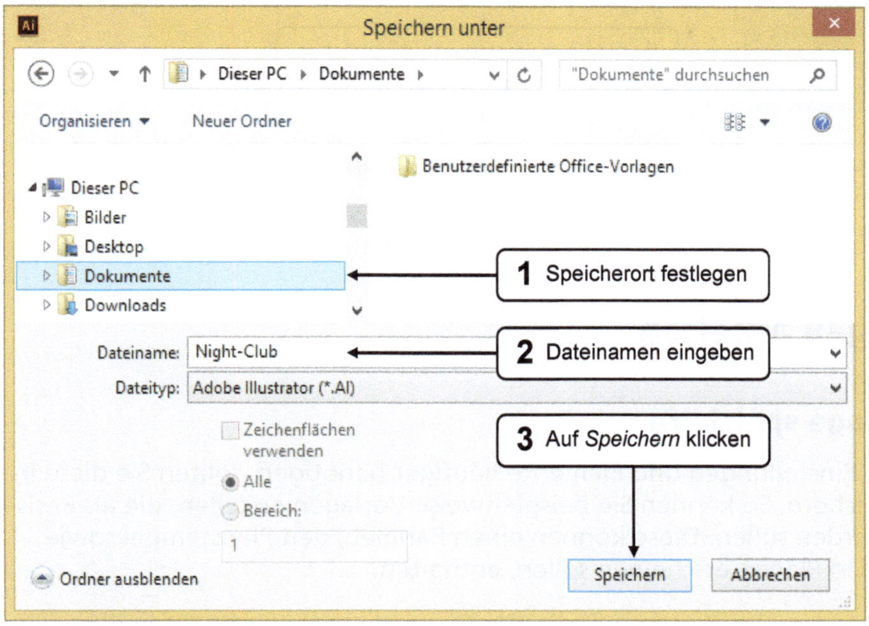

▶ Schließen Sie das nun geöffnete Dialogfenster *Illustrator-Optionen* mit *OK*, ohne die dortigen Einstellungen zu verändern.

Gespeicherte Zeichnungen nochmals (zwischendurch) speichern

Während der Arbeit mit Illustrator sollten Sie immer wieder einmal speichern. So vermeiden Sie beispielsweise bei einem Stromausfall größere Datenverluste.

Haben Sie Änderungen an einer Zeichnung vorgenommen, die noch nicht gespeichert wurden, wird im betreffenden Register hinter dem Dateinamen ein Sternchen * angezeigt.

▶ Rufen Sie *Datei - Speichern* auf oder drücken Sie Strg S.

Beim erneuten Speichern einer Datei mit diesem Menüpunkt bzw. dieser Tastenkombination wird das Dialogfenster *Speichern unter* nicht mehr eingeblendet.

Sie können bei Bedarf alle Änderungen, die Sie seit dem letzten Speichern durchgeführt haben, in einem Schritt rückgängig machen. Rufen Sie hierzu *Datei - Zurück zur letzten Version* auf oder drücken Sie F12. Klicken Sie in der anschließend eingeblendeten Rückfrage auf *Zurück zur letzten Version*.

Zeichnungen mit anderen Einstellungen speichern

Sie können eine bereits gespeicherte Zeichnung jederzeit z. B. unter einem neuen Namen oder an einem anderen Ort speichern.

▶ Rufen Sie *Datei - Speichern unter* auf oder drücken Sie Strg ⇧ S.

▶ Nehmen Sie die gewünschten Einstellungen vor und bestätigen Sie mit *Speichern.*

Möchten Sie lediglich eine Kopie der aktuellen Zeichnung anfertigen, können Sie *Datei - Kopie speichern* aufrufen oder Strg Alt S drücken. Hierdurch wird eine Kopie der Datei mit dem Namenszusatz *Kopie* angelegt. Nach dem Speichern der Kopie bleibt das Originaldokument aktiv.

Zeichnungen schließen

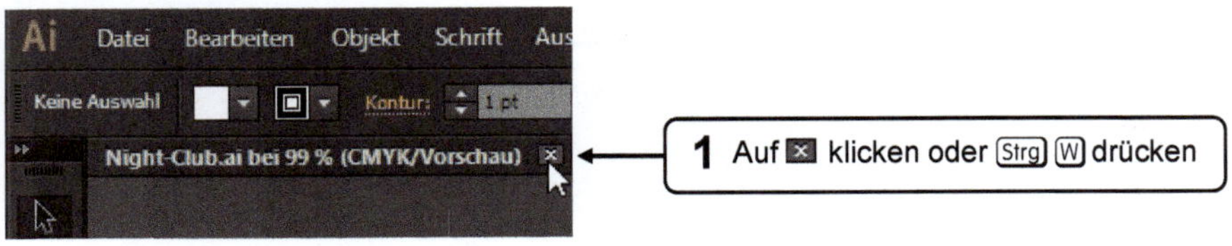

Wurde die Zeichnung seit der letzten Änderung nicht mehr gespeichert, können Sie die aktuelle Version auf Rückfrage (Dialogfenster) speichern.

1.4 Mit Vorlagen arbeiten

Zeichnung als Vorlage speichern

Wenn Sie verschiedene Einstellungen und Elemente häufiger benötigen, sollten Sie diese in Form von Vorlagen speichern. So können Sie beispielsweise Vorlagen erstellen, die als Basis für Pläne verwendet werden sollen. Diese können einen Rahmen, den Planstempel sowie alle Objekte, die auf allen Plänen erscheinen sollen, enthalten.

- Erstellen oder öffnen Sie eine Zeichnung, die alle Elemente enthält, die Sie in die Vorlage übernehmen möchten.
- Rufen Sie *Datei - Als Vorlage speichern* auf.

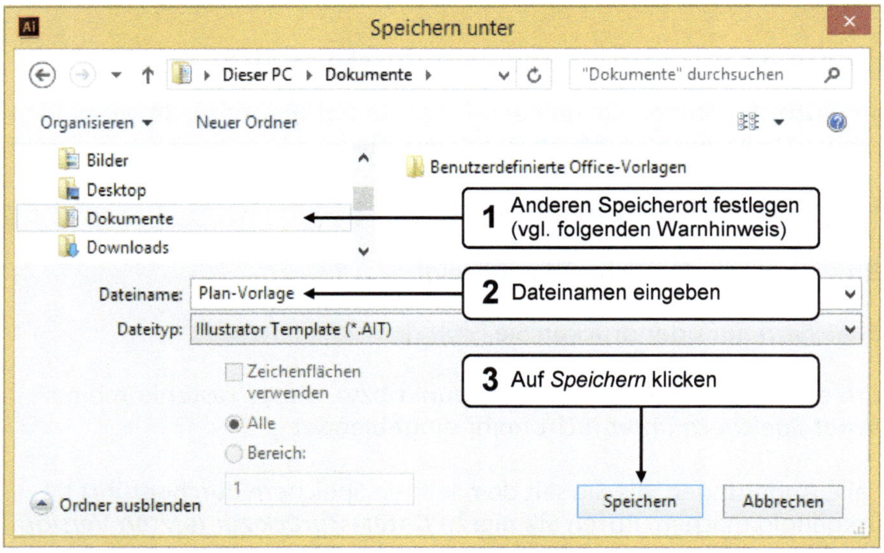

Die Vorlage wird mit der Dateinamenserweiterung *.ait* im gewählten Ordner gespeichert.

Im oben abgebildeten Dialogfenster ist zunächst der Vorlagenordner von Illustrator als Speicherort voreingestellt. Da Windows-User jedoch standardmäßig keine Rechte (!) besitzen, Dateien in diesem Ordner zu speichern, muss beim Speichern einer Vorlage ein anderer Ordner ausgewählt werden.

Neue Zeichnung mit einer Vorlage erstellen

- Rufen Sie *Datei - Neu aus Vorlage* auf.
- Wechseln Sie im geöffneten Dialogfenster zum Speicherort der Vorlage und klicken Sie doppelt auf die gewünschte Vorlagendatei.

Sie können auch eine herkömmliche Zeichnung als Vorlage für eine neue Zeichnung wählen.

1.5 Zeichnungen öffnen

Zuletzt bearbeitete Zeichnungen öffnen

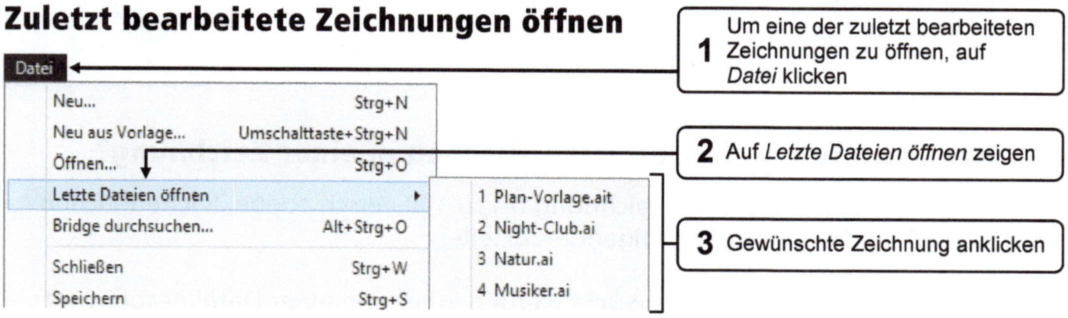

Früher bearbeitete Zeichnungen öffnen

Falls die gewünschte Zeichnung nicht in der Liste der zuletzt verwendeten Zeichnungen enthalten ist, gehen Sie folgendermaßen vor:

- Rufen Sie *Datei - Öffnen* auf oder drücken Sie Strg O.
- Wechseln Sie im geöffneten Dialogfenster zum Speicherort der Datei und klicken Sie doppelt auf die gewünschte Zeichnung.

1.6 Mit mehreren Zeichnungen und Zeichenflächen arbeiten

Zwischen geöffneten Zeichnungen wechseln

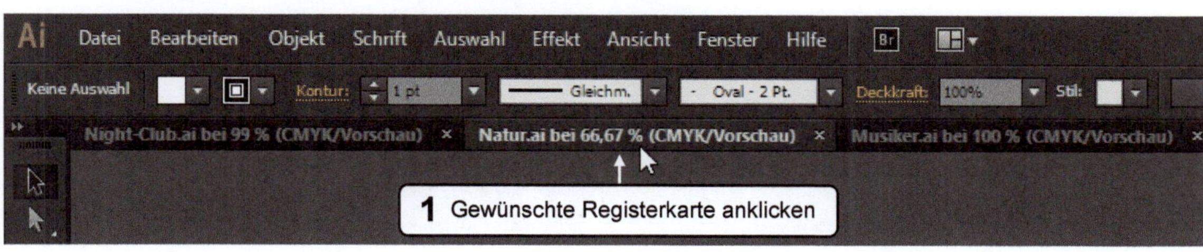

Mehrere Zeichnungen gleichzeitig anzeigen

So können Sie mehrere geöffnete Zeichnungen in frei positionierbaren Fenstern öffnen:

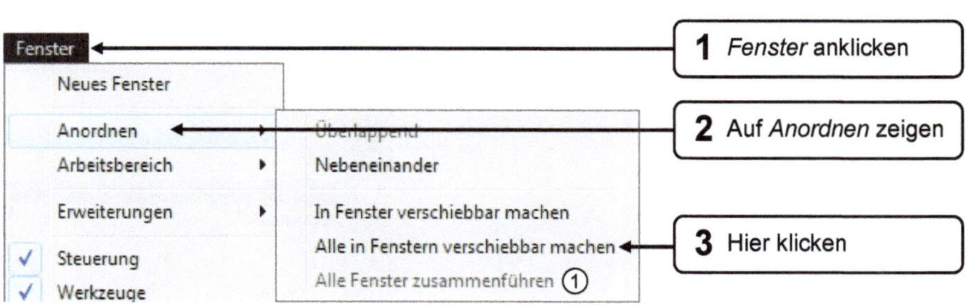

- ✔ Die entsprechenden Fenster lassen sich mit den bekannten Techniken minimieren, maximieren, verschieben und in der Größe anpassen.
- ✔ Möchten Sie die herkömmliche Ansicht wiederherstellen, wählen Sie den Untermenüpunkt ①.

Um mehrere geöffnete Zeichnungen statisch nebeneinander anzuzeigen, klicken Sie im Steuerungsbedienfeld auf die Schaltfläche ① und wählen Sie die gewünschte Anordnung ②.

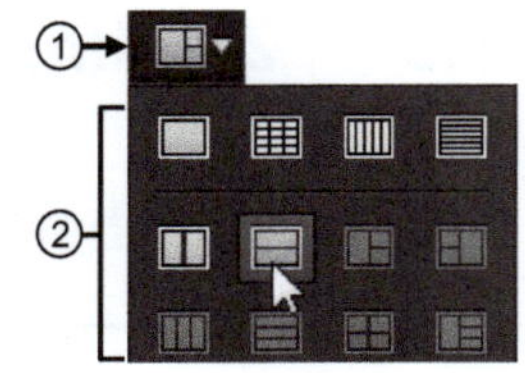

Welche Vorteile bieten mehrere Zeichenflächen in einer Zeichnung?

Sie können bei Bedarf innerhalb einer Zeichnung bis zu 100 verschiedene Zeichenflächen verwenden. Dies bietet beispielsweise folgende Vorteile:

- ✔ Thematisch zusammengehörige Entwürfe werden innerhalb einer Datei gespeichert.
- ✔ Die Größe/die Reihenfolge der einzelnen Zeichenflächen lässt sich individuell festlegen.
- ✔ Sie können ein Element (z. B. ein Firmenlogo) schnell auf allen vorhandenen Zeichenflächen an der gleichen Position einfügen.
- ✔ Standardmäßig wird jede Zeichenfläche auf einer separaten Seite gedruckt. Sie können im Druckdialog (Strg P) bei aktiviertem Optionsfeld *Bereich* im zugehörigen Feld festlegen, welche Zeichenflächen auf dem aktuellen Ausdruck erscheinen sollen.

Neue Zeichenflächen erstellen

Variante 1: Beim Erstellen einer neuen Zeichnung

- ▶ Legen Sie beim Erstellen einer neuen Zeichnung im Dialogfenster *Neues Dokument* im Feld ① die Anzahl der Zeichenflächen fest.
- ▶ Wählen Sie mithilfe der Schaltflächen ②, wie die Zeichenflächen im Anwendungsfenster angeordnet werden sollen und bestätigen Sie mit *OK*.

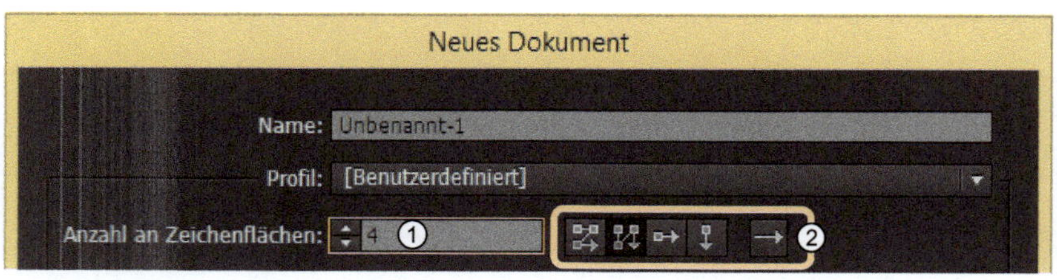

Variante 2: In einer vorhandenen Zeichnung (bei aktiviertem Zeichenflächenwerkzeug)

- ▶ Aktivieren Sie im Werkzeugbedienfeld das Zeichenflächenwerkzeug, um den **Zeichenflächenmodus** einzuschalten.
- ▶ Möchten Sie die aktuelle Ansicht vergrößern bzw. verkleinern, halten Sie Alt gedrückt und drehen Sie am Mausrad.
- ▶ Ziehen Sie in einem leeren Bereich des Anwendungsfensters ① eine oder mehrere neue Zeichenflächen in der gewünschten Größe auf.

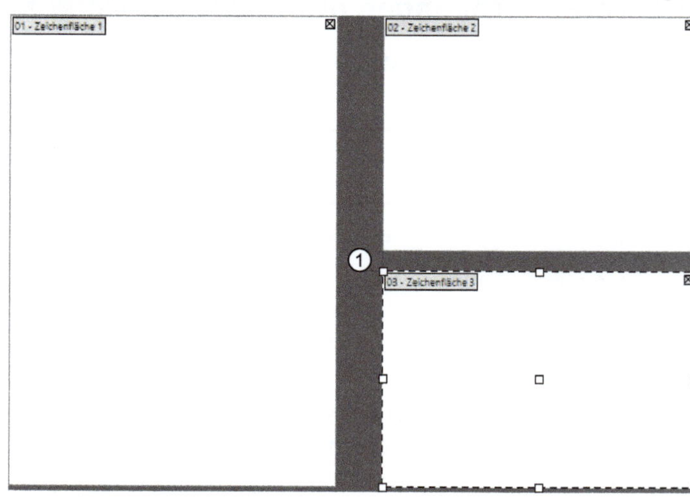

Möchten Sie **Zeichenflächenmodus beenden**, drücken Sie Esc oder wählen Sie im Werkzeugbedienfeld ein anderes Werkzeug.

Variante 3: In einer vorhandenen Zeichnung (über das Zeichenflächen-Bedienfeld)

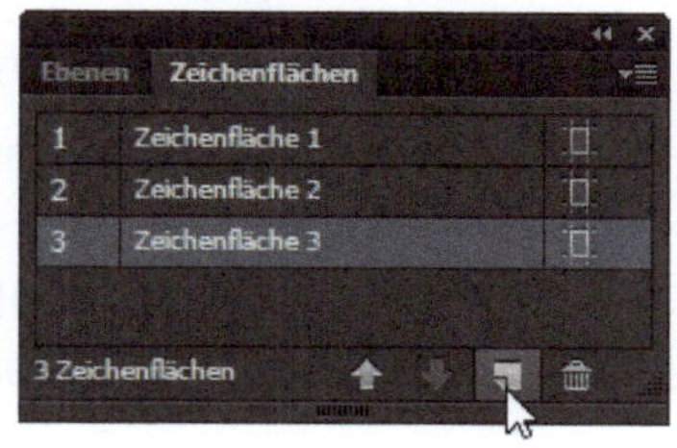

- ▶ Blenden Sie über *Fenster - Zeichenflächen* das Zeichenflächen-Bedienfeld ein.
- ▶ Klicken Sie im Zeichenflächen-Bedienfeld (mehrfach) auf , um eine (bzw. mehrere) neue Zeichenflächen in der Größe der aktiven Zeichenfläche zu erstellen.

Mit mehreren Zeichenflächen arbeiten

Zeichenflächen lassen sich sowohl über das Zeichenflächen-Bedienfeld als auch (bei aktiviertem Zeichenflächenwerkzeug) über das Steuerungsbedienfeld bearbeiten.

Steuerungsbedienfeld bei aktivierter Zeichenfläche 3

Sie möchten ...	
zu einer bestimmten Zeichenfläche wechseln	▶ Wählen Sie am linken unteren Rand des Anwendungsfensters im Feld die gewünschte Zeichenfläche. *oder* Klicken Sie im Zeichenflächen-Bedienfeld doppelt auf die Nummer (z. B. 3) der entsprechenden Zeichenfläche.
den Namen einer Zeichenfläche ändern	▶ Geben Sie im Steuerungsbedienfeld im Feld ① einen neuen Namen ein und drücken Sie ↵. *oder* Klicken Sie im Zeichenflächen-Bedienfeld doppelt auf den Namen der Zeichenfläche, geben Sie einen neuen Namen ein und bestätigen Sie mit ↵.
die Größe einer Zeichenfläche ändern	▶ Klicken Sie bei aktiviertem Zeichenflächenwerkzeug auf die betreffende Zeichenfläche. ▶ Ziehen sie diese an den eingeblendeten Griffen auf die gewünschte Größe. *oder* Geben Sie die gewünschten Werte in die Felder ② und ③ im Steuerungsbedienfeld ein und bestätigen Sie mit ↵.
die Zeichenfläche an eine andere Position im Anwendungsfenster verschieben	▶ Stellen Sie sicher, dass im Steuerungsbedienfeld ④ aktiviert ist, damit die auf der Zeichenfläche vorhandenen Objekte mit verschoben werden. ▶ Ziehen Sie die Zeichenfläche an die neue Position.
eine Zeichenfläche löschen	▶ Klicken Sie bei aktiviertem Zeichenflächenwerkzeug auf das Schließfeld am oberen rechten Rand der betreffenden Zeichenfläche. *oder* Markieren Sie im Zeichenflächen-Bedienfeld die zu löschende Zeichenfläche und klicken Sie auf . Befanden sich Objekte auf der gelöschten Zeichenfläche, bleiben diese an den ursprünglichen Positionen im Anwendungsfenster erhalten.

Haben Sie auf einer Zeichenfläche ein Objekt eingefügt (z. B. ein Firmenlogo), das an der gleichen Position auch auf allen anderen Zeichenflächen erscheinen soll, erreichen Sie dies folgendermaßen: Klicken Sie das Objekt bei aktiviertem Auswahlwerkzeug an und kopieren Sie es (z. B. mit Strg C) in die Zwischenablage. Rufen Sie anschließend *Bearbeiten - In alle Zeichenflächen einfügen* auf.

Zeichenflächen als einzelne Dateien speichern

- Rufen Sie *Datei - Speichern unter* auf.
- Legen Sie im geöffneten Dialogfenster *Speichern unter* die gewünschten Einstellungen fest und bestätigen Sie mit *Speichern*.
- Aktivieren Sie im eingeblendeten Dialogfenster *Illustrator-Optionen* das Kontrollfeld *Jede Zeichenfläche in einer separaten Datei speichern* und bestätigen Sie mit *OK*.

Die Einzeldateien werden dabei fortlaufend nummeriert (zum Beispiel *Zeichnung1-01.ai, Zeichnung1-02.ai, Zeichnung1-03.ai)*.

1.7 Illustrator beenden

Die Arbeit mit Illustrator beenden

1 Hier klicken oder Strg Q drücken

Falls eine oder mehrere Dateien nicht in ihrer aktuellen Version gespeichert wurden, können Sie diese Dateien auf Rückfrage speichern.

1.8 Schnellübersicht

Sie möchten ...	
Illustrator starten	Auf dem Windows-Startbildschirm *ill* eingeben, *Adobe Illustrator CC 2014*
eine neue Zeichnung erstellen	*Datei - Neu* oder Strg N
ein Objekt zeichnen	Werkzeug auswählen, Objekt mit Maus aufziehen
ein Objekt auswählen	, Objekt anklicken
ein Objekt verschieben	, auf das Objekt klicken, ziehen
die Größe eines Objekts ändern	, Objekt auswählen, entsprechenden Griff ziehen
eine Aktion rückgängig machen	*Bearbeiten - Rückgängig: „Befehl"* oder Strg Z
eine Zeichnung drucken	*Datei - Drucken* oder Strg P
eine Zeichnung speichern	*Datei - Speichern* oder Strg S
eine Zeichnung mit anderen Einstellungen speichern	*Datei - Speichern unter* oder Strg ⇧ S
eine Zeichnung schließen	In der Registerkarte: ✕ oder Strg W
eine Zeichnung als Vorlage speichern	*Datei - Als Vorlage speichern*
eine Vorlage verwenden	*Datei - Neu aus Vorlage*
eine gespeicherte Datei öffnen	*Datei - Öffnen* oder Strg O
zwischen geöffneten Zeichnungen wechseln	Gewünschte Registerkarte anklicken

Sie möchten ...	
das Zeichenflächen-Bedienfeld einblenden	*Fenster - Zeichenflächen*
eine neue Zeichenfläche erstellen	[Symbol], Zeichenfläche mit der Maus aufziehen oder im Zeichenflächen-Bedienfeld: [Symbol]
Illustrator beenden	[×] oder Strg Q

1.9 Übung

Zeichnungen öffnen, bearbeiten, speichern

Level		Zeit	ca. 5 min
Übungsinhalte	✔ Zeichnungen öffnen ✔ Objekte zeichnen und skalieren ✔ Zeichnungen drucken ✔ Vorlagen speichern und verwenden ✔ Objekte löschen		
Übungsdatei	*Jazz*		
Ergebnisdatei	*Jazz-E.ait*		

① Öffnen Sie die Übungsdatei *Jazz.ai*.

② Zeichnen Sie mit dem Stern-Werkzeug [Symbol] (im Menü des Rechteck-Werkzeugs) einen Stern, der ca. 10 mm breit und 10 mm hoch ist.

③ Verschieben Sie den Stern in die obere linke Ecke der Zeichnung (vgl. folgende Abbildung).

④ Drucken Sie die Zeichnung.

⑤ Speichern Sie die Zeichnung als Vorlage unter dem Namen *Jazz-E.ait* im Ordner *Dokumente* und schließen Sie sie.

⑥ Erstellen Sie eine neue Zeichnung, die auf der zuvor erstellten Vorlage basiert.

⑦ Löschen Sie den selbst erstellten Stern, indem Sie diesen bei aktiviertem Auswahlwerkzeug [Symbol] auswählen und Entf drücken.

⑧ Schließen Sie die geöffnete Zeichnung, ohne diese zu speichern.

2 Arbeitshilfen verwenden

In diesem Kapitel erfahren Sie

- wie Sie die Lineale einblenden und den Nullpunkt verschieben
- wie Sie mit Hilfslinien und mit dem Raster arbeiten
- wie Sie die Größe und Position von Objekten anzeigen
- wie Sie Abstände ermitteln
- wie Sie die Darstellungsgröße einer Zeichnung ändern

2.1 Die Lineale einblenden und einrichten

Lineale einblenden

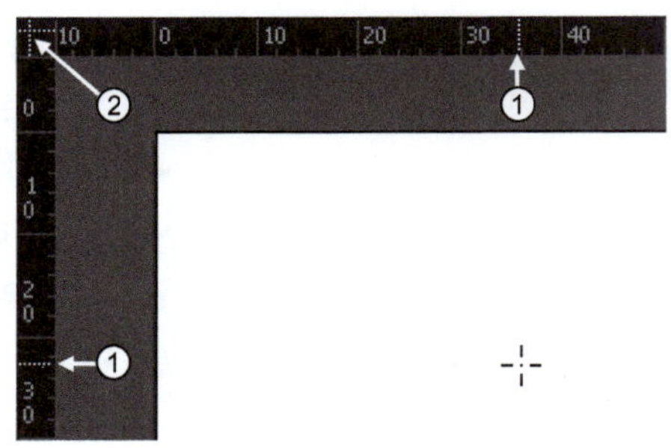

Mithilfe der Lineale können Sie die Objekte exakt auf der Zeichenfläche platzieren und abmessen. Falls die Lineale nicht angezeigt werden, gehen Sie folgendermaßen vor:

▶ Rufen Sie *Ansicht - Lineale - Lineale einblenden* auf oder drücken Sie [Strg] [R].

- Innerhalb der beiden Lineale wird die aktuelle Position des Mauszeigers als gestrichelte Linie ① dargestellt.
- Der Nullpunkt der Lineale ②, also die horizontale und vertikale Koordinate 0, wird standardmäßig in der linken oberen Ecke des Zeichenblattes angezeigt. Bei Bedarf kann er aber an jede Position verschoben werden (vgl. folgenden Abschnitt).
- Die Maßeinheit des Lineals können Sie ändern, indem Sie mit der rechten Maustaste in eines der beiden Lineale klicken und die gewünschte Maßeinheit aus dem Kontextmenü wählen.
- Die Anzeige der Lineale ist abhängig von der jeweiligen Darstellungsgröße der Ansicht. (vgl. Abschnitt 2.6). Je größer die Darstellung, desto detaillierter ist die Anzeige der Lineale.

Linealnullpunkt einstellen

▶ Blenden Sie die Lineale ein.

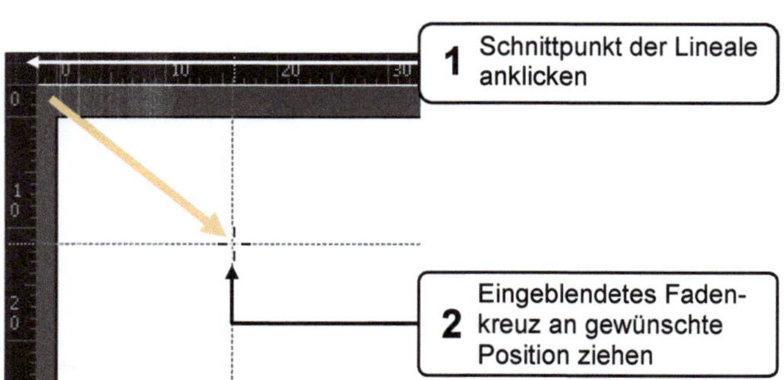

Mit einem Doppelklick auf den Schnittpunkt der Lineale können Sie die ursprüngliche Nullpunktposition wiederherstellen.

Zwischen globalem und Zeichenflächenlineal wechseln

In der Standardeinstellung wird das sogenannte **globale Lineal** verwendet, dessen Nullpunkt sich in der linken oberen Ecke des Dokumentfensters befindet.

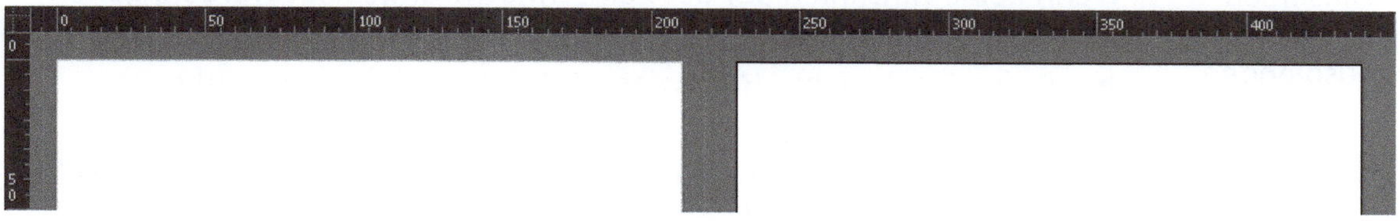

Globales Lineal bei aktivierter rechter Zeichenfläche

Möchten Sie, dass sich der Linealnullpunkt jeweils an der linken oberen Ecke der aktivierten Zeichenfläche orientiert, wechseln Sie über *Ansicht - Lineale - In Zeichenflächenlineale ändern* zum **Zeichenflächenlineal**.

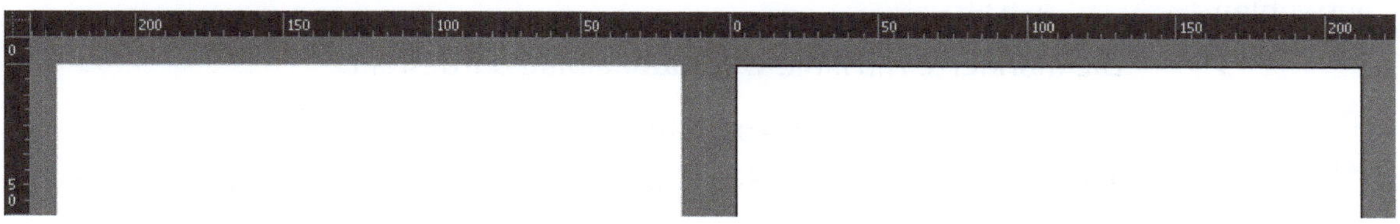

Zeichenflächenlineal bei aktivierter rechter Zeichenfläche

Über *Ansicht - Lineale - In globale Lineale ändern* blenden Sie wieder das globale Lineal ein.

Bei aktiviertem Zeichenflächenwerkzeug wird immer das globale Lineal angezeigt.

2.2 Hilfslinien nutzen

Hilfslinien einsetzen

Hilfslinien sind über der Zeichnung liegende waagerechte bzw. senkrechte hellblaue Linien, die Sie bei der Positionierung von Objekten unterstützen. Hilfslinien werden zusammen mit der jeweiligen Zeichnung gespeichert und erscheinen nicht auf einem Ausdruck.

Sobald beim Verschieben eines Objekts eine Objektkante weniger als vier Pixel von einer Hilfslinie entfernt ist, rastet das Objekt mit der jeweiligen Objektkante automatisch an der Hilfslinie ein.

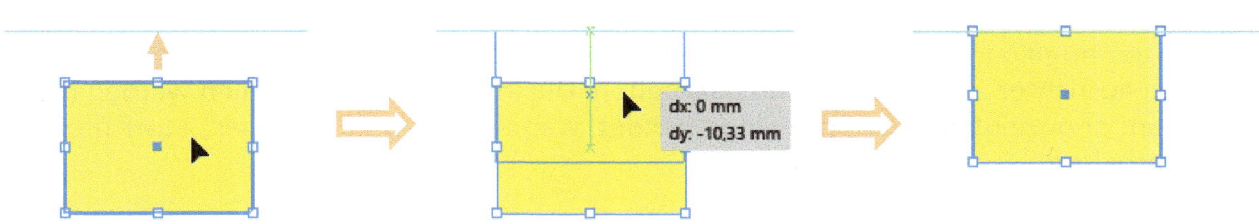

Hilfslinien erstellen

- Blenden Sie - falls noch nicht geschehen - die Lineale ein.
- Um eine **waagerechte Hilfslinie** einzufügen, klicken Sie auf das obere Lineal und ziehen Sie die Hilfslinie mit gedrückter Maustaste auf die Zeichnung.
- Um eine **senkrechte Hilfslinie** einzufügen, klicken Sie auf das linke Lineal und ziehen Sie die Hilfslinie mit gedrückter Maustaste auf die Zeichnung.

Hilfslinien bearbeiten

Sie möchten ...	
Hilfslinien ein- bzw. ausblenden	Wenn keine Hilfslinien auf der Zeichenfläche angezeigt werden, gehen Sie folgendermaßen vor: ▶ Rufen Sie *Ansicht - Hilfslinien - Hilfslinien einblenden* auf oder drücken Sie [Strg] [,]. Möchten Sie vorhandene Hilfslinien ausblenden, rufen Sie *Ansicht - Hilfslinien - Hilfslinien ausblenden* auf oder drücken Sie [Strg] [,].
Hilfslinien sperren bzw. entsperren	▶ Aktivieren Sie *Ansicht - Hilfslinien - Hilfslinien sperren* oder drücken Sie [Strg] [Alt] [,].
Hilfslinien auswählen	▶ Klicken Sie bei aktiviertem Auswahlwerkzeug auf die betreffende Linie. Die markierte Hilfslinie wird dunkelblau dargestellt.
Hilfslinien verschieben	▶ Aktivieren Sie das Auswahlwerkzeug. ▶ Klicken Sie auf die Hilfslinie und ziehen Sie sie an die gewünschte Position. *oder* Markieren Sie die Hilfslinie und betätigen Sie die entsprechende Pfeiltaste [←], [→], [↑], [↓]. Die Schrittweite entspricht dabei der Vorgabe im Dialogfenster *Voreinstellungen* (*Bearbeiten - Voreinstellungen - Allgemein*, Feld *Schritte per Tastatur*).
Hilfslinien entfernen	▶ Markieren Sie die zu entfernende Hilfslinie und drücken Sie [Entf]. ▶ Um alle Hilfslinien zu entfernen, wählen Sie *Ansicht - Hilfslinien - Hilfslinien löschen*.

Bei Bedarf können Sie Farbe und Stil der Hilfslinien im Dialogfenster *Voreinstellungen* (*Bearbeiten - Voreinstellungen - Hilfslinien und Raster*) ändern.

2.3 Intelligente Hilfslinien verwenden und bearbeiten

Mit intelligenten Hilfslinien arbeiten

Mithilfe der intelligenten Hilfslinien können Sie markierte Objekte punktgenau zu anderen Objekten ausrichten, verschieben und bearbeiten. Die intelligenten Hilfslinien werden nicht permanent angezeigt, sondern nur eingeblendet, wenn Sie Objekte zeichnen, ausrichten oder bearbeiten.

Voraussetzung ist, dass *Ansicht - Intelligente Hilfslinien* ([Strg] [U]) aktiviert ist.

▶ Verschieben Sie das Objekt wie gewohnt.

Die intelligenten Hilfslinien und verschiedene Zusatzinformationen werden eingeblendet.

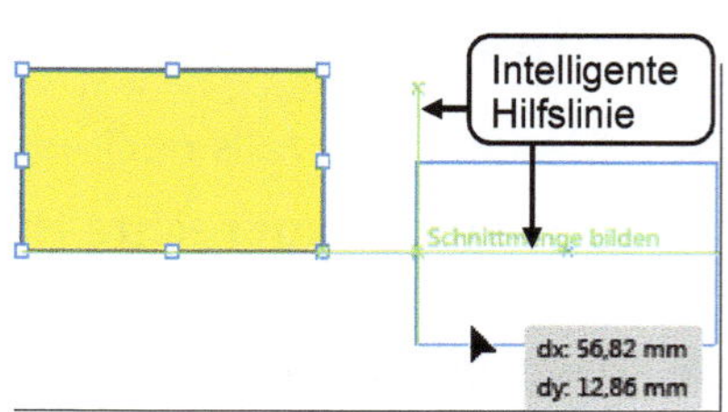

Objekte aneinander ausrichten

- Vergewissern Sie sich, dass die intelligenten Hilfslinien aktiviert sind.
- Klicken Sie auf das zu verschiebende Objekt und ziehen Sie es auf die Kontur oder auf die Mitte des Objektes, an dem Sie es ausrichten möchten.

  Wenn Sie dabei einen bestimmten Abstand (Einrasttoleranz) zu einem Anker- und Eckpunkt unterschreiten, rastet das ausgewählte Objekt ein.

Mit dieser Funktion können Sie sehr einfach Objekte zentriert zueinander ausrichten:

- Markieren Sie das auszurichtende Objekt.
- Ziehen Sie das Objekt auf das Objekt, an dem Sie es ausrichten möchten.
- Lassen Sie die Maustaste los, sobald sich das ausgewählte Objekt im Zentrum des zweiten Objektes befindet und der Texttipp *Mitte* eingeblendet wird.

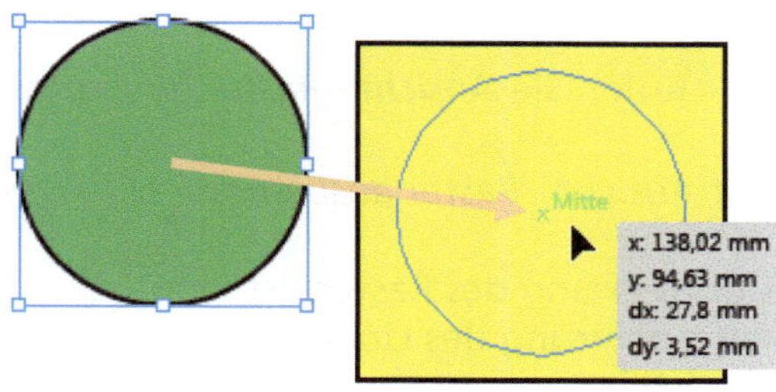

Voreinstellungen der intelligenten Hilfslinien ändern

- Rufen Sie *Bearbeiten - Voreinstellungen - Intelligente Hilfslinien* auf.
- Nehmen Sie die gewünschten Einstellungen vor und bestätigen Sie mit *OK*.

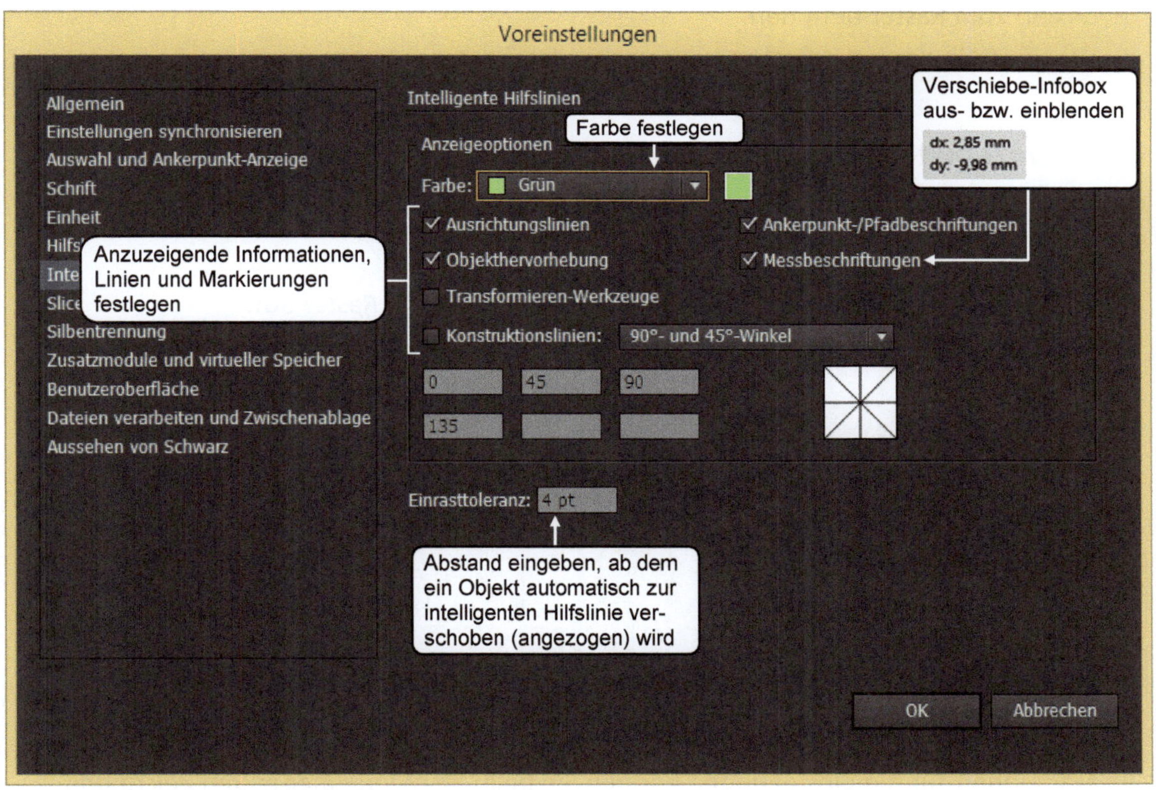

2.4 Mit dem Raster arbeiten

Das Raster anzeigen

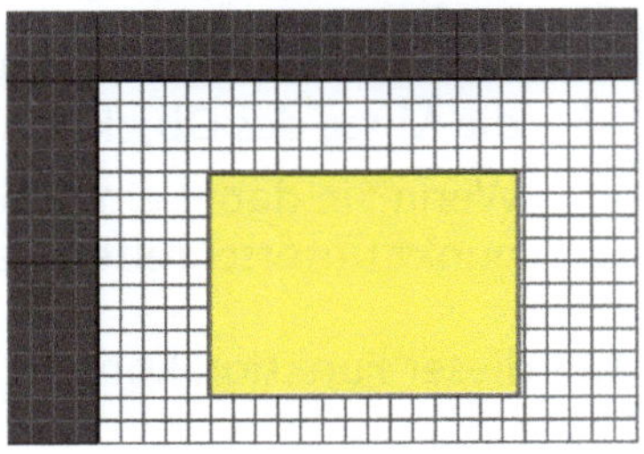

Das Raster ähnelt den Hilfslinien. Es besteht aus einem Gitternetz mit zahlreichen senkrechten und waagerechten Linien, die ebenfalls nicht gedruckt werden.

Mithilfe des Rasters lassen sich Objekte exakt positionieren bzw. ausrichten.

- ▶ Rufen Sie *Ansicht - Raster einblenden* auf, um das Raster anzuzeigen.

Mit *Ansicht - Raster ausblenden* wird das Raster wieder ausgeblendet.

Der Ursprung des Rasters ist identisch mit dem Linealnullpunkt. Durch entsprechende Positionierung des Linealnullpunktes können Sie das Raster an jedem Punkt oder Objekt ausrichten.

Rasterausrichtung aktivieren

- ▶ Aktivieren Sie *Ansicht - Am Raster ausrichten*.

- ✔ Objekte richten sich am Raster aus, wenn sie sich in einem Abstand von etwa fünf Pixeln zum Raster befinden.
- ✔ Die Einstellungen des Rasters werden mit der Zeichnung gespeichert.

Rastervoreinstellungen ändern

Den Abstand, die Farbe und Art der Rasterlinien können Sie im Dialogfenster *Voreinstellungen* festlegen.

- ▶ Rufen Sie *Bearbeiten - Voreinstellungen - Hilfslinien und Raster* auf.
- ▶ Nehmen Sie die gewünschten Einstellungen vor und bestätigen Sie mit *OK*.

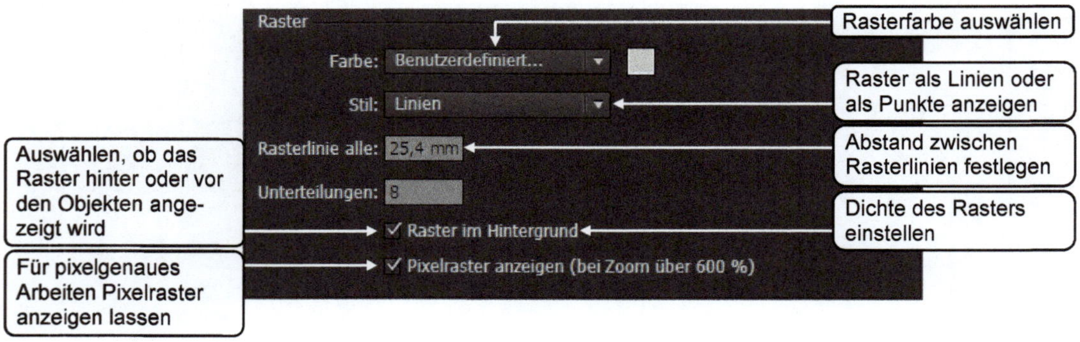

Die Maßeinheit für die Einstellungen können Sie beim Erstellen einer neuen Zeichnung vorgeben oder über *Bearbeiten - Voreinstellungen - Einheit* festlegen.

2.5 Position von Objekten messen

Das Info-Bedienfeld einblenden

Zum exakten Ausrichten von Objekten können Sie das Info-Bedienfeld nutzen, in dem alle relevanten Maße zur Größe und Position der markierten Objekte oder des Cursors angezeigt werden.

▶ Rufen Sie *Fenster - Info* auf oder drücken Sie Strg F8.

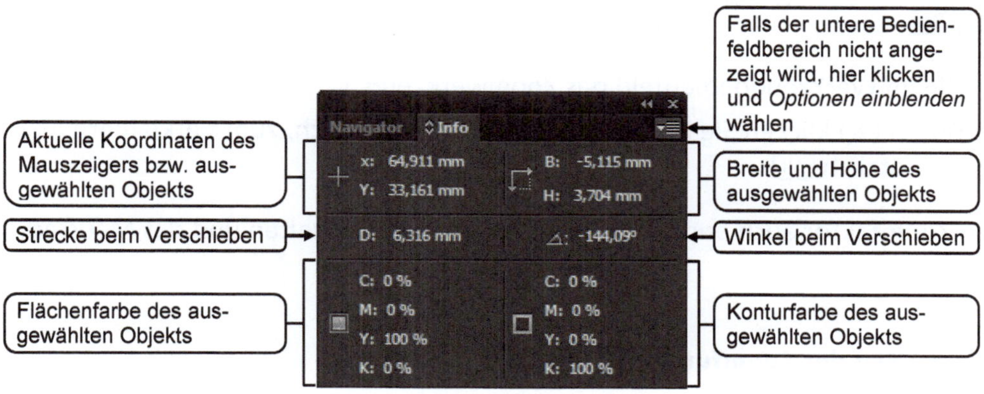

Abstände und Winkel mit dem Messwerkzeug ermitteln

Oftmals benötigen Sie bei der Arbeit Angaben zur Länge einer Strecke, den exakten Abstand und/oder Winkel zweier Objekte. Zu diesem Zweck stellt Ihnen Illustrator das Messwerkzeug zur Verfügung.

▶ Aktivieren Sie im Werkzeugbedienfeld das Messwerkzeug (im gleichen Menü wie das Pipette-Werkzeug).

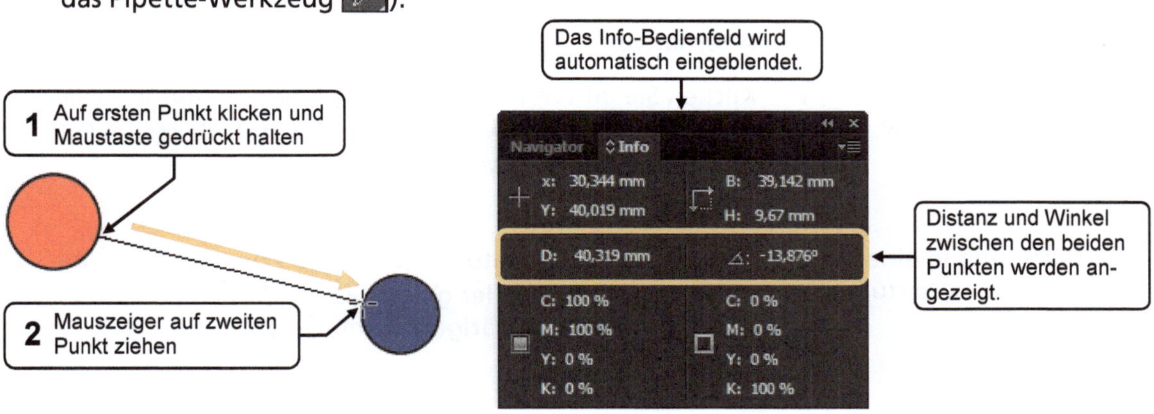

Sie können stattdessen auch zuerst auf den ersten Punkt klicken, von dem aus Sie messen möchten, und dann auf den zweiten Punkt.

2.6 Die Darstellungsgröße einstellen

Zeichnung zoomen

Eine Zeichnung lässt sich in unterschiedlichen Vergrößerungsstufen darstellen. Der jeweils aktuelle Zoomfaktor wird in der Statusleiste und auf dem Register angegeben.

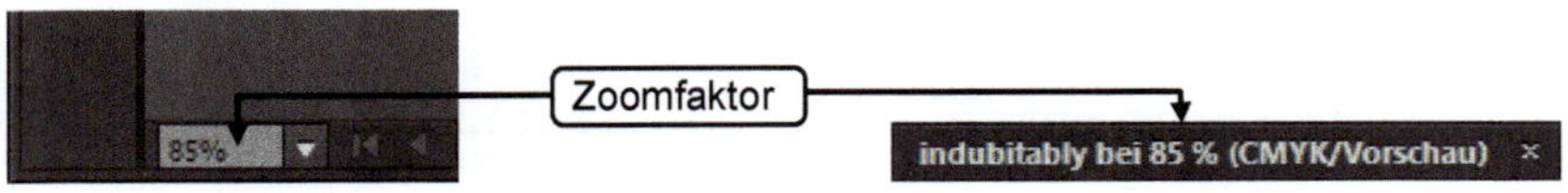

- Aktivieren Sie im Werkzeugbedienfeld das Zoomwerkzeug.
- Zum Vergrößern (⊕) klicken Sie in den betreffenden Bildbereich, zum Verkleinern (⊖) drücken Sie zusätzlich Alt.

Sie können den Zoomfaktor auch ändern, indem Sie Alt gedrückt halten und das Mausrad drehen.

Weitere Möglichkeiten der Zoomfunktion

Sie möchten ...	
Bereiche maximal vergrößern	▶ Ziehen Sie bei aktiviertem Zoomwerkzeug einen Rahmen um den gewünschten Bereich auf. Sobald Sie die Maustaste loslassen, wird der Bereich innerhalb des Rahmens in der maximalen Größe angezeigt.
die Zeichnung in der Originalgröße anzeigen lassen	▶ Klicken Sie im Werkzeugbedienfeld doppelt auf das Zoomwerkzeug oder wählen Sie in der Statusleiste im Feld *Zoomstufe* den Eintrag *100%*. Alternative: Strg 1
die die komplette aktive Zeichenfläche anzeigen	▶ Klicken Sie im Werkzeugbedienfeld doppelt auf das Hand-Werkzeug oder wählen Sie in der Statusleiste im Feld *Zoomstufe* den Eintrag *Ganzes Bild*. Alternative: Strg 0
die Zeichnung in einer bestimmten Zoomstufe darstellen	▶ Wählen Sie in der Statusleiste im Feld *Zoomstufe* den gewünschten Eintrag oder geben Sie die Zahl in Prozent in das Feld ein und bestätigen Sie mit ↵.

Einen anderen Ausschnitt anzeigen

Falls durch das Zoomen ein anderer Bildausschnitt als gewünscht angezeigt wird, stehen Ihnen verschiedene Möglichkeiten zur Verfügung, sich eine andere Stelle des Bildes anzeigen zu lassen:

- die Bildlaufleisten,
- das Hand-Werkzeug,
- das Navigator-Bedienfeld.

Mit dem Hand-Werkzeug in der Zeichnung bewegen

- Aktivieren Sie im Werkzeugbedienfeld das Hand-Werkzeug.
- Ziehen Sie bei gedrückter Maustaste (🖱) den gewünschten Ausschnitt der Zeichnung ins Blickfeld.

Sie können auch während der Verwendung eines anderen Werkzeugs vorübergehend das Hand-Werkzeug nutzen, indem Sie ␣ gedrückt halten und dann den Bildausschnitt wie beschrieben verschieben.

Das Navigator-Bedienfeld nutzen

Im Navigator-Bedienfeld wird eine Miniaturansicht der ganzen Zeichnung angezeigt. Der aktuell angezeigte Ausschnitt wird durch einen roten Rahmen markiert.

- Rufen Sie *Fenster - Navigator* auf.

Im Navigator werden nur solche Objekte angezeigt, die auf der Zeichenfläche (und nicht an einer anderen Stelle der Arbeitsfläche) abgelegt sind.

2.7 Schnellübersicht

Sie möchten ...	
die Lineale einblenden	*Ansicht - Lineale - Lineale einblenden* oder Strg R
den Linealnullpunkt verschieben	Auf den Schnittpunkt der Lineale klicken und das Fadenkreuz an die gewünschte Position ziehen
zwischen globalem Lineal und Zeichenflächenlineal wechseln	*Ansicht - Lineale - In Zeichenflächenlineale ändern* bzw. *Ansicht - Lineale - In globale Lineale ändern*
Hilfslinien einfügen	Lineal anklicken und die Hilfslinie herausziehen
Hilfslinien ein- bzw. ausblenden	*Ansicht - Hilfslinien - Hilfslinien einblenden* bzw. *Hilfslinien ausblenden* oder Strg ,
Hilfslinien sperren / die Sperrung aufheben	*Ansicht - Hilfslinien - Hilfslinien sperren* oder Strg Alt ,
Hilfslinien verschieben	, Hilfslinie an die gewünschte Stelle ziehen
Hilfslinien entfernen	Einzelne Hilfslinie löschen: Hilfslinie markieren, Entf Alle Hilfslinien löschen: *Ansicht - Hilfslinien - Hilfslinien löschen*
die Voreinstellungen der Hilfslinien und des Rasters festlegen	*Bearbeiten - Voreinstellungen - Hilfslinien und Raster*
intelligente Hilfslinien ein-/ausblenden	*Ansicht - Intelligente Hilfslinien* oder Strg U
die Voreinstellungen der intelligenten Hilfslinien ändern	*Bearbeiten - Voreinstellungen - Intelligente Hilfslinien*
das Raster ein- bzw. ausblenden	*Ansicht - Raster einblenden* bzw. *Raster ausblenden*
die Rasterausrichtung einschalten	*Ansicht - Am Raster ausrichten*
die Maßeinheit der Lineale, Hilfslinien und des Rasters festlegen	*Bearbeiten - Voreinstellungen - Einheit*
das Info-Bedienfeld zeigen	*Fenster - Info* oder Strg F8
Abstände messen	, Start- und Endpunkt anklicken
die Ansicht vergrößern	oder Alt drücken und Mausrad drehen
die Ansicht verkleinern	(bei gedrückter Alt-Taste) oder Alt drücken und Mausrad drehen
die Ansicht verschieben	oder
das Navigator-Bedienfeld einblenden	*Fenster - Navigator*

2.8 Übung

Objekte positionieren

Level		**Zeit**	ca. 10 min
Übungsinhalte	✔ Objekte positionieren ✔ Mit den Linealen und Hilfslinien arbeiten		
Übungsdatei	*Haus*		
Ergebnisdatei	*Haus-E*		

① Öffnen Sie die Übungsdatei *Haus*.

② Fügen Sie eine senkrechte Hilfslinie bei 105 mm ein.

③ Fügen Sie eine waagerechte Hilfslinie bei 140 mm ein.

④ Sperren Sie die Hilfslinien und positionieren Sie die vorhandenen Objekte entsprechend der rechten Abbildung.

⑥ Speichern Sie die Datei unter dem Namen *Haus-E*.

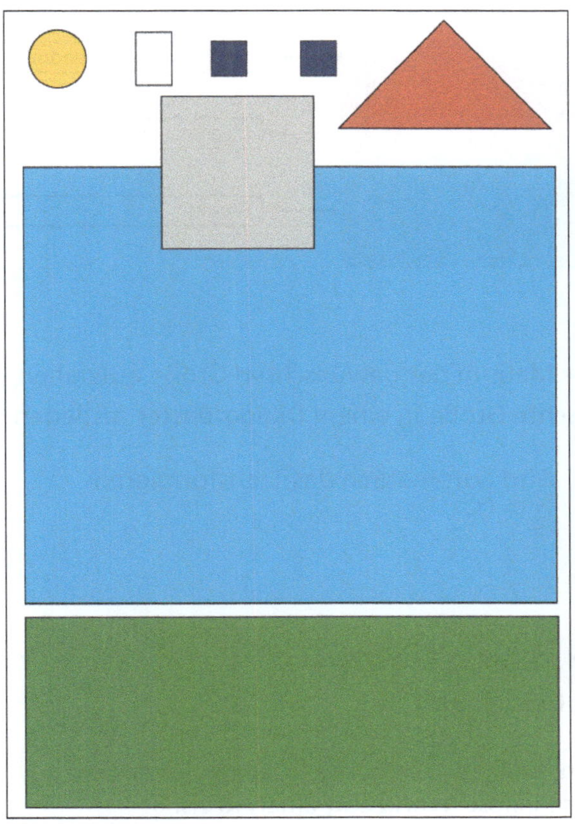

Übungsdatei „Haus"

Ergebnisdatei „Haus-E"

3 Objekte zeichnen

In diesem Kapitel erfahren Sie

- wie Sie einfache geometrische Objekte zeichnen
- wie Sie Flächenfarbe, Konturfarbe und Konturstärke festlegen
- wie Sie Linien, Bögen Spiralen und Raster zeichnen
- wie Sie Pfeilspitzen erzeugen
- wie Sie Objekte perspektivisch zeichnen

3.1 Einfache geometrische Objekte zeichnen

Werkzeuge zum Zeichnen geschlossener Objekte

Zum Zeichnen geschlossener Objekte bietet Ihnen Illustrator die folgenden verschiedenen Werkzeuge.

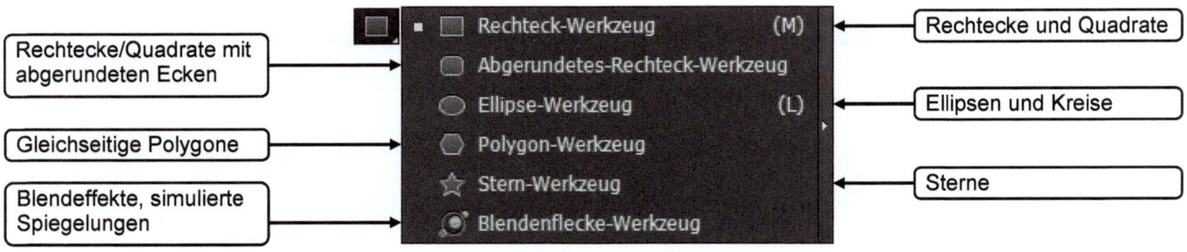

Sie können ...

- die entsprechenden Objekte direkt mit der Maus in der gewünschten Größe aufziehen,
- vor dem Einfügen der Objekte die gewünschte Größe in einem Dialogfenster festlegen.

Wenn Sie ein Rechteck bzw. Quadrat zeichnen, wird automatisch das Transformieren-Bedienfeld eingeblendet (vgl. Abschnitt 4.4).

Objekte mit der Maus aufziehen

- ▶ Aktivieren Sie im Werkzeugbedienfeld das jeweilige Werkzeug.
- ▶ Ziehen Sie das Objekt in der gewünschten Größe auf.

- Wenn Sie beim Ziehen ⇧ gedrückt halten, erstellen Sie bei aktiviertem Rechteck-Werkzeug ein Quadrat bzw. bei aktiviertem Ellipse-Werkzeug einen Kreis.
- Wenn Sie beim Aufziehen des Objekts Alt gedrückt halten, repräsentiert der Startpunkt den Mittelpunkt des Objekts und es wird von der Mitte aus erzeugt.

Objekte mit exakten Vorgaben erstellen

- ▶ Aktivieren Sie im Werkzeugbedienfeld das jeweilige Werkzeug.
- ▶ Möchten Sie ein Rechteck oder eine Ellipse erzeugen, klicken Sie auf den Punkt auf dem Zeichenblatt, an dem die linke obere Ecke des neuen Objekts platziert werden soll.

  oder Beim Erstellen eines Polygons oder eines Sterns klicken Sie auf den Punkt, der den Mittelpunkt des zu erzeugenden Objekts bilden soll.

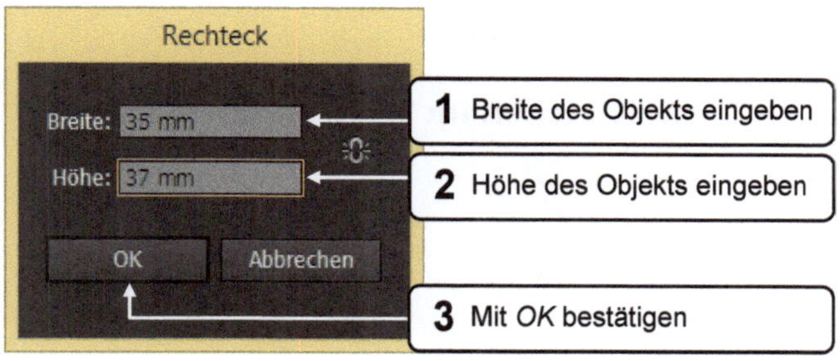

- Je nach ausgewähltem Werkzeug können Sie außer der Breite und Höhe z. B. den Radius oder die Anzahl der Seiten bestimmen.
- Die entsprechenden Einstellungen werden anschließend als Vorgabe für weitere Objekte verwendet. So können Sie per Mausklick nacheinander mehrere Objekte in der gleichen Größe bzw. Einstellung erzeugen.

Flächenfarbe, Konturfarbe und Konturstärke festlegen

Objekte und Linien werden beim Zeichnen automatisch mit den aktuell eingestellten Farben für Kontur und Fläche und mit der vorgesehenen Konturstärke versehen.

Um die entsprechenden Einstellungen vorzunehmen, stehen Ihnen z. B. das Farbfelder-, das Farbe- und das Kontur-Bedienfeld zur Verfügung.

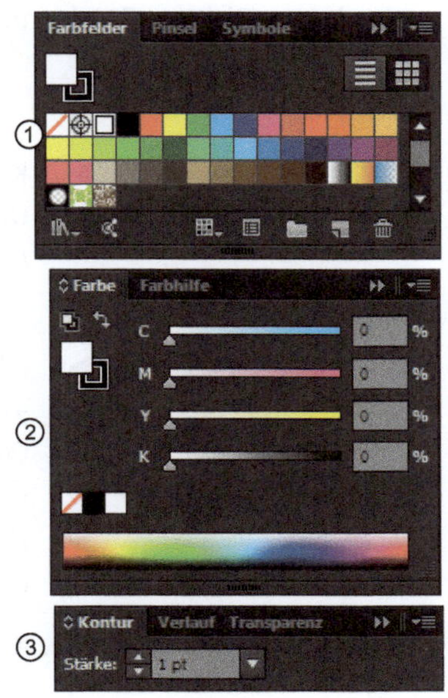

- Das **Farbfelder-Bedienfeld** ① enthält vordefinierte Farben und Muster.
- Im **Farbe-Bedienfeld** ② können Sie eine individuelle Farbe frei wählen. Sollten nicht alle Farbeinstellungsoptionen angezeigt werden, klicken Sie auf ▤ und wählen Sie im Bedienfeldmenü *Optionen einblenden*.
- Das **Kontur-Bedienfeld** ③ wird zur Einstellung der Konturstärke verwendet.

Um die Bedienfelder anzuzeigen, können Sie sie über die entsprechenden Menüpunkte im Menü *Fenster* oder über ▦ (①), 🎨 (②) bzw. ▤ (③) einblenden.

- ▶ Klicken Sie bei aktiviertem Auswahlwerkzeug ↖ auf das betreffende Objekt.
- ▶ Möchten Sie die **Flächenfarbe** einstellen, klicken Sie im unteren Bereich des Werkzeugbedienfelds auf die Fläche-Schaltfläche.

  oder Um die **Konturfarbe** zu wählen, klicken Sie im Werkzeugbedienfeld auf die Kontur-Schaltfläche.

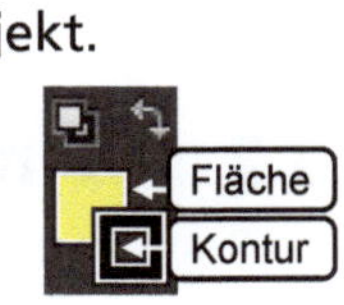

- ▶ Wählen Sie im Farbfelder-Bedienfeld eine Farbe oder ein Muster.

  oder Klicken Sie im Farbe-Bedienfeld auf eine Farbe im dargestellten Spektrum oder stellen Sie mit den Reglern die Werte ein.
- ▶ Um die **Konturstärke** festzulegen, geben Sie den gewünschten Wert im Kontur-Bedienfeld im Feld *Stärke* ein.

- Alternativ können Sie auch im Steuerungsbedienfeld die Flächenfarbe ④, die Konturfarbe ⑤ und die Konturstärke ⑥ bestimmen.
- Sie können die Einstellungen wie oben erläutert auch vor dem Erstellen der Objekte vornehmen.

Schnelle Möglichkeiten, um die Farben zu bestimmen

Sie möchten ...	Schaltflächen im Werkzeugbedienfeld	
die Standardeinstellung (Weiß als Flächen- und Schwarz als Konturfarbe) wählen	①	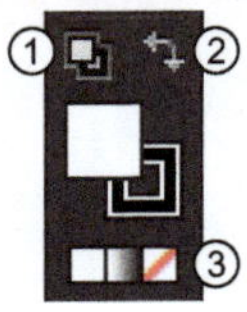
die Flächen- und Konturfarbe vertauschen	②	
keine Flächen- bzw. Konturfarbe nutzen	③	

Hinter Objekten und innerhalb von Objekten zeichnen

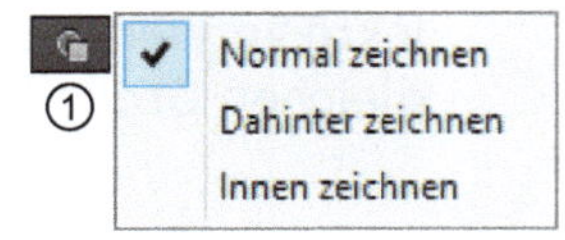

Wenn Ihre Zeichenfläche bereits Objekte enthält, können Sie neue Objekte hinter, innerhalb oder vor den vorhandenen Objekten zeichnen. Wie neue Objekte gezeichnet werden, legen Sie mithilfe der Schaltfläche ① im unteren Bereich des Werkzeugbedienfelds fest.

Je nach gewähltem Zeichenmodus ändert sich das Aussehen der Schaltfläche ①.

Sie möchten ...		
hinter vorhandenen Objekten zeichnen	▶ Klicken Sie auf die Schaltfläche ① und wählen Sie *Dahinter zeichnen*.	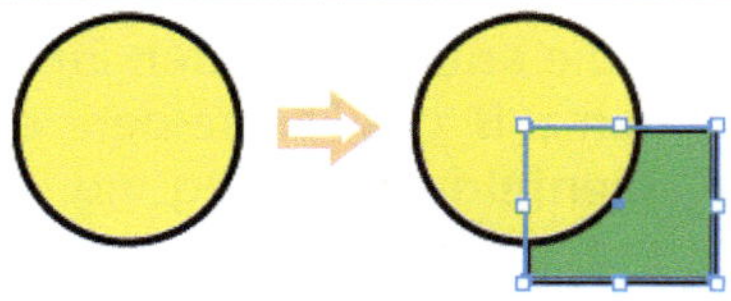
innerhalb eines bestehenden Objekts zeichnen	▶ Aktivieren Sie das Auswahlwerkzeug und klicken Sie auf das Objekt, in das Sie das neue Objekt zeichnen möchten. ▶ Klicken Sie auf die Schaltfläche ① und wählen Sie *Innen zeichnen*.	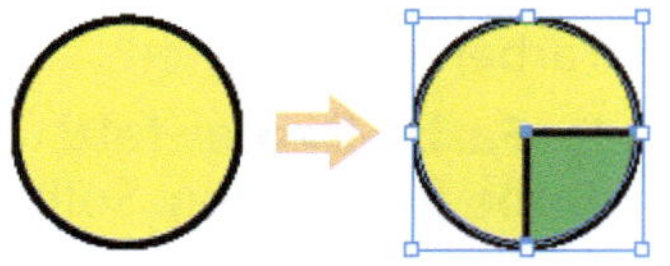
über vorhandenen Objekten zeichnen (= Standard)	▶ Klicken Sie auf die Schaltfläche ① und wählen Sie *Normal zeichnen*.	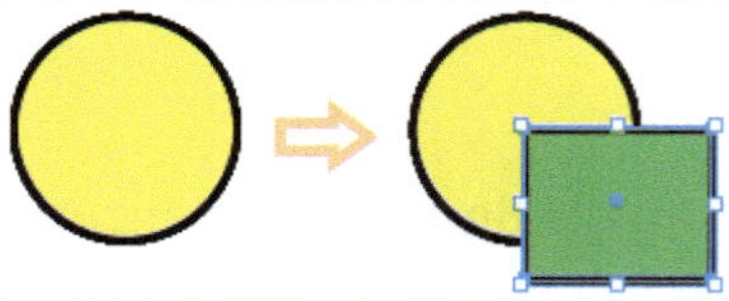

3.2 Linien, Bögen, Spiralen und Raster zeichnen

Einfache Linien zeichnen

Bevor Sie Linien ziehen oder direkt nach dem Zeichnen, wenn die Linien noch markiert sind, können Sie wie zuvor beschrieben die Farbe und Stärke der Linien bestimmen. Die gewählten Einstellungen werden als Vorgabe für weitere Linien genutzt.

- ▶ Wählen Sie im Werkzeugbedienfeld das Liniensegment-Werkzeug .
- ▶ Ziehen Sie die Linie in der gewünschten Länge und im gewünschten Winkel auf.

  oder Bestimmen Sie per Mausklick den Startpunkt des Liniensegments und geben Sie im folgenden Dialogfenster die Länge und den Winkel ein.

- Um Segmente in einem Winkel von 45° oder einem Vielfachen davon zu erzeugen, halten Sie während des Ziehens ⇧ gedrückt.
- Wenn Sie während des Ziehens Alt gedrückt halten, erstellen Sie die Linie von der angeklickten Stelle aus gleichzeitig in beide Richtungen.

Linien mit mehreren Segmenten zeichnen

- ▶ Um eine Linie mit mehreren Segmenten zu erzeugen, aktivieren Sie das Zeichenstift-Werkzeug und klicken Sie mit dem Mauszeiger auf den Startpunkt der Linie.
- ▶ Bewegen Sie den Mauszeiger zum geplanten Endpunkt des ersten Liniensegments und klicken Sie erneut.
- ▶ Bewegen Sie den Mauszeiger zum Endpunkt des nächsten Liniensegments und klicken Sie erneut.
- ▶ Fahren Sie entsprechend fort, bis Sie alle Segmente eingefügt haben.

Möchten Sie direkt im Anschluss eine weitere Linie mit mehreren Segmenten zeichnen, heben Sie zunächst die Auswahl der bestehenden Linie auf, indem Sie ein anderes Werkzeug wählen. Andernfalls ergänzt Illustrator beim nächsten Klicken mit dem Zeichenstift die bestehende Linie um weitere Segmente.

Bögen, Spiralen und Raster zeichnen

- ▶ Klicken Sie im Werkzeugbedienfeld im Menü des Liniensegment-Werkzeugs auf das Bogen-Werkzeug und ziehen Sie den Bogen ① diagonal in die gewünschte Richtung auf.

  oder Aktivieren Sie das Spirale-, das Rechteckige-Raster- bzw. das Radiale-Raster-Werkzeug und ziehen Sie eine Spirale ②, ein rechteckiges Raster ③ oder ein radiales Raster ④ in der gewünschten Größe und Richtung auf.

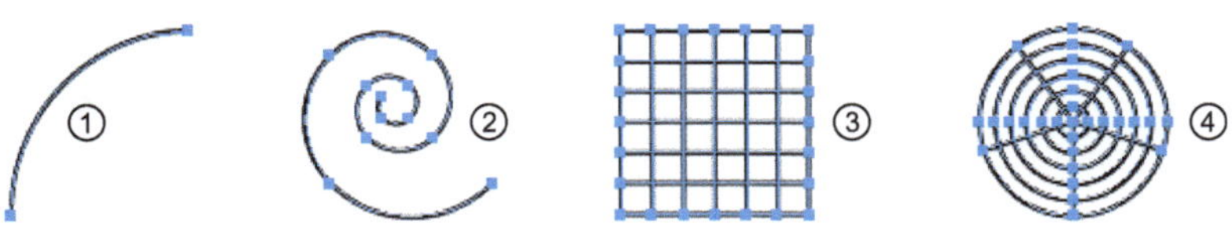

- Wenn Sie eines der genannten Werkzeuge aktivieren und anschließend auf das Zeichenblatt klicken, können Sie im folgenden Dialogfenster exakte Vorgaben wie z. B. die Anzahl der Unterteilungen oder die Größe für das zu erstellende Objekt einstellen.
- Wenn Sie doppelt auf die Werkzeug-Schaltfläche im Werkzeugbedienfeld klicken, wird das Dialogfenster direkt geöffnet und Sie können hier Vorgaben für alle neu zu erstellenden Objekte des entsprechenden Typs einstellen.

Pfeilspitzen erzeugen

Durch Bearbeiten der Kontur können Sie beispielsweise bei Linien oder Bögen die Start- und Endpunkte mit Pfeilspitzen versehen.

- ▶ Aktivieren Sie das Auswahlwerkzeug und klicken Sie das betreffende Objekt an.
- ▶ Rufen Sie *Fenster - Kontur* auf, um das Kontur-Bedienfeld zu öffnen.

  Alternative: im Verankerungsbereich
- ▶ Klicken Sie im Kontur-Bedienfeld auf und wählen Sie den Bedienfeldmenüpunkt *Optionen einblenden*, um sämtliche Optionen des Bedienfelds anzuzeigen.

- Wählen Sie eine Pfeilspitze für den Start- ① und/oder Endpunkt ② aus.
- Um die Größe der jeweiligen Pfeilspitze zu ändern, geben Sie den gewünschten Prozentwert im Feld ③ bzw. ④ ein.

3.3 Objekte perspektivisch zeichnen

Das Perspektivenraster-Werkzeug nutzen

Das Perspektivenraster-Werkzeug ermöglicht es Ihnen, anhand eines vordefinierten räumlichen Rasters mühelos perspektivische Zeichnungen anzufertigen, zum Beispiel für den technischen oder den architektonischen Bereich. Sie können dabei zwischen verschiedenen Perspektivenarten wählen.

- Aktivieren Sie im Werkzeugbedienfeld das Perspektivenraster-Werkzeug.

Auf der Zeichenfläche wird das Perspektivenraster eingeblendet und in der linken oberen Ecke des Dokumentfensters erscheint das Perspektivenraster-Widget.

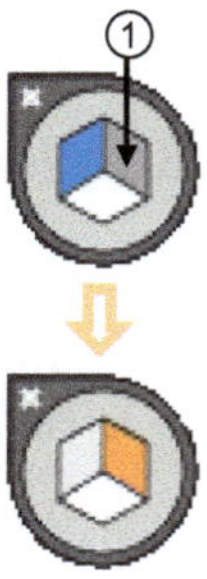

- Klicken Sie im Perspektivenraster-Widget auf das Raster, auf dem Sie zeichnen möchten (z. B. auf das Raster ①).
  Das entsprechende Raster wird im Widget farbig hervorgehoben.
- Aktivieren Sie ein Zeichenwerkzeug und zeichnen Sie das gewünschte Objekt im Perspektivenraster auf dem zuvor ausgewählten Raster.
  Das Objekt wird im Perspektivenraster mit der korrekten Perspektive in das entsprechende Raster eingepasst.

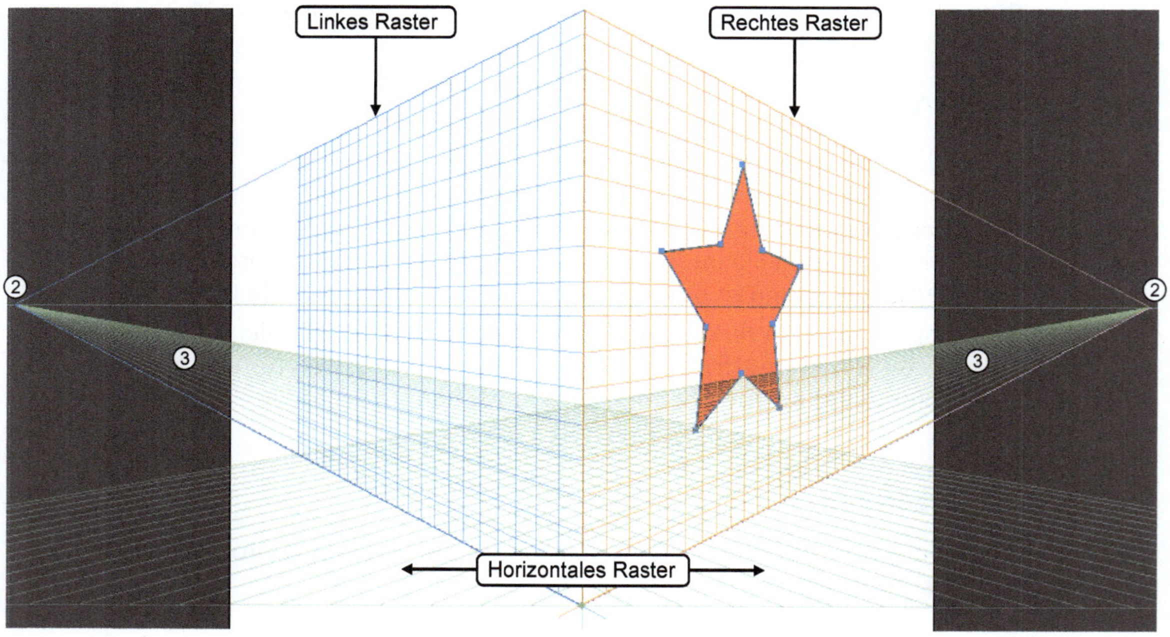

Möchten Sie ein weiteres Objekt auf einem anderen Raster des Perspektivenrasters zeichnen, aktivieren Sie zuvor im Widget das betreffende Raster.

Das Perspektivenraster anpassen

In der Standardeinstellung enthält das Perspektivenraster zwei Fluchtpunkte ② auf einem Horizont, zwei waagerechte Perspektivgitter ③ mit einer Mittelachse sowie ein linkes, ein rechtes und ein horizontales Raster.

Bei aktiviertem Perspektivenraster-Werkzeug können Sie Fluchtpunkte und Perspektivgitter mit der Maus über die betreffenden runden/rautenförmigen Anfasser verschieben.

Bereits auf dem Perspektivenraster gezeichnete Objekte passen sich standardmäßig nicht an eine nachträglich geänderte Perspektive an. Möchten Sie, dass die auf dem Raster befindlichen Objekte automatisch angepasst werden, wenn Sie die Perspektive ändern, rufen Sie *Ansicht - Perspektivenraster - Bezugspunkt sperren* auf.

- ✔ Im Dialogfenster *Perspektivenraster definieren* können Sie das Erscheinungsbild des Perspektivenrasters anpassen (z. B. die Anzahl der Fluchtpunkte ④ oder die Farben der einzelnen Raster ⑤). Das Dialogfenster lässt sich über *Ansicht - Perspektivenraster - Raster definieren* einblenden.
- ✔ Über *Ansicht - Perspektivenraster - Raster aus-* bzw. *einblenden* können Sie das Perspektivenraster aus- bzw. wieder einblenden.

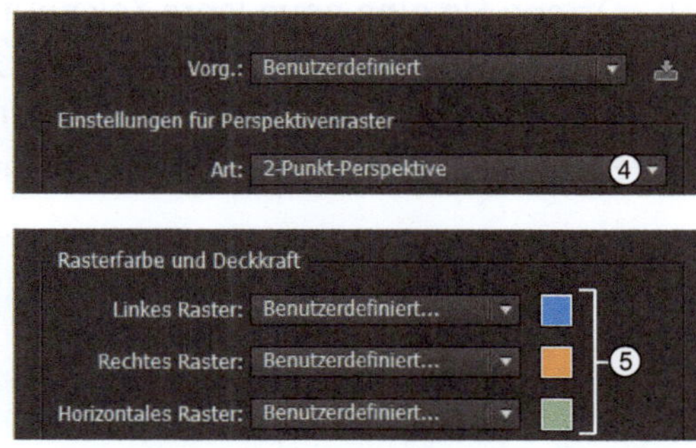

3.4 Schnellübersicht

Sie möchten ...	
einfache Objekte zeichnen	Objekt aufziehen
Objekte mit exakten Vorgaben erstellen	auf das Zeichenblatt klicken, Einstellungen im Dialogfenster vornehmen
das Farbfelder-Bedienfeld einblenden	*Fenster - Farbfelder* oder im Verankerungsbereich:
das Farbe-Bedienfeld einblenden	*Fenster - Farbe* oder im Verankerungsbereich:
die Flächen- bzw. Konturfarbe bestimmen	Im Werkzeugbedienfeld: bzw. , Farbe im Farbfelder- bzw. Farbe-Bedienfeld festlegen oder im Steuerungsbedienfeld: bzw.
das Kontur-Bedienfeld einblenden	*Fenster - Kontur* oder im Verankerungsbereich:
die Konturstärke festlegen	Konturstärke im Kontur-Bedienfeld bestimmen oder im Steuerungsbedienfeld: 1 pt
Linien zeichnen	oder
Bögen, Spiralen und Raster zeichnen	, , bzw.
perspektivische Objekte zeichnen	, im Perspektivenraster-Widget gewünschtes Raster anklicken, Objekte zeichnen

3.5 Übung

Figur mit geometrischen Formen zeichnen

Level		**Zeit**	ca. 10 min
Übungsinhalte	✔ Einfache Objekte zeichnen		
Übungsdatei	--		
Ergebnisdatei	*Schneemann-E*		

① Öffnen Sie eine neue leere Zeichnung.

② Erstellen Sie die unten abgebildete Zeichnung aus einfachen Objekten, z. B. aus Ellipsen, Kreisen, Rechtecken (mit und ohne abgerundete Ecken) und Quadraten.

④ Speichern Sie die Zeichnung unter dem Namen *Schneemann-E*.

Ergebnisdatei „Schneemann-E"

4 Objekte auswählen und transformieren

In diesem Kapitel erfahren Sie

- wie Sie Objekte auswählen
- wie Sie Objekte ausschneiden, kopieren, einfügen und löschen
- wie Sie Objekte verschieben, skalieren, drehen, spiegeln und verbiegen
- wie Sie Objekte sperren, ausblenden, anordnen und gruppieren

Voraussetzungen

- Objekte zeichnen

4.1 Objekte auswählen

Grundlagen zur Auswahl von Objekten

Um Objekte bearbeiten zu können, müssen Sie diese zuvor auswählen. Ausgewählte Objekte erkennen Sie an dem blauen Begrenzungsrahmen (Rechteck mit acht Griffen), der um das Objekt angezeigt wird.

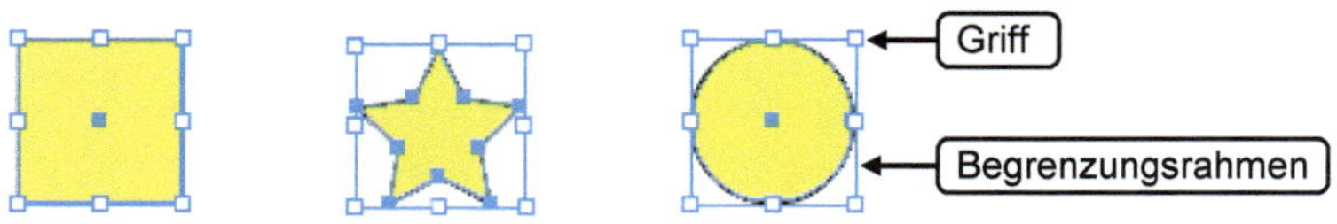

Objekte auswählen

▶ Klicken Sie bei aktiviertem Auswahlwerkzeug auf das Objekt bzw. drücken Sie ⇧ und klicken Sie nacheinander mehrere Objekte an.

oder Ziehen Sie mit der Maus einen Rahmen um die gewünschten Objekte.

Alle Objekte, die sich innerhalb des Rahmens befinden oder von diesem geschnitten werden, sind ausgewählt.

- Bei Objekten, die keine Flächenfarbe besitzen, klicken Sie auf die **Objektkontur**, um diese auszuwählen.
- Um alle Objekte einer Zeichnung auszuwählen, drücken Sie Strg A oder rufen Sie *Auswahl - Alles auswählen* auf.
- Um alle Objekte der aktiven Zeichenfläche auszuwählen, drücken Sie Strg Alt A oder rufen Sie *Auswahl - Alles auf der aktiven Zeichenfläche* auf.
- Möchten Sie, dass anstelle der aktuell ausgewählten Objekte alle nicht ausgewählten Objekte markiert werden, rufen Sie *Auswahl - Auswahl umkehren* auf.

Auswahl aufheben

▶ Um einzelne Objekte aus der Auswahl zu entfernen, drücken Sie ⇧ und klicken Sie die Objekte erneut an.

▶ Um die Auswahl aller Objekte aufzuheben, klicken Sie auf einen freien Bereich im Dokumentfenster.

Mit gespeicherten Auswahlen arbeiten

Haben Sie Objekte ausgewählt, können Sie die entsprechende Auswahl in der aktuellen Zeichnung speichern und anschließend bei Bedarf schnell wieder anwenden.

Sie möchten ...	
eine Auswahl speichern	▶ Wählen Sie *Auswahl - Auswahl speichern*. ▶ Geben Sie im folgenden Dialogfenster einen Namen für die Auswahl ein und bestätigen sie mit *OK*.
eine gespeicherte Auswahl erneut anwenden	▶ Rufen Sie *Auswahl* auf und wählen Sie den Namen der gespeicherten Auswahl.
eine gespeicherte Auswahl umbenennen oder löschen	▶ Wählen Sie *Auswahl - Auswahl bearbeiten* und markieren Sie im geöffneten Dialogfenster die betreffende Auswahl. ▶ Ändern Sie im entsprechenden Feld den Namen oder klicken Sie auf *Löschen* und bestätigen Sie mit *OK*.

Objekte auf der Basis gleicher Eigenschaften auswählen

In Illustrator haben Sie folgende Möglichkeiten, alle Objekte, die z. B. über die gleiche Flächen-/Konturfarbe, Konturstärke oder Deckkraft verfügen, schnell auszuwählen:

Variante 1: Mit dem Zauberstab-Werkzeug

▶ Aktivieren Sie Zauberstab-Werkzeug und klicken Sie ein Objekt an, das die gewünschten Eigenschaften aufweist.
Alle Objekte, die die gleiche Flächenfarbe besitzen, werden ausgewählt.

Möchten Sie zusätzliche oder andere Auswahlkriterien für das Zauberstab-Werkzeug festlegen, gehen Sie folgendermaßen vor:

▶ Öffnen Sie das Zauberstab-Bedienfeld mit Doppelklick auf das Zauberstab-Werkzeug oder rufen Sie *Fenster - Zauberstab* auf.

▶ Aktivieren Sie die Kontrollfelder der gewünschten Auswahlkriterien und stellen Sie im Feld *Toleranz* einen Wert ein. Ein niedriger Wert steht für große Ähnlichkeit.

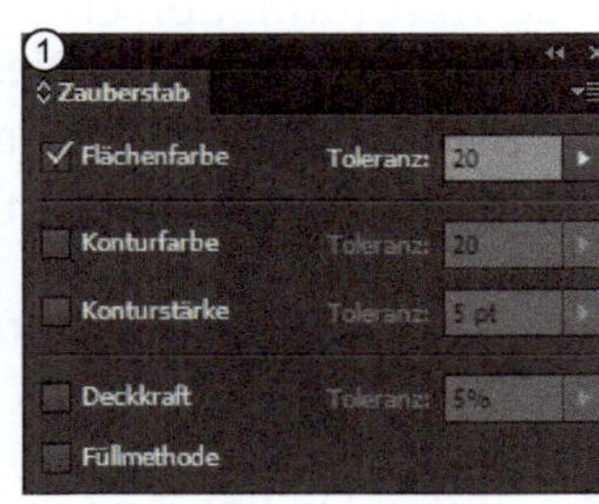

Wenn im Zauberstab-Bedienfeld nicht alle abgebildeten Einstellmöglichkeiten angezeigt werden, klicken Sie mehrmals auf ①.

Variante 2: Über das Steuerungsbedienfeld

▶ Wählen Sie ein Objekt mit den gewünschten Eigenschaften aus und klicken Sie im Steuerungsbedienfeld auf ①.

▶ Wählen Sie in der geöffneten Liste das gewünschte Auswahlkriterium aus, um die betreffenden Objekte zu markieren.

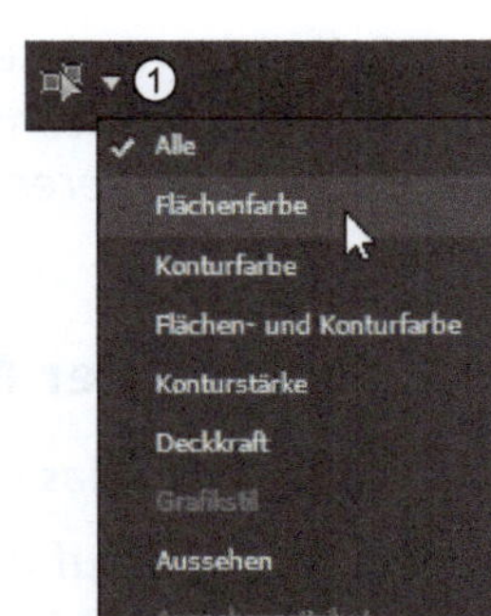

Zur erneuten Auswahl mit dem voreingestellten Auswahlkriterium klicken Sie auf .

4.2 Objekte ausschneiden, kopieren, einfügen und löschen

Objekte über die Zwischenablage ausschneiden, kopieren und einfügen

In Illustrator können Sie wie gewohnt mit der Zwischenablage arbeiten, um ausgewählte Objekte auszuschneiden, zu kopieren und einzufügen. Hierfür stehen Ihnen die Menüpunkte *Bearbeiten - Ausschneiden, Kopieren* und *Einfügen* bzw. Strg X, Strg C und Strg V zur Verfügung.

Standardmäßig werden die Kopien beim Einfügen auf der Mitte der Zeichenfläche eingefügt. Wenn Sie die Kopie exakt auf der Position des Originals platzieren möchten, gehen Sie folgendermaßen vor:

- Kopieren Sie ein Objekt in die Zwischenablage und rufen Sie *Bearbeiten - Davor einfügen* bzw. *Dahinter einfügen* auf.
  Alternativen: Strg F bzw. Strg B

Objekte löschen

- Wählen Sie das Objekt aus, das Sie löschen möchten, und drücken Sie Entf.

4.3 Objekte manuell transformieren

Was bedeutet transformieren?

In Illustrator wird das Verschieben, Skalieren, Drehen, Spiegeln sowie das Neigen (Verbiegen) ausgewählter Objekte als Transformation bezeichnet. Dabei können die Objekte manuell mit der Maus oder exakt durch Eingabe der gewünschten Werte transformiert werden.

Jede Transformation erfolgt von einem festen Bezugspunkt aus, dem sogenannten **Ursprung**. Dieser liegt standardmäßig in der Objektmitte. Haben Sie ein Objekt z. B. mit dem Drehen-Werkzeug oder dem das Verbiegen-Werkzeug ausgewählt, wird der Ursprung als Fadenkreuz angezeigt.

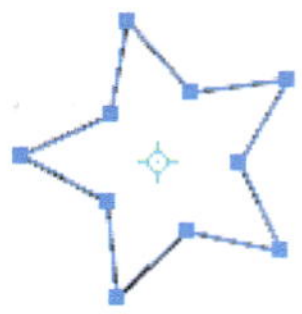

Bevor Sie Objekte transformieren, sollten Sie festlegen, wie Illustrator bereits zugewiesene Muster, interaktive Ecken, Konturen und Effekte beim Transformieren behandeln soll:

- Rufen Sie *Bearbeiten - Voreinstellungen - Allgemein* auf.
- Damit das Muster bzw. die interaktiven Ecken eines Objekts beim Transformieren automatisch angepasst werden, aktivieren Sie das Kontrollfeld *Muster transformieren* bzw. *Rechteck-Ecken skalieren*.
- Sollen zugewiesene Konturen und Effekte (z. B. Schatten oder 3D-Effekte) beim Transformieren automatisch angepasst werden, schalten Sie das Kontrollfeld *Konturen und Effekte skalieren* ein.

Objekte mit der Maus verschieben bzw. kopieren

- Wählen Sie das entsprechende Objekt aus.
- Klicken Sie auf die Kontur bzw. Fläche des Objekts und ziehen Sie das Objekt mit dem veränderten Mauszeiger an die gewünschte Position.

- Möchten Sie das Objekt exakt horizontal, vertikal oder in einem Winkel von 45° verschieben, halten Sie beim Ziehen ⇧ gedrückt.
- Wenn Sie beim Ziehen Alt gedrückt halten, wird das Objekt **kopiert** statt verschoben.

Objekte mit den Pfeiltasten verschieben

Standardmäßig werden die Objekte beim Verschieben mit den Pfeiltasten in Schritten von 0,3528 mm (1/72 Inch) verschoben. Sie können bei Bedarf eine andere Schrittweite einstellen, indem Sie *Bearbeiten - Voreinstellungen - Allgemein* aufrufen und im folgenden Dialogfenster im Feld *Schritte per Tastatur* den gewünschten Wert in Millimetern eintragen.

- Wählen Sie das betreffende Objekt aus.
- Klicken Sie auf eine Pfeiltaste ←, →, ↓, ↑, um die Objekte in die entsprechende Richtung zu verschieben.

  oder Um das Objekt um das Zehnfache der festgelegten Schrittweite zu verschieben, drücken Sie zusätzlich ⇧.

Objekte mit der Maus skalieren

- Wählen Sie das betreffende Objekt aus und aktivieren Sie das Skalieren-Werkzeug.
- Verschieben Sie bei Bedarf den Ursprung.
- Ziehen Sie einen Ankerpunkt, um die Größe des Objekts zu ändern.

  Die aktuelle Größe wird in einer Infobox angezeigt.
- Möchten Sie das Objekt proportional skalieren, halten Sie beim Ziehen ⇧ gedrückt.

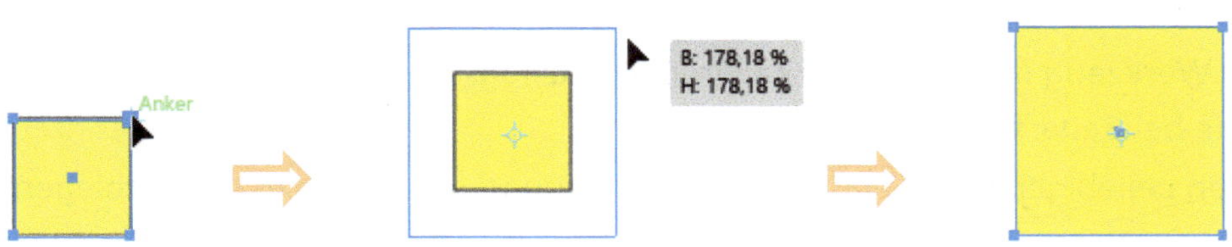

Sie können ausgewählte Objekte auch mit dem Auswahlwerkzeug skalieren. Ziehen Sie in diesem Fall einen Griff des Begrenzungsrahmens, um die Größe des Objekts zu ändern.

Objekte mit der Maus drehen

- Wählen Sie das betreffende Objekt aus und aktivieren Sie das Drehen-Werkzeug.
- Verschieben Sie bei Bedarf den Ursprung.
- Ziehen Sie einen beliebigen Punkt außerhalb des Ursprungs, um das Objekt in die entsprechende Richtung zu drehen.

  Der aktuelle Drehwinkel wird in einer Infobox angezeigt.

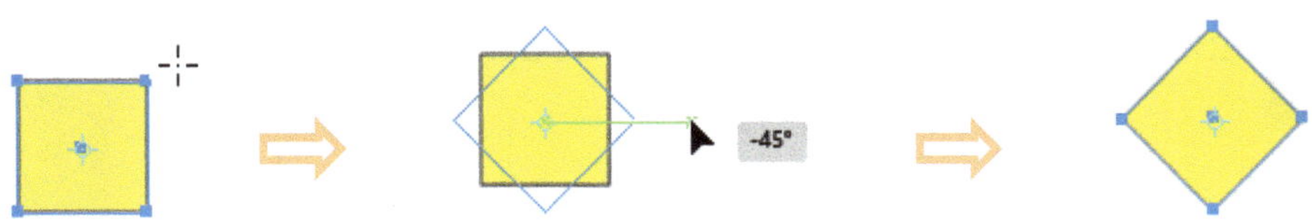

- Wenn Sie während des Drehens ⇧ drücken, erfolgt die Drehung in 45°-Schritten.
- Sie können ausgewählte Objekte auch mit dem Auswahlwerkzeug drehen. Zeigen Sie hierzu außerhalb des Objekts auf eine Stelle in der direkten Umgebung eines Eckgriffs. Sobald der Mauszeiger seine Form ändert, ziehen Sie diesen in die Richtung, in die Sie das Objekt drehen möchten.

Objekte spiegeln

- Wählen Sie das betreffende Objekt aus und klicken Sie doppelt auf das Spiegeln-Werkzeug.
  Sie finden das Werkzeug im Menü des Drehen-Werkzeugs.

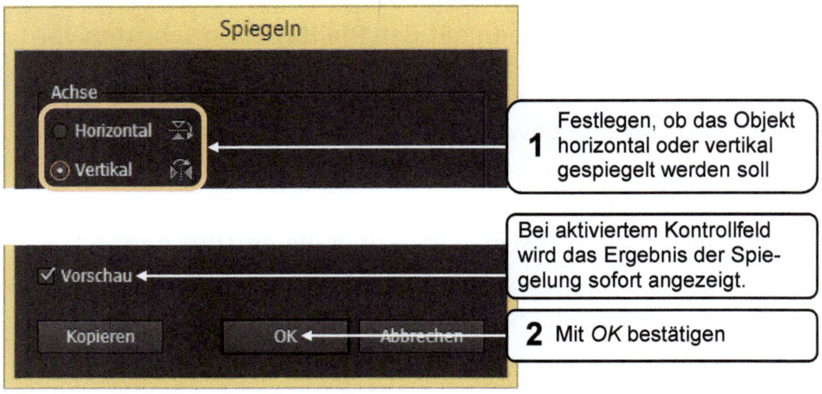

Vertikal spiegeln

Horizontal spiegeln

Objekte mit der Maus verbiegen (neigen)

- Markieren Sie das betreffende Objekt und aktivieren Sie das Verbiegen-Werkzeug.
  Sie finden das Werkzeug im Menü des Skalieren-Werkzeugs.
- Verschieben Sie bei Bedarf den Ursprung.
- Ziehen Sie einen beliebigen Punkt außerhalb des Ursprungs, um das Objekt zu verbiegen.

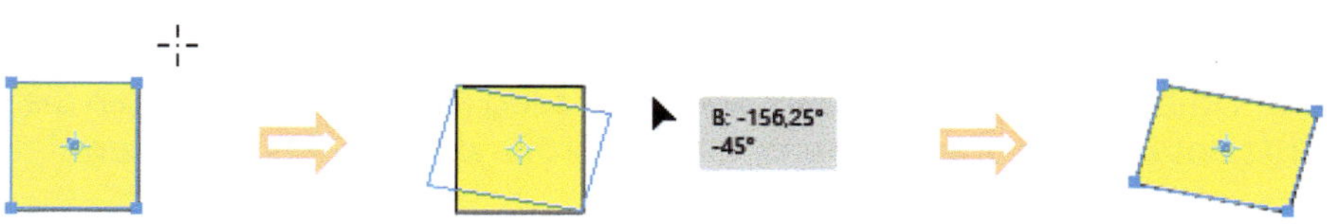

Halten Sie während dieser Aktion ⇧ gedrückt, wird das in 45°-Schritten verbogen.

Objekte mit dem Frei-transformieren-Werkzeug bearbeiten

Objekte lassen sich auch mit dem Frei-transformieren-Werkzeug verschieben, skalieren und drehen. Darüber hinaus können Sie Objekte mit diesem Werkzeug auch perspektivisch oder individuell (frei) verzerren.

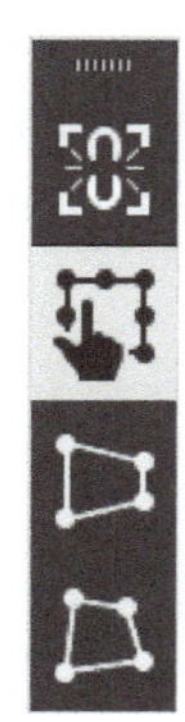

- Wählen Sie das betreffende Objekt aus und aktivieren Sie das Frei-transformieren-Werkzeug.

Neben der Zeichenfläche wird das rechts abgebildete Frei-transformieren-Widget eingeblendet. Mit seiner Hilfe können Sie festlegen, wie die Aktionen, die Sie mit dem Frei-transformieren-Werkzeug durchführen, ausgeführt werden sollen.

Objekte mit dem Frei-transformieren-Werkzeug verschieben

- Stellen Sie sicher, dass im Frei-transformieren-Widget die Schaltfläche aktiviert ist.
- Möchten Sie das Objekt exakt horizontal, vertikal oder in einem Winkel von 45° verschieben, aktivieren Sie im Widget zusätzlich die Schaltfläche .
- Klicken Sie auf die Kontur bzw. Fläche des Objekts und ziehen Sie das Objekt mit dem veränderten Mauszeiger an die gewünschte Position.

Objekte mit dem Frei-transformieren-Werkzeug skalieren

- Stellen Sie sicher, dass im Frei-transformieren-Widget die Schaltfläche aktiviert ist.
- Möchten Sie das Objekt proportional skalieren, aktivieren Sie im Widget zusätzlich die Schaltfläche .
- Ziehen Sie einen **Eck**griff des Begrenzungsrahmens in die gewünschte Richtung.

Objekte mit dem Frei-transformieren-Werkzeug drehen

- Stellen Sie sicher, dass im Frei-transformieren-Widget die Schaltfläche aktiviert ist.
- Möchten Sie, dass das Objekt nur in 45°-Schritten gedreht werden kann, aktivieren Sie im Widget zusätzlich die Schaltfläche .
- Platzieren Sie den Mauszeiger außerhalb des Objektes und ziehen Sie ihn in die gewünschte Richtung.

Objekte mit dem Frei-transformieren-Werkzeug perspektivisch verzerren

- Aktivieren Sie im Frei-transformieren-Widget die Schaltfläche .
- Ziehen Sie einen der Griffe, um das Objekt perspektivisch zu verzerren.

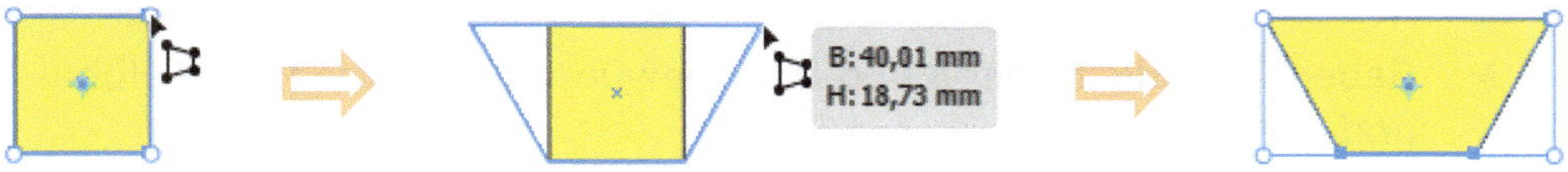

Objekte mit dem Frei-transformieren-Werkzeug individuell (frei) verzerren

- Aktivieren Sie im Frei-transformieren-Widget die Schaltfläche .
- Ziehen Sie einen der Griffe, um das Objekt individuell zu verzerren.

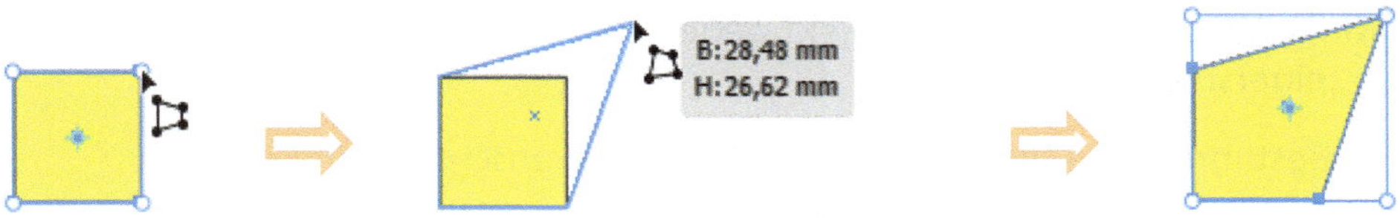

- ✔ Möchten Sie ein Objekt **im Perspektivenraster** verschieben oder skalieren, markieren Sie es mit dem Perspektivenauswahl-Werkzeug . Nun können Sie es auf die gleiche Weise wie mit dem Auswahlwerkzeug verschieben bzw. skalieren.
- ✔ Werden perspektivisch gezeichnete Objekte mit dem Auswahlwerkzeug markiert und anschließend transformiert, wird die Perspektive des jeweiligen Rasters beim Transformieren **nicht** berücksichtigt.

4.4 Objekte exakt transformieren

Objekte über Bedienfelder transformieren

Mit dem Steuerungs- sowie dem Transformieren-Bedienfeld können Sie Objekte in einem Arbeitsgang exakt verschieben, skalieren, drehen, verbiegen und spiegeln.

- Wählen Sie das betreffende Objekt aus und klicken Sie im Steuerungsbedienfeld auf *Transformieren* ①.
  oder Öffnen Sie das Transformieren-Bedienfeld über *Fenster - Transformieren* bzw. ⇧ F8.
- Ändern Sie bei Bedarf die Position des Ursprungs innerhalb des Begrenzungsrahmens ②, indem Sie in der Schaltfläche ② auf ein weißes Quadrat klicken (z. B. auf das untere rechte Quadrat).
- Geben Sie die gewünschten Werte in die entsprechenden Felder des Bedienfeldes ein (vgl. folgende Tabelle) und bestätigen Sie mit ↵.

Sie möchten Objekte ...	
verschieben	Die Werte in den Feldern *x* bzw. *y* zeigen die Position des Ursprungs an. ▶ Um das Objekt exakt zu positionieren, tragen Sie in den Feldern *x* und *y* die entsprechenden Werte ein. *oder* Möchten Sie eine neue Position in Relation zur bisherigen Position einstellen, klicken Sie in die Felder *x* und *y* hinter die Koordinaten und geben den gewünschten Wert ein (z. B. *74 mm + 5*). Positive Werte verschieben das Objekt nach rechts bzw. nach oben. Negative Werte verschieben das Objekt nach links bzw. nach unten.
skalieren	▶ Möchten Sie das Objekt proportional skalieren, klicken Sie auf . ▶ Geben Sie in die Felder *B* und *H* die gewünschten Werte für die Höhe und Breite ein. *oder* Um das Objekt in einem bestimmten Wert zu vergrößern, geben Sie in die Felder *B* und *H* nach der Breite oder Höhe den entsprechenden Wert ein (z. B. *74 mm +5*). *oder* Überschreiben Sie die Vorgaben in den Feldern *B* und *H* mit den gewünschten Prozentwerten (z. B. 125 %).
drehen	▶ Legen Sie im Feld den gewünschten Winkel fest. Positive Winkel drehen das Objekt gegen den Uhrzeigersinn, negative im Uhrzeigersinn.
verbiegen (neigen)	▶ Bestimmen Sie im Feld den gewünschten Winkel. Positive Winkel neigen das Objekt nach rechts, negative nach links.
spiegeln	▶ Rufen Sie im Bedienfeldmenü *Horizontal* bzw. *Vertikal spiegeln* auf.

- ✔ Sie können eine **Kopie** des Objekts **transformieren**, indem Sie Alt gedrückt halten, während Sie die Einstellungen mit ↵ bestätigen.
- ✔ Hilfslinien können wie Objekte positioniert bzw. gedreht werden.

Sind Objekte mit einem Muster gefüllt, können Sie im Bedienfeldmenü einstellen, wie sich die Transformation auf die Muster und Effekte auswirkt:

- Aktivieren Sie *Nur Objekt transformieren*, um die Transformation ausschließlich auf das Objekt anzuwenden und das Muster unverändert zu lassen.
- Wählen Sie *Nur Muster transformieren*, wenn lediglich das Muster, nicht jedoch das Objekt transformiert werden soll.
- Aktivieren Sie *Beides transformieren*, um das Objekt und das Muster zu transformieren.
- Wählen Sie *Konturen und Effekte skalieren*, damit sich die Konturen bzw. Effekte (z. B. Schatten) beim Transformieren anpassen.

Objekte per Dialogfenster transformieren

Um zuvor ausgewählte Objekte mithilfe von Dialogfenstern zu transformieren, rufen Sie *Objekt - Transformieren* auf und wählen Sie den entsprechenden Untermenüpunkt, z. B. *Drehen*.

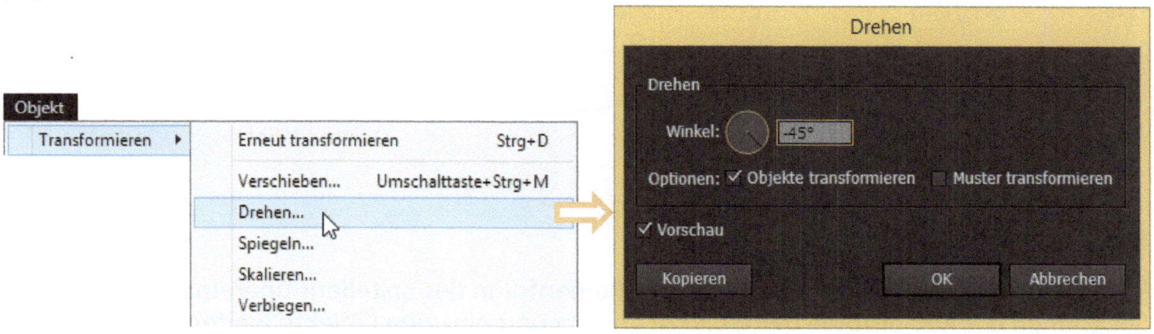

Sie können die Dialogfenster zum Transformieren auch schnell einblenden, indem Sie im Werkzeugbedienfeld doppelt auf die entsprechenden Werkzeuge klicken, z. B. auf das Drehen-Werkzeug ( ).

Möchten Sie die zuletzt durchgeführte Transformation noch einmal durchführen, rufen Sie *Objekt - Transformieren - Erneut transformieren* auf oder drücken Sie Strg D.

4.5 Objekte sperren und ausblenden

Objekte sperren

Möchten Sie einzelne Objekte einer Zeichnung vor weiterer Bearbeitung schützen, sperren Sie die betreffenden Objekte. Gesperrte Objekte werden angezeigt, können aber nicht ausgewählt und bearbeitet werden.

- Wählen Sie das betreffende Objekt aus und rufen Sie *Objekt - Sperren - Auswahl*.

Über *Objekt - Alle entsperren* heben Sie die Sperrung sämtlicher Objekte wieder auf.

Objekte ausblenden

Das (kurzzeitige) Ausblenden von Objekten ist besonders hilfreich, wenn Sie ein Objekt, das hinter einem anderen Objekt liegt, bearbeiten möchten.

- Wählen Sie das Objekt aus und rufen Sie *Objekt - Ausblenden - Auswahl* auf.

Um alle Objekte wieder anzeigen zu lassen, rufen Sie *Objekt - Alles Einblenden* auf.

4.6 Objekte anordnen, verteilen und ausrichten

Verdeckte Objekte auswählen

Sie können Objekte auch dann auswählen, wenn diese ganz oder teilweise von anderen Objekten überdeckt werden.

- Aktivieren Sie das Auswahlwerkzeug.
- Klicken Sie mit gedrückter [Strg]-Taste auf das oberste Objekt.
- Um das nächste Objekt auszuwählen, halten Sie [Strg] gedrückt und klicken Sie erneut.
- Fahren Sie entsprechend fort, bis Sie das gewünschte Objekt ausgewählt haben.

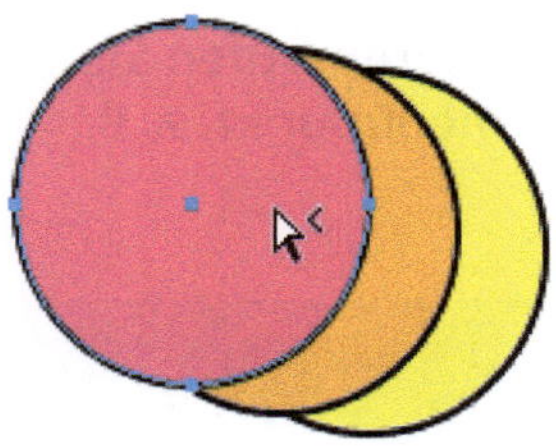

Erster Klick

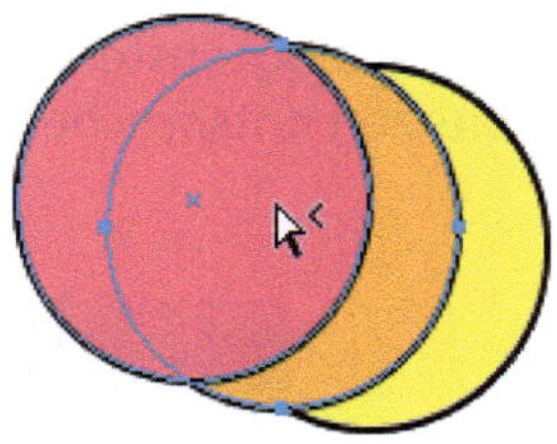

Zweiter Klick

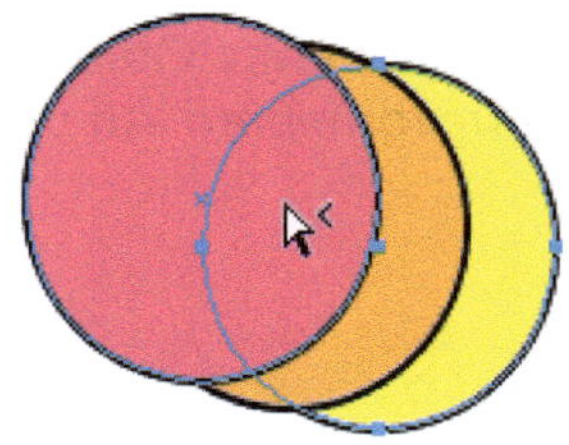

Dritter Klick

Objekte anordnen

Beim Zeichnen werden die Objekte in der Reihenfolge des Erstellens übereinander platziert. Sie können die Reihenfolge der Objekte ändern und einzelne Objekte weiter in den Vorder- oder Hintergrund rücken.

- Wählen Sie ein Objekt aus einer Gruppe sich überlappender Objekte aus.
- Rufen Sie den Menüpunkt *Objekt - Anordnen* auf und wählen Sie im Untermenü die gewünschte Anordnung entsprechend der folgenden Tabelle.

Sie möchten das Objekt ...	Menüpunkt	Beispiel
in den Vordergrund verschieben	*In den Vordergrund*	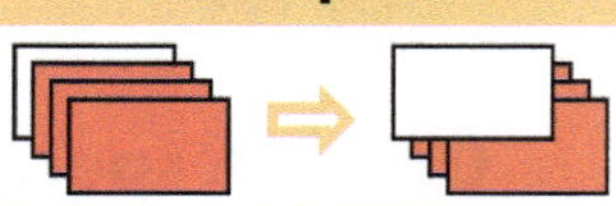
eine Position nach vorne verschieben	*Schrittweise nach vorne*	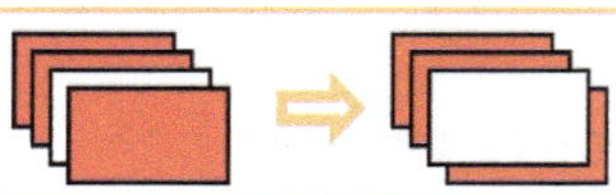
eine Position nach hinten verschieben	*Schrittweise nach hinten*	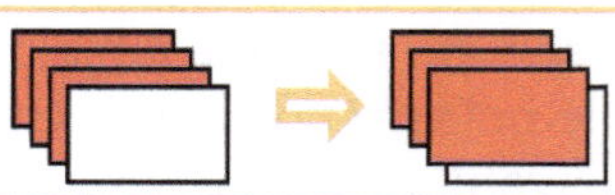
in den Hintergrund verschieben	*In den Hintergrund*	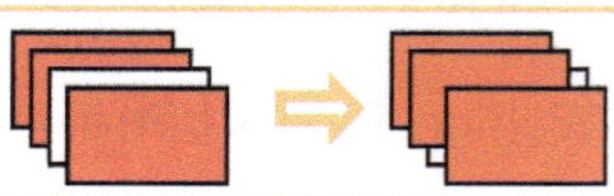

Objekte mit gleichem Abstand zueinander anordnen (verteilen)

Beim Verteilen von Objekten wird zwischen den entsprechenden Objektkanten oder zwischen den (unsichtbaren) Mittelachsen ein identischer Abstand eingefügt.

In den folgenden Abbildungen sehen Sie drei Objekte, die mit gleichen Abständen zwischen den horizontalen Mittelachsen angeordnet wurden.

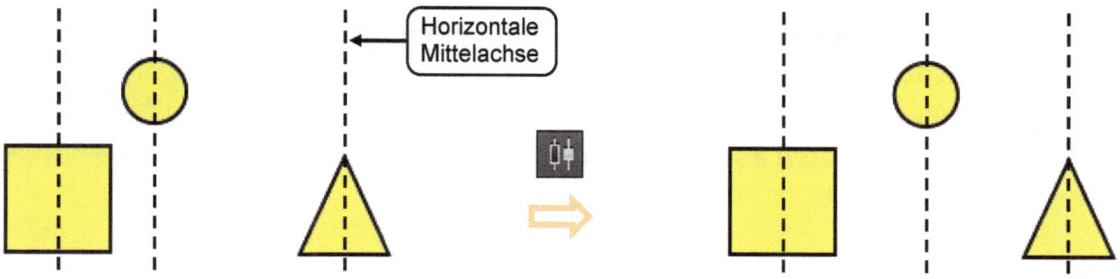

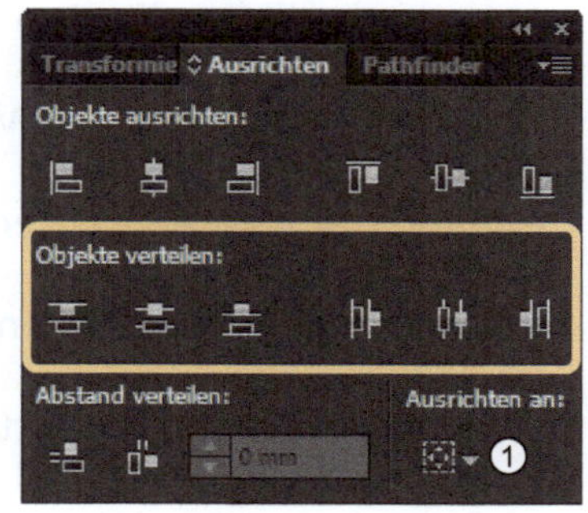

- Rufen Sie *Fenster - Ausrichten* auf oder drücken Sie ⇧ F7, um das Ausrichten-Bedienfeld einzublenden.
- Klicken Sie auf ☰ und wählen Sie *Optionen einblenden*, um alle Einstellungsmöglichkeiten des Bedienfeldes anzuzeigen.
- Wählen Sie **mindestens** drei Objekte aus, die Sie mit gleichem Abstand zueinander anordnen möchten.
- Stellen Sie sicher, dass im Feld ① *An Auswahl ausrichten* gewählt ist.

Sie möchten die ausgewählten Objekte ...	
den oberen Kanten anordnen	
den vertikalen Mittelachsen anordnen	
den unteren Kanten anordnen	
den linken Kanten anordnen	
den horizontalen Mittelachsen anordnen	
den rechten Kanten anordnen	

Die Funktionalitäten des Ausrichten-Bedienfeldes stehen Ihnen auch zur Verfügung, wenn Sie im Steuerungsbedienfeld auf *Ausrichten* klicken. Voraussetzung hierfür ist, dass zuvor mehrere Objekte ausgewählt wurden.

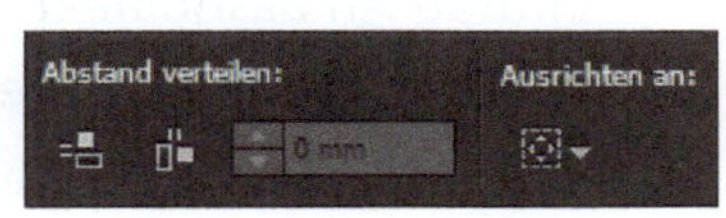

Ausgewählte Objekte lassen sich über den abgebildeten Bereich des Ausrichtenbedienfeldes auch mit gleichen Abständen zwischen **gegenüberliegenden Kanten** anordnen, z. B. zwischen der unteren Kante eines Objekts und der oberen Kante eines anderen Objekts.

Objekte entlang der Objektkanten oder der Mittelachsen ausrichten

In den folgenden Abbildungen sehen Sie drei Objekte, die entlang ihrer oberen Kanten ausgerichtet wurden.

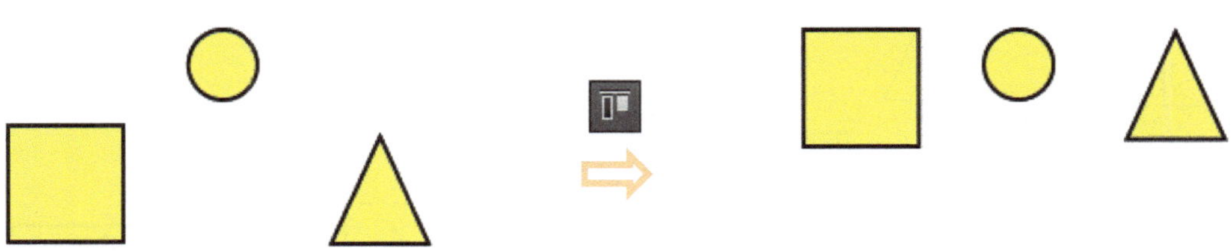

- Wählen Sie mindestens zwei Objekte aus, die Sie aneinander ausrichten möchten.
- Stellen Sie sicher, dass im Ausrichten-Bedienfeld (*Fenster - Ausrichten*) im Feld *Ausrichten an* der Eintrag *An Auswahl ausrichten* gewählt ist.

Sie möchten die ausgewählten Objekte ...	
entlang der linken Kanten untereinander ausrichten	
entlang der horizontalen Mittelachsen ausrichten	
entlang der rechten Kanten untereinander ausrichten	
entlang der oberen Kanten nebeneinander ausrichten	
entlang der vertikalen Mittelachsen ausrichten	
entlang der unteren Kanten nebeneinander ausrichten	

Objekte an einem Basisobjekt verteilen oder ausrichten

Sie können auch ein bestimmtes Objekt, das sogenannte **Basisobjekt**, als Bezugspunkt für das Verteilen bzw. Ausrichten von Objekten festlegen. So lassen sich beispielsweise wie im Folgenden die drei abgebildeten Objekte an der oberen Kante des quadratischen Basisobjekts ausrichten.

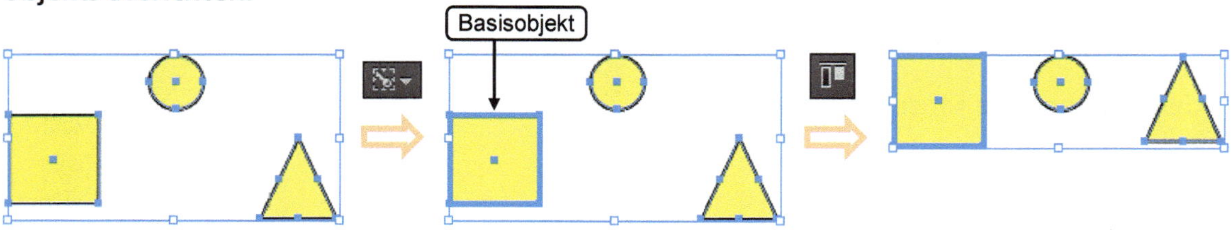

- Wählen Sie die Objekte aus, die Sie verteilen oder ausrichten möchten.
- Wählen Sie im Ausrichten-Bedienfeld (*Fenster - Ausrichten*) im Feld *Ausrichten an* den Eintrag *An Basisobjekt ausrichten* .
- Klicken Sie auf das Objekt, das als Basisobjekt fungieren soll.
- Klicken Sie im Ausrichten-Bedienfeld auf die gewünschte Schaltfläche, um die Objekte entsprechend zu verteilen bzw. auszurichten.

Objekte auf der Zeichenfläche verteilen bzw. ausrichten

Mithilfe des Ausrichten-Bedienfeldes lassen sich ausgewählte Objekte auch zwischen den Rändern der Zeichenfläche verteilen bzw. an deren Rändern ausrichten.

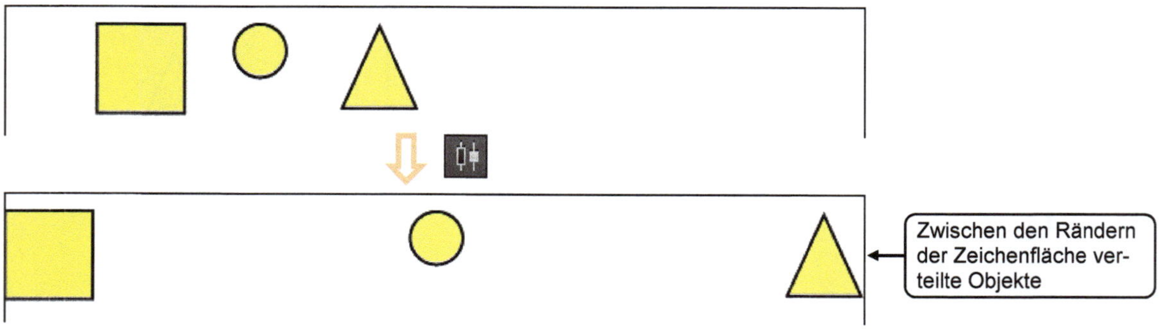

- Wählen Sie die Objekte aus, die Sie verteilen bzw. ausrichten möchten.
- Wählen Sie im Ausrichten-Bedienfeld (*Fenster - Ausrichten*) im Feld *Ausrichten an* den Eintrag *An Zeichenfläche ausrichten*.
- Klicken Sie auf die gewünschte Schaltfläche, um die Objekte entsprechend zu verteilen bzw. auszurichten.

4.7 Mit Objektgruppen arbeiten

Objekte gruppieren

Gerade bei komplexen Zeichnungen ist es sinnvoll, mehrere Objekte zu einer Gruppe zusammenzufassen. Die Gruppierung bietet folgende Vorteile:

- ✔ Die relative Lage der Objekte zueinander bleibt erhalten, wenn Sie die gesamte Gruppe verschieben.
- ✔ Transformationen wirken sich auf alle Objekte der Gruppe aus.
- ✔ Wenn die Gruppe ausgewählt ist, werden Einstellungen zur Flächenfarbe, des Füllmusters sowie die Farbe und die Linienstärke der Kontur allen Objekten zugewiesen.
- ✔ Mehrere Gruppen können zu einer übergeordneten Gruppe zusammengefasst (verschachtelt) und einzeln oder im Verband ausgewählt und bearbeitet werden.

- Wählen Sie alle Objekte aus, die Sie gruppieren möchten, und rufen Sie *Objekt - Gruppieren* auf oder drücken Sie Strg G.

Um die Gruppierung aufzuheben, wählen Sie die Gruppe aus und rufen Sie *Objekt - Gruppierung aufheben* auf oder drücken Sie Strg ⇧ G.

Objekte innerhalb einer Gruppe auswählen

Sie möchten ...	
eine Gruppe auswählen	▶ Aktivieren Sie das Auswahlwerkzeug und klicken Sie auf ein beliebiges Objekt der Gruppe.
einzelne Objekte in einer Gruppe auswählen	▶ Aktivieren Sie das Direktauswahl-Werkzeug und klicken Sie auf das gewünschte Objekt.
eine übergeordnete Gruppe auswählen	▶ Aktivieren Sie das Gruppenauswahl-Werkzeug (im Menü des Direktauswahl-Werkzeugs). ▶ Klicken Sie zweimal auf das Objekt der betreffenden Gruppe. Bei verschachtelten Gruppen wählen Sie mit jedem weiteren Klicken die nächsthöhere Gruppe aus.

Den Isolationsmodus nutzen

Im Isolationsmodus können Sie schnell ein Objekt oder eine Objektgruppe von den übrigen Objekten in der Zeichnung isolieren. Alle nicht isolierten Objekte werden transparent dargestellt und können nicht ausgewählt oder bearbeitet werden.

- Klicken Sie doppelt auf das zu isolierende Objekt bzw. auf die zu isolierende Objektgruppe.

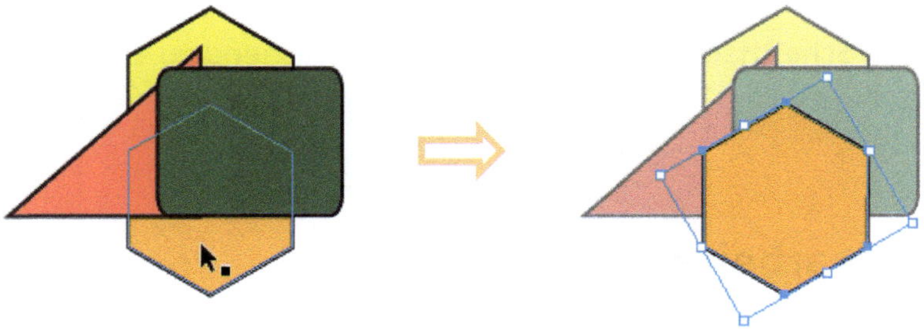

Zum Beenden des Isolationsmodus drücken Sie Esc oder klicken Sie doppelt auf die Zeichenfläche.

4.8 Schnellübersicht

Sie möchten ...	
ein Objekt auswählen	
mehrere Objekte auswählen	, Objekte mit gedrückter ⇧-Taste anklicken oder einen Rahmen um die Objekte ziehen
alle Objekte auswählen	*Auswahl - Alles auswählen* oder Strg A
ähnliche Objekte auswählen	, Objekt mit den gewünschten Eigenschaften anklicken oder im Steuerungsbedienfeld:
Objekte löschen	Entf
Objekte verschieben	Objekt auswählen und an die entsprechende Position ziehen oder ←, →, ↓, ↑
Objekte skalieren	
Objekte drehen	
Objekte spiegeln	doppelt anklicken
Objekte verbiegen/neigen	
Objekte frei transformieren	
das Transformieren-Bedienfeld einblenden	*Fenster - Transformieren* bzw. ⇧ F8
Objekte sperren/entsperren	*Objekt - Sperren - Auswahl* bzw. *Objekt - Alle entsperren*
das Ausrichten-Bedienfeld einblenden	*Fenster - Ausrichten* oder ⇧ F7
Objekte gruppieren	*Objekt - Gruppieren* oder Strg G
eine Gruppierung aufheben	*Objekt - Gruppierung aufheben* oder Strg ⇧ G
eine Gruppe auswählen	
ein Objekt in einer Gruppe auswählen	

4.9 Übung

Objekte transformieren und positionieren

Level		Zeit	ca. 15 min
Übungsinhalte	✔ Objekte kopieren, transformieren, gruppieren und anordnen		
Übungsdatei	*Windpark*		
Ergebnisdatei	*Windpark-E*		

① Öffnen Sie die Übungsdatei *Windpark*.

② Erzeugen Sie eine Kopie des Rotorblatts, drehen Sie diese um 120° und richten Sie nun die obere Spitze des Rotorblattes wie unten abgebildet in der Mitte der Achse aus.

③ Kopieren Sie anschließend das neue Rotorblatt, drehen Sie die Kopie erneut um 120° und richten Sie sie ebenfalls in der Mitte der Achse aus. Stellen Sie sicher, dass die Achse im Vordergrund steht.

2. Übungsschritt

3. Übungsschritt

④ Erstellen Sie aus den Rotorblättern, der Achse und dem Generator eine Objektgruppe.

⑤ Verzerren Sie die noch frei stehende Säule des Windrades so, dass das untere Ende der Säule etwa doppelt so breit ist wie das obere Ende.

⑥ Platzieren Sie die Rotorgruppe mittig auf der Säule und erstellen Sie aus der Rotorgruppe und der Säule eine neue Objektgruppe.

⑦ Verschieben Sie das gesamte Windrad an die rechts abgebildete vordere Position.

Tipp: Sie können zum Positionieren des Windrads bzw. der anschließend erstellten Windräder die in der Zeichnung vorhandenen Hilfslinien nutzen.

⑧ Erzeugen Sie vier weitere Windräder, indem Sie das vorhandene Windrad viermal kopieren und die Kopien entsprechend der rechten Abbildung verkleinern, positionieren und anordnen.

Ergebnisdatei „Windpark-E"

⑨ Um die Ausrichtung der Rotoren eines Windrads zu verändern, wählen Sie die Rotoren des Windrads mit dem Direktauswahl-Werkzeug aus. Aktivieren Sie das Drehen-Werkzeug, verschieben Sie den Ursprung in die Mitte der Achse und drehen Sie die Rotoren im gewünschten Winkel.

⑩ Speichern Sie die Datei unter dem Namen *Windpark-E*.

5 Pfade zeichnen und bearbeiten

In diesem Kapitel erfahren Sie

- wie Sie Pfade zeichnen und Ankerpunkte anpassen
- wie Sie Pfade bearbeiten
- wie Sie zusammengesetzte Pfade erstellen

Voraussetzungen

- Objekte zeichnen und bearbeiten

5.1 Einfache Pfade zeichnen

Elemente eines Pfads

Ein Pfad besteht aus geraden ① und/oder gekrümmten ② **Liniensegmenten**.

- Die Endpunkte der einzelnen Liniensegmente heißen **Ankerpunkte**. Mit ihrer Hilfe können Sie die Form des Pfades bearbeiten.
- Ankerpunkte, die gekrümmte Liniensegmente verbinden, nennt man **Übergangspunkte.**
- Bei ausgewählten Übergangspunkten werden **Grifflinien** und die dazugehörigen **Griffpunkte** eingeblendet.

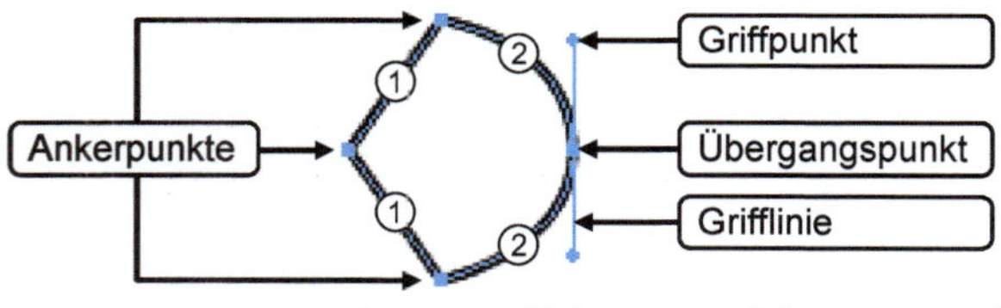

Ausgewählter geschlossener Pfad

In Illustrator gibt es offene und geschlossene Pfade. Offene Pfade (z. B. Wellenlinien, Mäander etc.) zeichnen sich dadurch aus, dass sie über einen Anfangs- ③ und einen Endpunkt ④ verfügen. Geschlossene Pfade (z. B. Polygone, Rechtecke, Ellipsen oder Kreise) besitzen hingegen keinen erkennbaren Anfangs- oder Endpunkt.

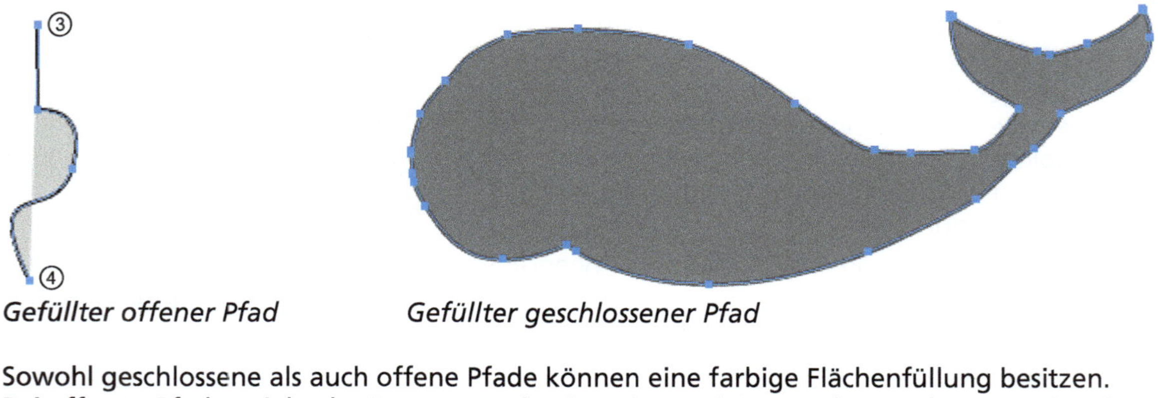

Gefüllter offener Pfad *Gefüllter geschlossener Pfad*

Sowohl geschlossene als auch offene Pfade können eine farbige Flächenfüllung besitzen. Bei offenen Pfaden zieht das Programm eine imaginäre Linie zwischen Anfangs- und Endpunkt und füllt die dabei entstehende Fläche mit der festgelegten Flächenfarbe.

Linien mit dem Zeichenstift-Werkzeug zeichnen

Mit dem Zeichenstift-Werkzeug können Sie Pfade aus geraden und gekrümmten Liniensegmenten erzeugen.

- ✔ Während des Zeichnens entfernen Sie durch einmaliges Betätigen von ⌫ den zuletzt gesetzten Ankerpunkt.
- ✔ Zweimaliges Betätigen von ⌫ entfernt den kompletten Pfad.
- ✔ Sie schließen das Zeichnen einer Linie ab, indem Sie Strg gedrückt halten und auf eine Stelle außerhalb des Objekts klicken bzw. ein anderes Werkzeug aktivieren.

Gerade Liniensegmente zeichnen

- ▶ Klicken Sie bei aktiviertem Zeichenstift-Werkzeug auf die Stelle, an der die Linie beginnen soll ①.
- ▶ Bewegen Sie den Mauszeiger zum geplanten Endpunkt des Liniensegments ② und klicken Sie erneut, um dort einen Ankerpunkt zu setzen.
- ▶ Wiederholen Sie den letzten Arbeitsschritt, bis alle Liniensegmente gezeichnet sind.
- ▶ Um den offenen Pfad zu schließen, klicken Sie mit dem veränderten Mauszeiger auf den Startpunkt des ersten Liniensegments.

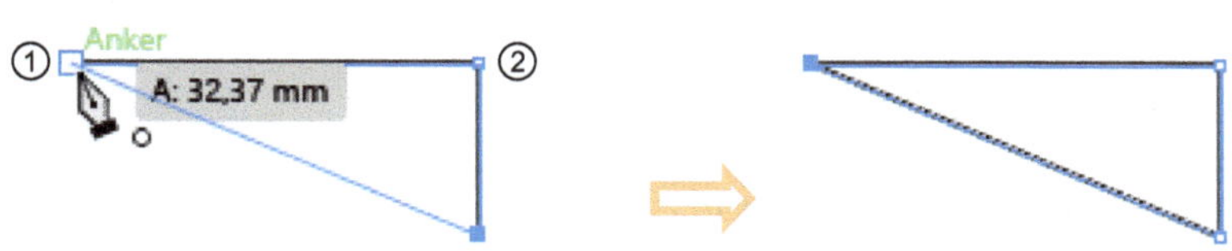

Gekrümmte Liniensegmente zeichnen

- ▶ Aktivieren Sie das Zeichenstift-Werkzeug.

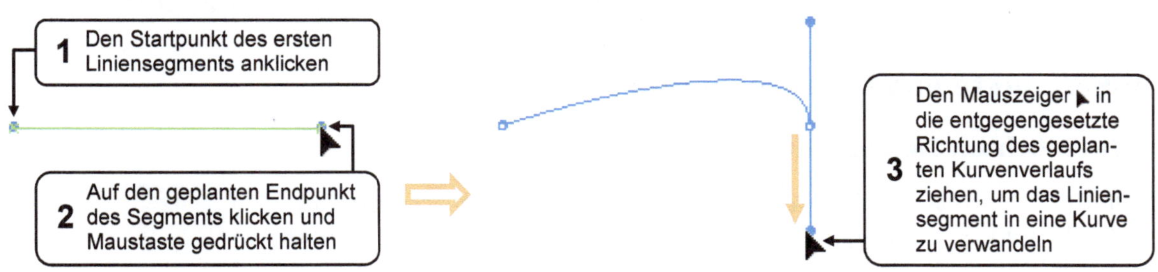

Während der letzten Aktion werden zwei Grifflinien mit Griffpunkten angezeigt:

- ✔ Die Position der Griffpunkte (relativ zum Ankerpunkt) bestimmt den Kurvenverlauf.
- ✔ Die Länge der Grifflinien legt den Grad der Kurvenkrümmung fest.

- ▶ Möchten Sie ein weiteres gekrümmtes Liniensegment zeichnen, bewegen Sie den Mauszeiger zum geplanten Endpunkt des Segments und führen Sie einen Mausklick aus.

  oder Um im Anschluss ein gerades Liniensegment zu zeichnen, klicken Sie auf den zuletzt eingefügten Ankerpunkt (Mauszeiger:) und klicken Sie anschließend auf den geplanten Endpunkt des neuen Liniensegments.
- ▶ Erzeugen Sie bei Bedarf wie zuvor erläutert weitere Liniensegmente.
- ▶ Möchten Sie den offenen Pfad schließen, klicken Sie mit dem veränderten Mauszeiger auf den Startpunkt des ersten Liniensegments.

Wenn Sie während des Ziehens eines Griffpunktes ⇧ gedrückt halten, wird die entsprechende Grifflinie in einem Winkel von 45° oder einem Vielfachen gedreht.

Standardmäßig werden beim Ziehen eines Griffpunktes beide Grifflinien gleichmäßig angepasst. Um eine Grifflinie separat zu verändern, halten Sie beim Ziehen des zugehörigen Griffpunkts die Strg-Taste gedrückt.

Pfadelemente während des Zeichnens mit dem Zeichenstift-Werkzeug anpassen

Sie können beim Zeichnen eines Objekts mit dem Zeichenstift-Werkzeug bereits erstellte Ankerpunkte bzw. Liniensegmente anpassen.

Sie möchten ...		
einen Ankerpunkt löschen	▶ Klicken Sie mit dem veränderten Mauszeiger auf den Ankerpunkt, den Sie löschen möchten. Befindet sich der Ankerpunkt zwischen einem gekrümmten und einem geraden Liniensegment, wird der Kurvenverlauf fortgesetzt.	
ein gerades Liniensegment in ein gekrümmtes umwandeln	▶ Halten Sie die Alt-Taste gedrückt und ziehen Sie das Liniensegment mit dem veränderten Mauszeiger in die gewünschte Richtung. Wenn Sie **beim** Ziehen **zusätzlich** die ⇧-Taste drücken, werden die entsprechenden Grifflinien parallel angepasst und erhalten automatisch die gleiche Größe.	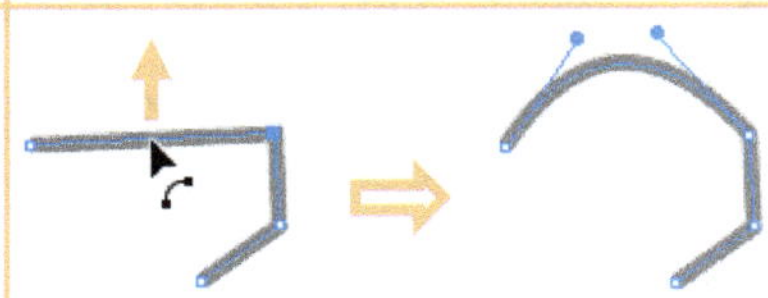 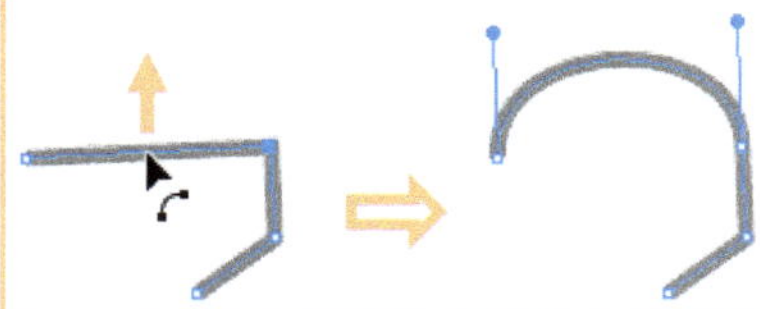

5.2 Ankerpunkte/Liniensegmente nachträglich bearbeiten

Ankerpunkte und Liniensegmente markieren

Was möchten Sie auswählen?		
Einen Ankerpunkt	▶ Aktivieren Sie das Direktauswahl-Werkzeug und klicken Sie auf eine beliebige Stelle des Pfads, um die Ankerpunkte anzuzeigen. ▶ Klicken Sie mit dem veränderten Mauszeiger auf den betreffenden Ankerpunkt.	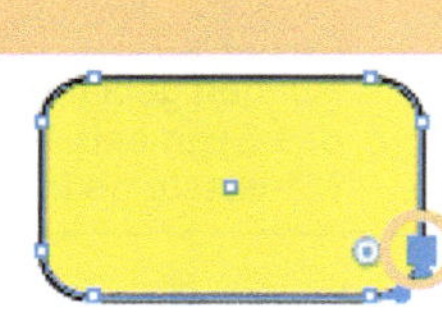
Ein Liniensegment	▶ Aktivieren Sie das Direktauswahl-Werkzeug und klicken Sie mit dem veränderten Mauszeiger auf das gewünschte Segment.	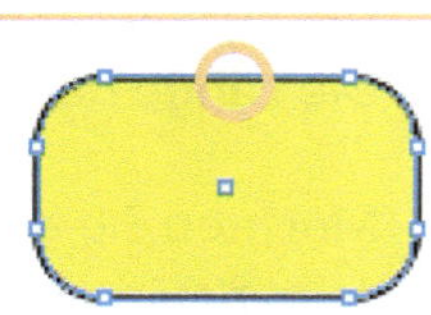
Mehrere Liniensegmente bzw. Ankerpunkte	▶ Aktivieren Sie das Lasso-Werkzeug. ▶ Ziehen Sie mit dem veränderten Mauszeiger eine Linie um die betreffenden Liniensegmente und Ankerpunkte. *oder* Klicken Sie mit dem Direktauswahl-Werkzeug bei gedrückter ⇧-Taste nacheinander auf die Ankerpunkte.	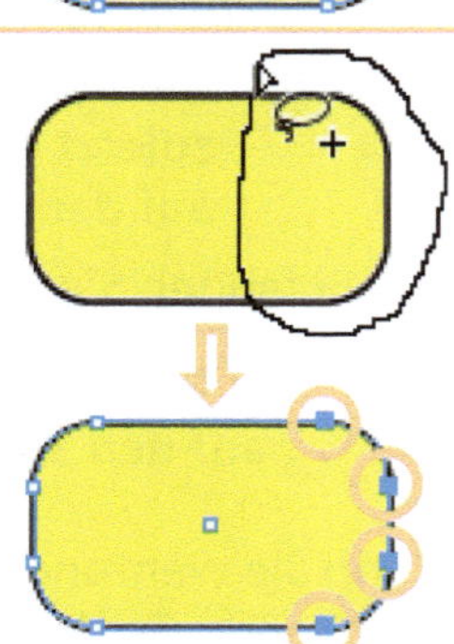

Ankerpunkte und Liniensegmente nachträglich bearbeiten

Sie möchten ...	
einen Ankerpunkt einfügen	▶ Aktivieren Sie das Ankerpunkt-hinzufügen-Werkzeug (im Menü des Zeichenstift-Werkzeugs). ▶ Klicken Sie mit dem veränderten Mauszeiger den Punkt eines Liniensegments an, an dem der Ankerpunkt eingefügt werden soll. Befindet sich der Einfügepunkt auf einem gekrümmten Liniensegment, wird der Ankerpunkt mit Grifflinien/-punkten eingefügt.
einen Ankerpunkt löschen	▶ Aktivieren Sie das Ankerpunkt-löschen-Werkzeug (im Menü des Zeichenstift-Werkzeugs). ▶ Klicken Sie mit dem veränderten Mauszeiger auf den Ankerpunkt, den Sie löschen möchten. Befindet sich der Ankerpunkt zwischen einem gekrümmten und einem geraden Liniensegment, wird der Kurvenverlauf fortgesetzt.
ein Liniensegment löschen	▶ Wählen Sie das Liniensegment aus und drücken Sie Entf.
einen Teil eines Liniensegments löschen	▶ Wählen Sie das betreffende Liniensegment aus. ▶ Aktivieren Sie anschließend das Radiergummi-Werkzeug . ▶ Ziehen Sie mit dem veränderten Mauszeiger über den Teil des Liniensegments, den Sie entfernen möchten.
einen Ankerpunkt bzw. ein Liniensegment verschieben	▶ Wählen Sie einen Ankerpunkt bzw. ein Liniensegment aus und ziehen Sie ihn bzw. es an die gewünschte Position. Mithilfe der Pfeiltasten ←, →, ↓ oder ↑ lassen sich ausgewählte Ankerpunkte und Liniensegmente schrittweise verschieben.

Wenn Sie ein **gekrümmtes** Liniensegment mit der Maus verschieben und **dabei zusätzlich** ⇧ drücken, werden die entsprechenden Grifflinien parallel angepasst und erhalten automatisch die gleiche Größe.

Sie können bei Bedarf jeweils in der Mitte der vorhandenen Liniensegmente eines Pfads einen neuen Ankerpunkt einfügen. Wählen Sie hierzu Auswahlwerkzeug den kompletten Pfad aus und rufen Sie *Objekt - Pfad - Ankerpunkte hinzufügen* auf.

Gekrümmte Liniensegmente anpassen

Gekrümmte Liniensegmente lassen sich über die Griffpunkte der entsprechenden Ankerpunkte anpassen.

- Aktivieren Sie das Direktauswahl-Werkzeug und klicken Sie auf eine beliebige Stelle des Pfads, um die Ankerpunkte anzuzeigen.
- Wählen Sie auf dem gekrümmten Liniensegment, das Sie anpassen möchten, einen Ankerpunkt ① durch Anklicken aus.

  Die zugehörigen Grifflinien werden eingeblendet.
- Ändern Sie die Position der Griffpunkte ② (relativ zum Ankerpunkt), um den Kurvenverlauf bzw. den Grad der Kurvenkrümmung anzupassen.

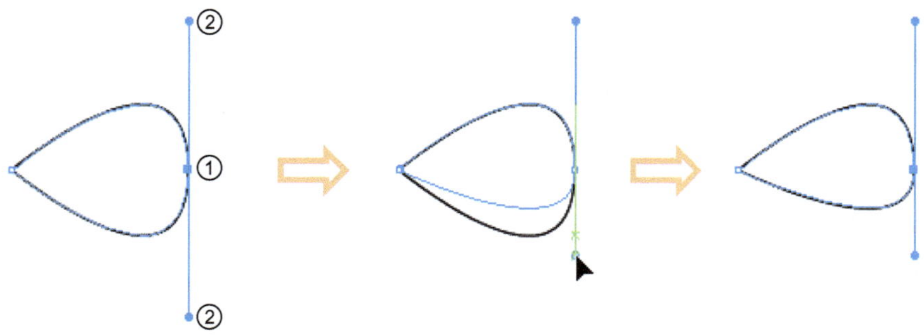

Gerade Liniensegmente in gekrümmte umwandeln

Mithilfe des Ankerpunkt-konvertieren-Werkzeugs können Sie bestehende gerade Liniensegmente in gekrümmte umwandeln.

Variante 1: Durch Umwandlung eines Ankerpunkts

- Aktivieren Sie das Direktauswahl-Werkzeug und klicken Sie auf eine beliebige Stelle des Pfads, um die Ankerpunkte anzuzeigen.
- Aktivieren Sie das Ankerpunkt-konvertieren-Werkzeug (im Menü des Zeichenstift-Werkzeugs).
- Klicken Sie auf den Ankerpunkt, dessen Liniensegmente umgewandelt werden sollen, und halten Sie die Maustaste gedrückt.
- Bewegen Sie den Mauszeiger.

  Es erscheint eine Grifflinie mit Griffpunkten, mit denen Sie den Verlauf der Kurve ändern können.

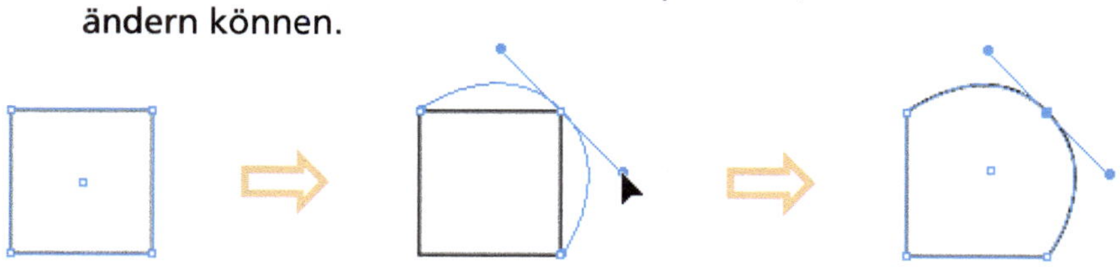

Wenn Sie bei aktiviertem Ankerpunkt-konvertieren-Werkzeug einen Ankerpunkt anklicken, der sich auf einem gekrümmten Liniensegment befindet, wird dieses in ein gerades Liniensegment umgewandelt.

Wenn Sie ein gerades in ein gekrümmtes Liniensegment umgewandelt haben und bei aktiviertem Ankerpunkt-konvertieren-Werkzeug erneut auf einen der eingeblendeten Griffpunkte klicken, wird hierdurch die Beziehung zum gegenüber liegenden Griffpunkt aufgehoben. Verschieben Sie anschließend den Griffpunkt, entsteht ein (ungewollter) Knick in der entsprechenden Kurve. Sie können dies vermeiden, indem Sie vorhandene Griffpunkte immer nur mit dem Direktauswahl-Werkzeug bearbeiten.

Variante 2: Durch Verschieben des Liniensegments

- Aktivieren Sie das Ankerpunkt-konvertieren-Werkzeug.
- Ziehen Sie das betreffende Liniensegment in die gewünschte Richtung.

Wenn Sie beim Ziehen die ⇧-Taste gedrückt halten, werden die entsprechenden Grifflinien parallel angepasst und erhalten automatisch die gleiche Größe.

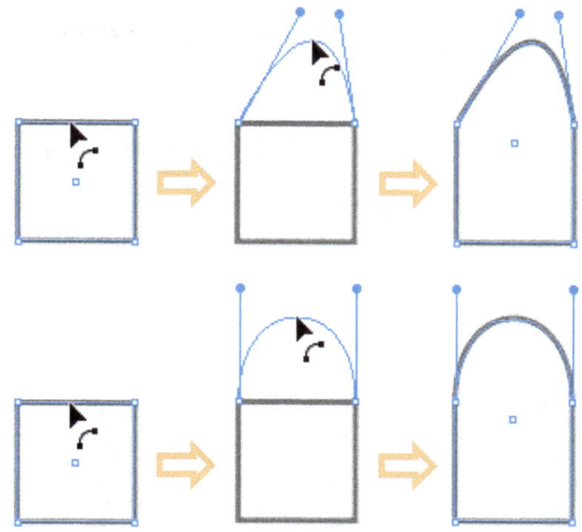

Offene Pfade verbinden

Sie können einen oder mehrere offene Pfade verbinden:

- Markieren Sie die zwei Endpunkte mit dem Direktauswahl-Werkzeug.
- Wählen Sie *Objekt - Pfad - Zusammenfügen* oder drücken Sie Strg J.

- ✔ Wenn Sie wie oben abgebildet zwei nicht übereinanderliegende Endpunkte verbinden, wird zwischen den beiden Punkte ein Liniensegment ① eingefügt.
- ✔ Wenn Sie zwei offene Pfade verbinden, werden diese zu einem Pfad „verschmolzen".
- ✔ Wenn Sie zwei übereinanderliegende (deckungsgleiche) Endpunkte zusammenfügen, werden sie durch einen einzelnen Ankerpunkt ersetzt.

Zwei Ankerpunkte an einer imaginären Achse ausrichten

Möchten Sie zwei Ankerpunkte an einer imaginären vertikalen und/oder horizontalen Achse ausrichten, gehen Sie so vor:

- Markieren Sie die betreffenden Ankerpunkte ① mit dem Lasso-Werkzeug.
- Wählen Sie *Objekt - Pfad - Durchschnitt berechnen* oder drücken Sie Alt Strg J.
- Wählen Sie im folgenden Dialogfenster die Achsen, auf denen die Ankerpunkte ausgerichtet werden sollen, und bestätigen Sie mit *OK*.

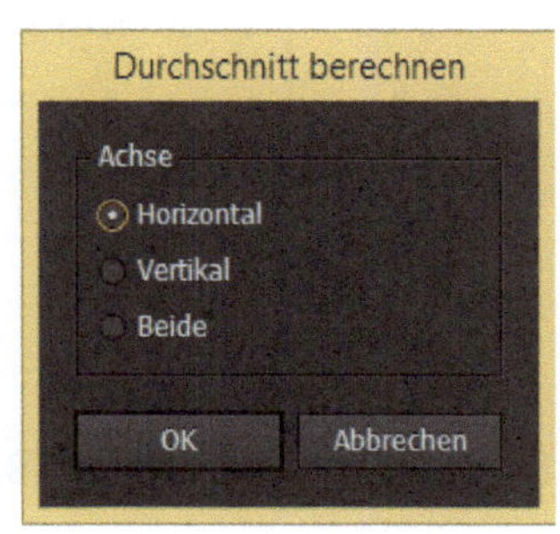

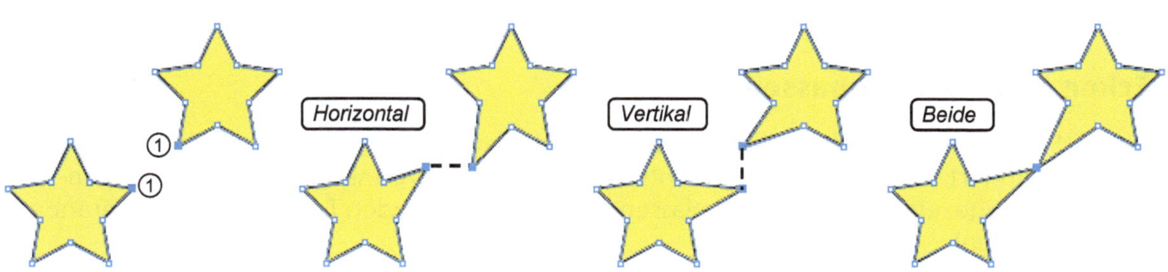

Sie können zuvor ausgewählte Ankerpunkte auch über die abgebildeten Schaltflächen im Steuerungsbedienfeld ausrichten.

5.3 Konturen eines Pfads anpassen

Mit Konturlinien arbeiten

Wenn Sie eine Kontur in eine sogenannte Konturlinie umwandeln, können Sie den Umriss der Kontur bearbeiten. So können Sie etwa durch Verschieben von Ankerpunkten eine Kontur mit unterschiedlichen Stärken erstellen.

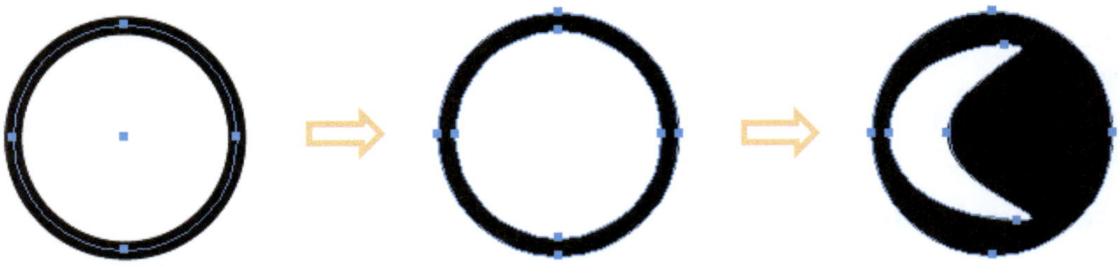

Ursprünglicher Pfad *Konturlinie* *Bearbeitete Konturlinie*

- Wählen Sie das Objekt aus und rufen Sie *Objekt - Pfad - Konturlinie* auf.

Sie können auch die **Fläche** der Konturlinie **mit einem Muster füllen**. Möchten Sie der Fläche beispielsweise ein Streifenmuster zuweisen, wählen Sie das betreffende Objekt aus und klicken Sie im Werkzeugbedienfeld auf ■. Blenden Sie das Farbfelder-Bedienfeld ein (z. B. über *Fenster - Farbfelder*). Klicken Sie im Bedienfeld auf und wählen Sie *Muster - Einfache Grafiken - Einfache Grafiken_Linien*. Wählen Sie im eingeblendeten Bedienfeld das gewünschte Streifenmuster.

Konturen anpassen

Mithilfe des Breitenwerkzeugs können Sie die Breite einer Linie oder Kurve an beliebiger Stelle mit der Maus ändern.

- Aktivieren Sie das Breitenwerkzeug .

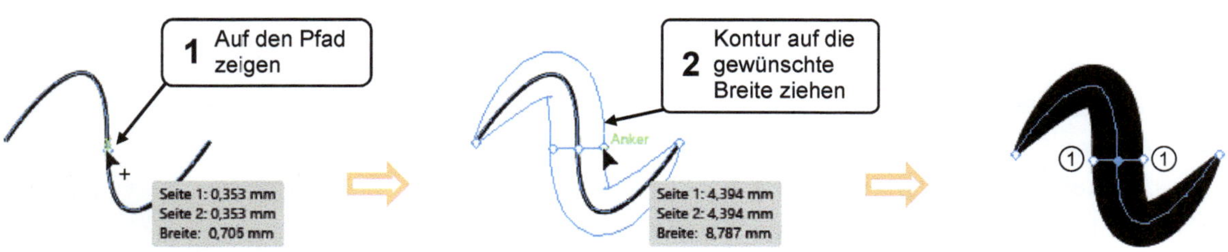

Bei Bedarf lässt sich die Breite bei aktiviertem Breitenwerkzeug über die Griffe ① nachjustieren.

Ecken interaktiv anpassen

Haben Sie bei einem Pfad mit dem Direktauswahl-Werkzeug einen oder mehrere Eckpunkte markiert, werden neben den entsprechenden Ankerpunkten sogenannte Ecken-Widgets ⊙ angezeigt. Mit ihrer Hilfe lassen sich die betreffenden Ecken interaktiv verändern (z. B. abrunden).

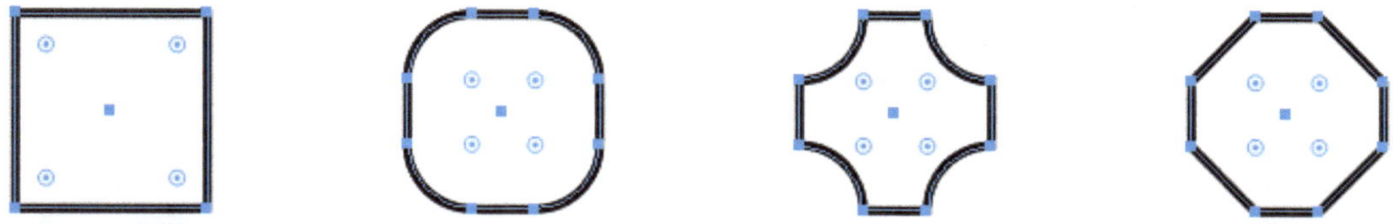

Originalpfad *Abgerundete Ecken* *Abgerundete invertierte Ecken* *Abgeflachte Ecken*

- Markieren Sie mit dem Direktauswahl-Werkzeug die gewünschten Eckpunkte, z. B. die beiden rechten Eckpunkte eines quadratischen Pfads.

Sie können schnell alle Eckpunkte eines Pfads markieren, indem Sie den Pfad mit dem Auswahlwerkzeug markieren und anschließend das Direktauswahl-Werkzeug wählen.

- Ziehen Sie eines der eingeblendeten Ecken-Widgets, um die Ecken sämtlicher zuvor ausgewählter Ankerpunkte abzurunden.

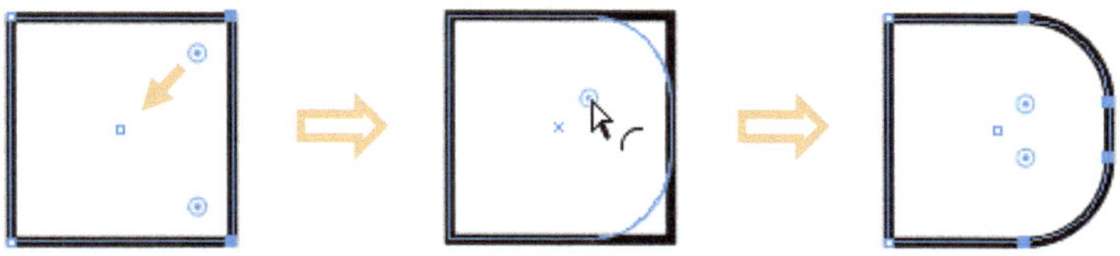

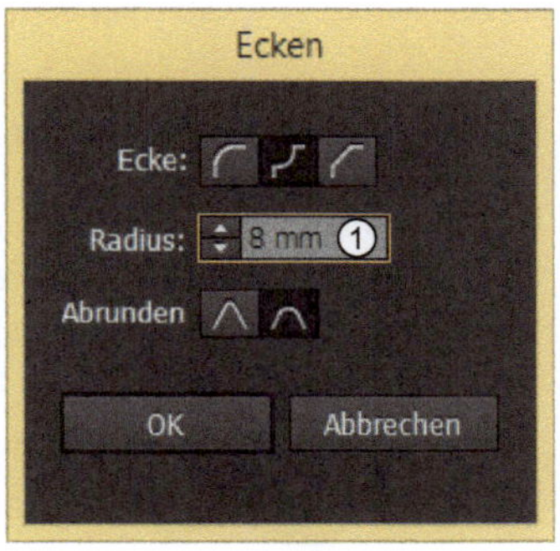

- Sollen die abgerundeten Ecken mit einem anderen Effekt versehen werden, klicken Sie direkt im Anschluss doppelt auf ein Ecken-Widget.
- Möchten Sie, dass die Ecken abgerundet und invertiert werden, klicken Sie auf .
  oder Sollen die Ecken abgeflacht werden, klicken Sie auf .
- Ändern Sie bei Bedarf im Feld ① den Bereich, auf den der entsprechende Eckeneffekt angewendet werden soll.
- Bestätigen Sie mit *OK*.

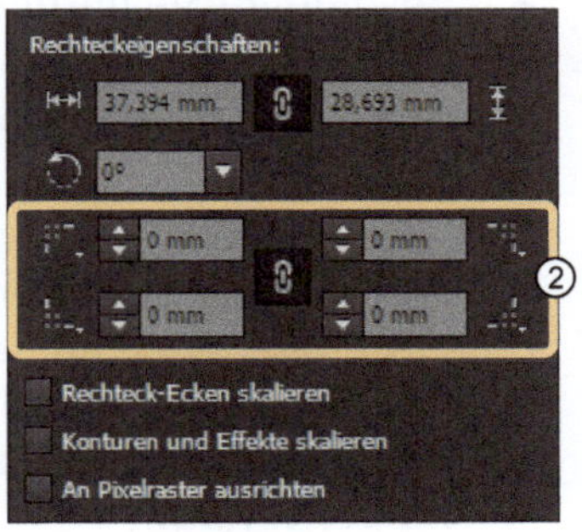

Bei zuvor markierten Rechtecken können Sie im Transformieren-Bedienfeld bei Bedarf für jede Ecke den Bereich festlegen, auf den ein zugewiesener Eckeneffekt angewendet werden soll ②.

5.4 Freiformpfade erzeugen

Freiformpfade mit dem Buntstift- bzw. Pinsel-Werkzeug erzeugen

- ✔ Mit dem Buntstift-Werkzeug bzw. dem Pinsel-Werkzeug können Sie Pfade wie mit einem gewöhnlichen Zeichenstift bzw. Pinsel auf einem Blatt Papier zeichnen.
- ✔ Beim Ziehen mit der Maus setzt Illustrator automatisch Ankerpunkte.

Freihandzeichnungen mit dem Buntstift- ...

... bzw. dem Pinsel-Werkzeug

- Wählen Sie im Werkzeugbedienfeld das Buntstift- bzw. das Pinsel-Werkzeug .
- Zeichnen Sie den gewünschten Pfad, indem Sie den Mauszeiger bzw. bei gedrückter Maustaste bewegen.
- Um gerade Liniensegmente zu zeichnen, halten Sie Alt gedrückt.

  Nachdem Sie die Maustaste losgelassen haben, wird der Pfad generiert.

Sie können einen bestehenden offenen Freiformpfad jederzeit ergänzen. Markieren Sie ihn hierzu bei aktiviertem Auswahlwerkzeug und aktivieren Sie anschließend das Buntstift-Werkzeug bzw. das Pinsel-Werkzeug . Positionieren Sie den Mauszeiger auf einen Anfangs- oder Endpunkt und zeichnen Sie weitere Liniensegmente.

Voreinstellungen für das Buntstift- bzw. das Pinsel-Werkzeug festlegen

Das Aussehen des Pfades, den Sie mit dem Buntstift- bzw. dem Pinsel-Werkzeug zeichnen, ist maßgeblich von zwei Faktoren abhängig: zum einen von der Genauigkeit des Werkzeugs und zum anderen von dessen Glättung.

- Klicken Sie doppelt auf das Buntstift-Werkzeug bzw. auf das Pinsel-Werkzeug , um das Dialogfenster *Optionen für Werkzeug* zu öffnen.
- Bestimmen Sie mithilfe des Schiebereglers ①, wie genau der Pfad beim Zeichnen mit dem Buntstift der jeweiligen Mausbewegung folgt.

  Wenn Sie den Schieberegler nach links verschieben, orientiert sich der Pfad beim Zeichnen genau an der Mausbewegung. Je weiter Sie den Schieberegler nach rechts verschieben, desto weicher wird der Kurvenverlauf.
- Bestätigen Sie mit *OK*.

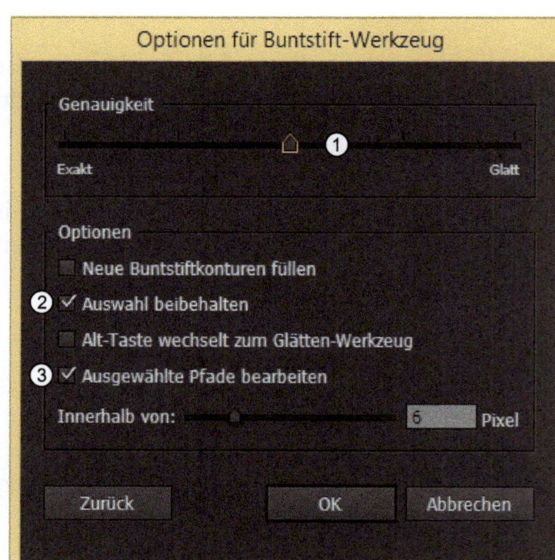

- ✔ Bei aktiviertem Kontrollfeld ② bleibt der Pfad nach Abschluss des Zeichnens ausgewählt.
- ✔ Bei aktiviertem Kontrollfeld ③ lässt sich der gezeichnete Pfad mit dem Buntstift-Werkzeug bzw. dem Pinsel-Werkzeug bearbeiten, beispielsweise schließen oder öffnen.

Pfade nachträglich glätten

Mithilfe des Glätten-Werkzeugs können Sie einen bestehenden Pfad auch nachträglich glätten, um weichere Kurvenverläufe zu erhalten.

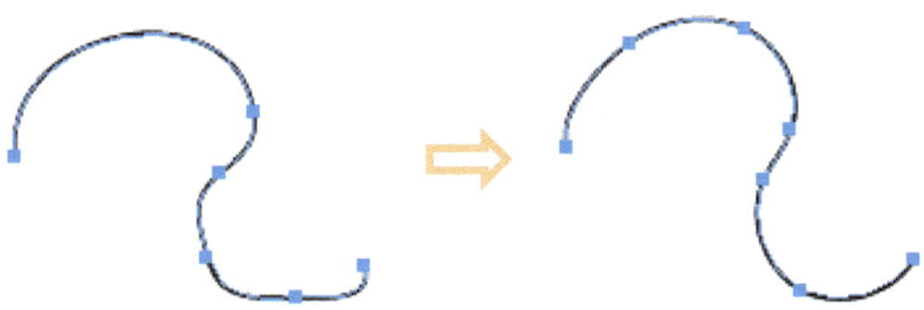

- Klicken Sie doppelt auf das Glätten-Werkzeug (im Menü des Buntstift-Werkzeugs).
- Bestimmen Sie im geöffneten Dialogfenster entsprechend der vorherigen Beschreibung, wie intensiv das Werkzeug Pfade glätten soll.
- Wählen Sie den kompletten Pfad mit dem mit dem Auswahlwerkzeug aus.
- Aktivieren Sie das Glätten-Werkzeug und bewegen Sie den Mauszeiger bei gedrückter Maustaste entlang der Liniensegmente, die Sie glätten möchten.

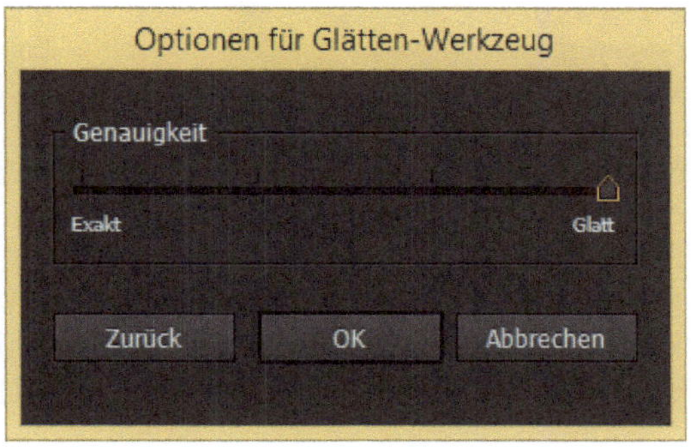

5.5 Verschiedene Pinsel-Werkzeugspitzen verwenden

Unterschiedliche Pinselstriche erzeugen

Im Gegensatz zum Buntstift-Werkzeug können Sie beim Pinsel-Werkzeug unterschiedliche Werkzeugspitzen wählen und so kalligrafische Linien oder Symbole und Muster auftragen.

Mit unterschiedlichen Pinsel-Werkzeugspitzen gezeichneter Pfad

Beispiel: Spezielle Maltechniken mit Borstenpinseln simulieren

Mit Borstenpinseln simulieren Sie in Illustrator naturgetreu Maltechniken wie Wasserfarben- oder Kohlezeichnungen. Sie können nicht nur die Größe der Pinsel, sondern auch die Länge, Dichte und Steifheit der Borsten sowie die Deckkraft anpassen.

Werkzeugspitze wählen

- Aktivieren Sie das Pinsel-Werkzeug .
- Blenden Sie über *Fenster - Pinsel* das Pinsel-Bedienfeld ein.

  Alternativen: (im Verankerungsbereich) oder F5

- Wählen Sie im Pinsel-Bedienfeld einen Borstenpinsel ①. Sie erkennen Borstenpinsel am vorangestellten Symbol.

  oder Möchten Sie auf weitere Borstenpinsel zugreifen, klicken Sie auf ②, rufen Sie *Borstenpinsel - Borstenpinselbibliothek* auf und klicken Sie in der geöffneten Bibliothek ③ auf einen Pinsel.

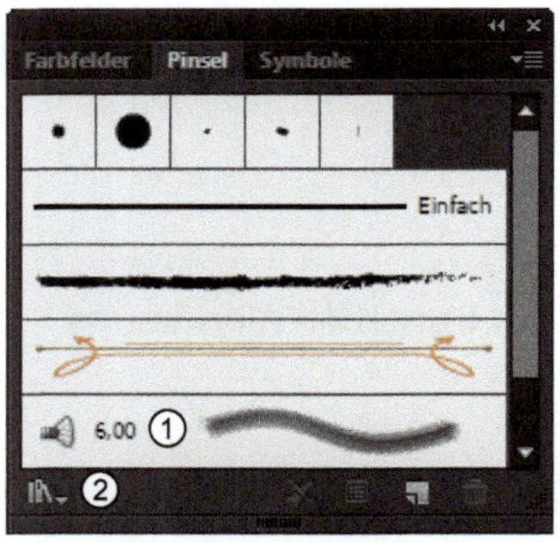

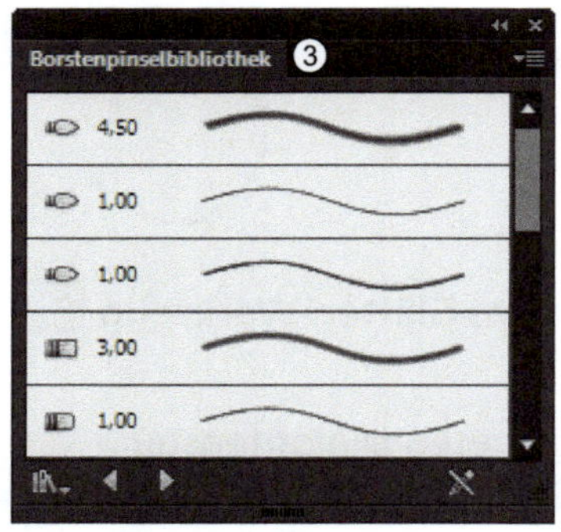

Sie können nun bei aktiviertem Pinsel-Werkzeug den gewünschten Freiformpfad mit der zuvor gewählten Werkzeugspitze zeichnen.

Mithilfe der Schaltfläche am unteren Rand des Pinsel-Bedienfelds können Sie auch weitere Pinsel-Bibliotheken öffnen, über die Sie auf eine Vielzahl anderer Werkzeugspitzen ① zugreifen können.

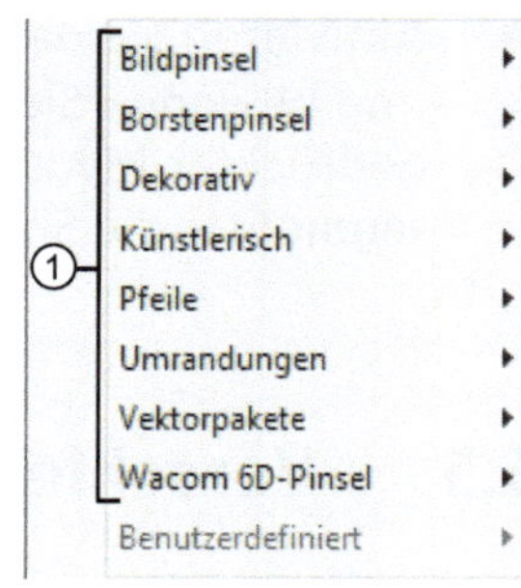

Haben Sie eine Pinsel-Bibliothek geöffnet, können Sie im entsprechenden Bedienfeld über schnell zwischen den zur Verfügung stehenden Pinsel-Bibliotheken wechseln.

Eigenschaften einer Werkzeugspitze anpassen

- Klicken Sie im Pinsel-Bedienfeld doppelt auf die Werkzeugspitze, die Sie anpassen möchten.
- Legen Sie über die im Dialogfenster vorhandenen Schieberegler die gewünschten Eigenschaften fest.
- Bestätigen Sie die geänderten Einstellungen mit *OK*.

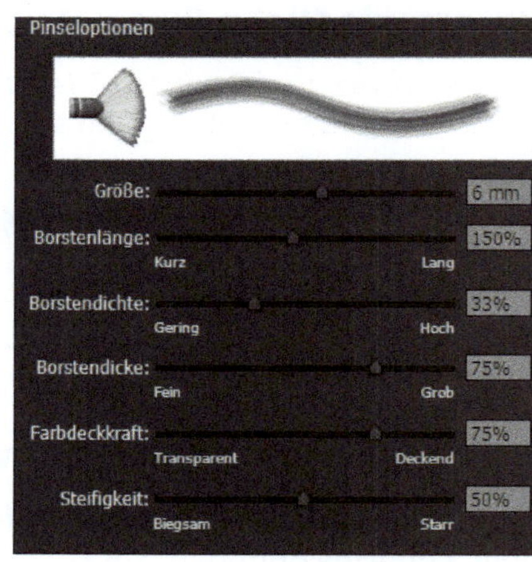

5.6 Objekte teilen/ausstanzen und Objektbereiche löschen

Objekte mit dem Schere-Werkzeug teilen

- Wählen Sie im Werkzeugbedienfeld das Schere-Werkzeug (im Menü des Radiergummi-Werkzeugs).
- Klicken Sie nacheinander auf zwei Stellen eines Liniensegments ①, um das Objekt an diesen Punkten zu teilen.

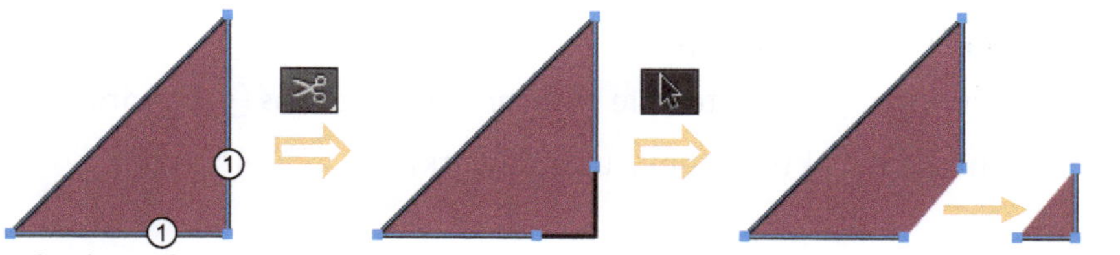

Objekt teilen *Verschobener Objektteil*

Die durch die Teilung entstandenen offenen Objekte können Sie nun mit dem Auswahlwerkzeug verschieben.

Objekte mit dem Schere-Werkzeug öffnen

- Wählen Sie im Werkzeugbedienfeld das Schere-Werkzeug.
- Klicken Sie auf die Stelle eines Liniensegments, an der das Objekt geöffnet werden soll.

  Das Objekt wird geöffnet. An der betreffenden Stelle ① werden zwei Endpunkte eingefügt, die unmittelbar übereinander platziert sind.
- Aktivieren Sie das Direktauswahl-Werkzeug und verschieben Sie einen der Endpunkte.

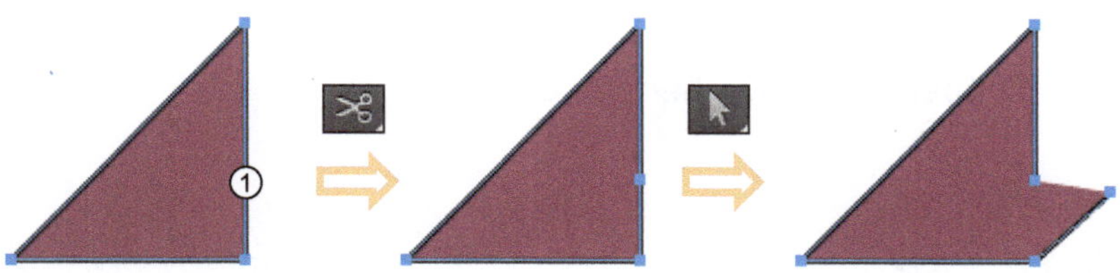

Objekt öffnen *Verschobener Endpunkt*

Geschlossene Objekte aus anderen Objekten ausstanzen

Sie können aus einem bestehenden Objekt Teile ausstanzen. Dazu nutzen Sie ein anderes vorhandenes Objekt als Stanzform.

- Platzieren Sie das Objekt ①, das als Stanzform dient, über dem Objekt ②, aus dem der entsprechende Bereich herausgeschnitten werden soll.
- Markieren Sie das darüberliegende Objekt ③ und rufen Sie *Objekt - Pfad - Darunter liegende Objekte aufteilen* auf.

  Der überlappende Bereich wird ausgeschnitten ④ und die ursprüngliche Stanzform wird gelöscht.
- Markieren Sie gegebenenfalls den ausgeschnittenen Bereich und verschieben Sie ihn an eine neue Position ⑤.

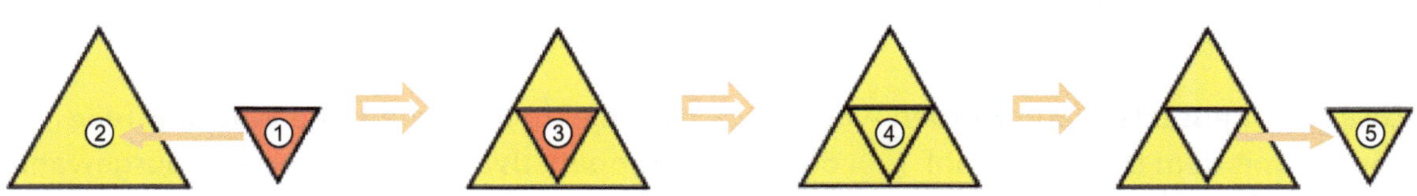

Objekte mit dem Messer-Werkzeug durchschneiden

Sie können mit dem Messer-Werkzeug einen Schnittpfad auf einem bestehenden Objekt zeichnen und so das Objekt in zwei Teile zerlegen.

- Aktivieren Sie im Werkzeugbedienfeld das Messer-Werkzeug (im Menü des Radiergummi-Werkzeugs).

- Zeichnen Sie den Schnittpfad ① auf dem Objekt.
- Um gerade Schnittkanten zu erzeugen, halten Sie während des Ziehens (Alt) gedrückt.
- Verschieben Sie gegebenenfalls bei aktiviertem Auswahlwerkzeug einen der beiden Objektteile.

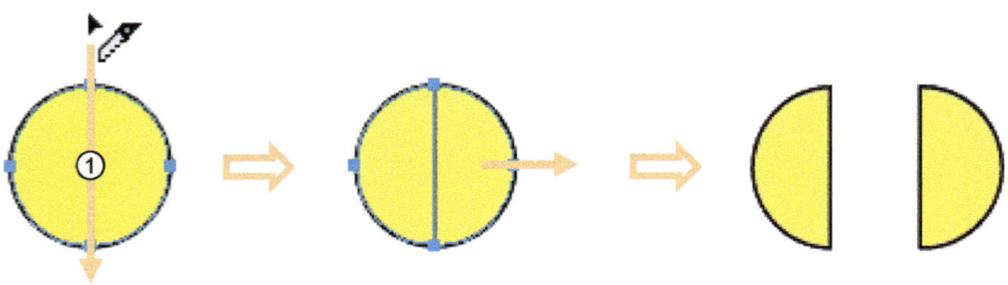

Bereiche eines Objekts löschen

Nutzen Sie das Radiergummi-Werkzeug, um Teile von Objekten zu löschen. An den Rändern des gelöschten Bereichs werden neue Konturen eingefügt. So entstehen automatisch ein oder mehrere neue geschlossene Objekte - abhängig davon, wie viele Bereiche Sie gelöscht haben.

- Klicken Sie im Werkzeugbedienfeld auf .
- Ziehen Sie den Mauszeiger über den zu löschenden Bereich.

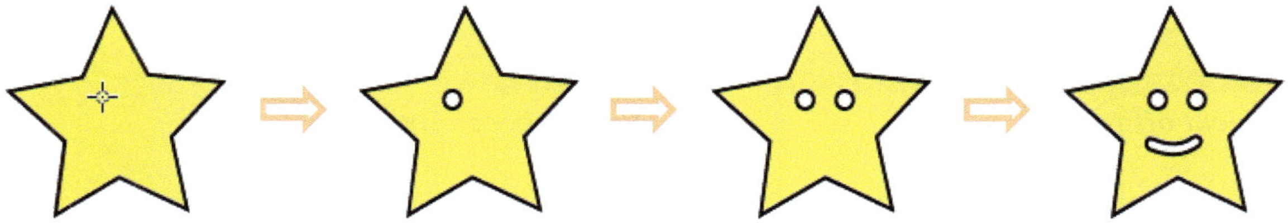

Um die Eigenschaften des Radiergummi-Werkzeugs anzupassen, klicken Sie im Werkzeugbedienfeld doppelt auf das Werkzeug. Im nun geöffneten Dialogfenster können Sie beispielsweise die Größe und die Form der Werkzeugspitze ändern.

5.7 Mit zusammengesetzten Pfaden arbeiten

Was sind zusammengesetzte Pfade?

Ein zusammengesetzter Pfad besteht aus zwei oder mehr gefüllten Pfaden, wobei die Stellen, an denen sich die Pfade überlappen, transparent angezeigt werden. Wenn Sie aus Objekten einen zusammengesetzten Pfad erstellen, übernehmen alle Objekte die Grafik- und Stilattribute des Objekts, das in der Stapelreihenfolge ganz unten liegt.

Zusammengesetzte Pfade werden wie gruppierte Objekte behandelt und einzelne Teile können mit dem Direktauswahl- oder dem Gruppenauswahl-Werkzeug ausgewählt bearbeitet werden.

Zusammengesetzte Pfade erstellen

- Positionieren Sie die Objekte entsprechend übereinander.
- Stellen Sie sicher, dass die Objekte, durch die Sie hindurchsehen möchten, in der Zeichenordnung vor dem Hintergrundobjekt liegen.

- Wählen Sie mit dem Auswahlwerkzeug alle Objekte aus, die Teil des zusammengesetzten Pfads werden sollen.
- Rufen Sie *Objekt - Zusammengesetzter Pfad - Erstellen* auf.
  Alternative: Strg 8

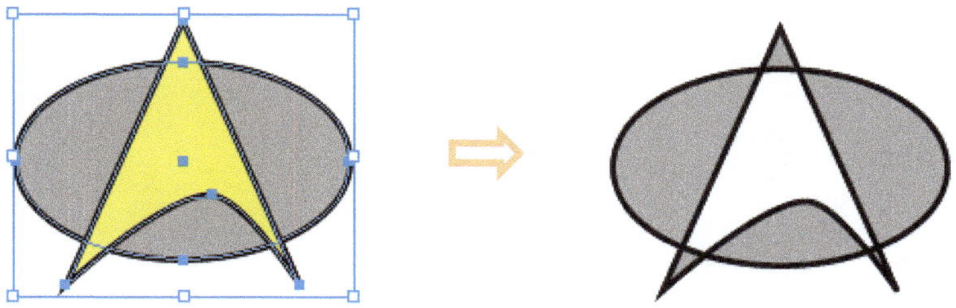

Zusammengesetzte Pfade zurückwandeln

- Wählen Sie mit dem Auswahlwerkzeug den zusammengesetzten Pfad aus.
- Rufen Sie *Objekt - Zusammengesetzter Pfad - Zurückwandeln* auf.

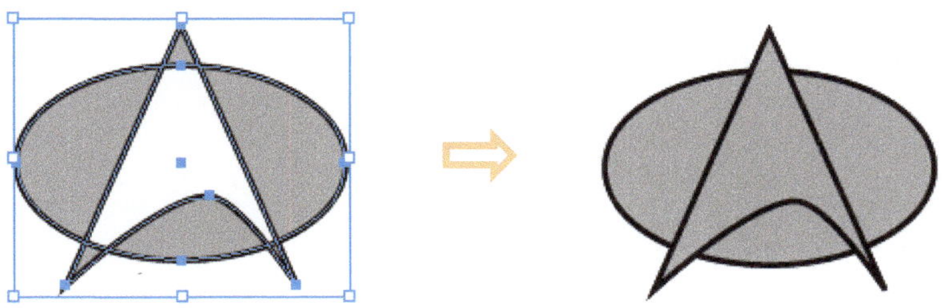

Die Umkehrung der Pfadrichtung ausschalten

Standardmäßig werden bei einem zusammengesetzten Pfad die überlappenden Flächen transparent angezeigt. Sie können dies ändern, indem Sie mithilfe des Attribute-Bedienfelds für diesen Bereich die Umkehrung der Pfadrichtung ausschalten.

- Blenden Sie das Attribute-Bedienfeld mit *Fenster - Attribute* oder mit Strg F11 ein.
- Falls im Bedienfeld nicht alle Optionen angezeigt werden, rufen Sie im Bedienfeldmenü *Alles einblenden* auf.
- Aktivieren Sie das Direktauswahl-Werkzeug und wählen Sie den Teil des zusammengesetzten Pfads ① aus, für den Sie die Umkehrung der Pfadrichtung ausschalten möchten.
- Klicken Sie auf ②.

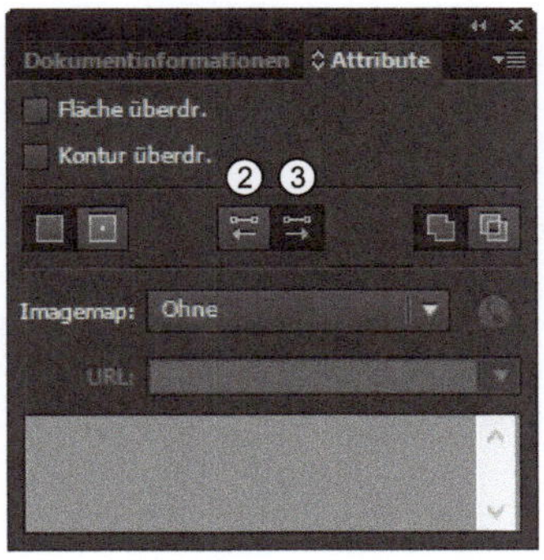

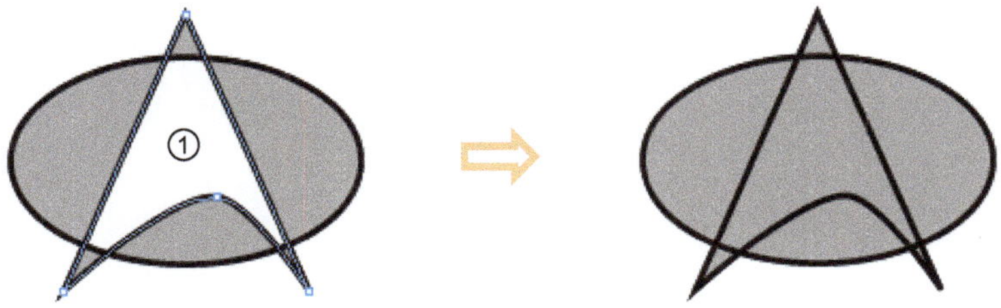

Die Umkehrung der Pfadrichtung lässt sich bei Bedarf über ③ wieder einschalten.

5.8 Schnellübersicht

Sie möchten ...	
Liniensegmente zeichnen	
den Pfad, einen Ankerpunkt bzw. ein Liniensegment auswählen	
mehrere Liniensegmente bzw. Ankerpunkte auswählen	
Ankerpunkte einfügen bzw. löschen	bzw.
einen Ankerpunkt bzw. ein Liniensegment verschieben	Element auswählen, mit der Maus an die neue Position ziehen oder ←, →, ↓, ↑
gekrümmte Liniensegmente anpassen	, Griffpunkte mit der Maus ziehen
Ankerpunkte umwandeln	oder im Steuerungsbedienfeld: bzw.
offene Pfade verbinden oder schließen	*Objekt - Pfad - Zusammenfügen* oder Strg J
eine Pfadkontur in eine Konturlinie umwandeln	*Objekt - Pfad - Konturlinie*
Freiformpfade erzeugen	oder
Pfade nachträglich glätten	
Objekte teilen oder öffnen	
Objekt durchschneiden	
Bereiche eines Objekts löschen	
zusammengesetzte Pfade erstellen	*Objekt - Zusammengesetzter Pfad - Erstellen* oder Strg 8

5.9 Übung

Pfade editieren

Level		Zeit	ca. 15 min
Übungsinhalte	✔ Gerade Liniensegmente in gekrümmte umwandeln ✔ Pfade kopieren und zeichnen ✔ Objekte färben und gruppieren		
Übungsdatei	*Auto*		
Ergebnisdatei	*Auto-E*		

① Öffnen Sie die Übungsdatei *Auto*.

② Weisen Sie zunächst allen Formen die unten rechts abgebildeten Farben zu. Die entsprechenden Farben finden Sie im Farbfelder-Bedienfeld.

③ Wandeln Sie den obersten Ankerpunkt des Autodaches mithilfe des Ankerpunkt-konvertieren-Werkzeugs in einen Übergangspunkt um und passen Sie das Autodach wie unten rechts abgebildet an.

④ Passen Sie auf die gleiche Weise alle weiteren Formen mit geraden Liniensegmenten (mit Ausnahme der Frontscheibe) entsprechend der unteren rechten Abbildung an.

⑤ Kopieren Sie den Reifen und setzen Sie die Kopie vor dem Originalreifen ein. Verkleinern Sie die kopierte Form proportional, um die Felge zu erzeugen.

⑥ Wiederholen Sie den letzten Übungsschritt, um analog die Radnabe zu erzeugen.

⑦ Färben Sie die Felge hellgrau und die Radnabe dunkelgrau.

⑧ Um das Hinterrad zu erstellen, gruppieren Sie das fertige Rad und erzeugen Sie eine Kopie der Gruppe. Verschieben Sie die kopierte Gruppe horizontal nach rechts. Legen Sie fest, dass der hintere Radkasten vor dem Hinterrad angeordnet wird.

⑨ Erzeugen Sie die „Straße" unter dem Auto mit dem Pinsel-Werkzeug. Verwenden Sie hierzu die im Pinsel-Bedienfeld angezeigte Werkzeugspitze *Kreide - Kritzelei*.

⑩ Entfernen Sie abschließend bei sämtlichen Formen die Konturfarben.

⑪ Speichern Sie die Datei unter dem Namen *Auto-E*.

Übungsdatei „Auto"

Ergebnisdatei „Auto-E"

6 Weiter gehende Objektbearbeitung

In diesem Kapitel erfahren Sie

- wie Sie mit Effekten arbeiten
- wie Sie Objekte kombinieren, verkrümmen, verzerren bzw. deformieren
- wie Sie dreidimensionale Objekte erzeugen
- wie Sie Formen und Farben angleichen
- wie Sie Symbole einfügen und bearbeiten

Voraussetzungen

- Objekte bzw. Pfade zeichnen und bearbeiten

6.1 Mit Effekten arbeiten

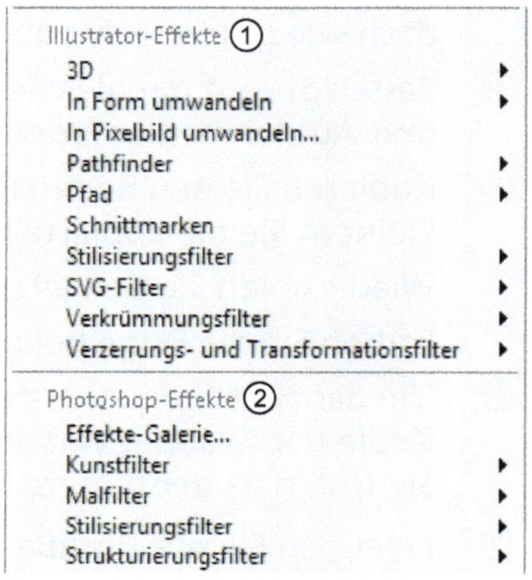

Das *Effekt*-Menü

Viele Funktionen, mit denen sich das Erscheinungsbild von Objekten ändern lässt, finden sich im *Effekt*-Menü. Das Menü ist in einen Illustrator- ① und einen Photoshop-Bereich ② unterteilt (mit zum Teil identischen Menüpunkten). Illustrator-Effekte werden auf Vektorobjekte angewendet (vgl. folgende Erläuterungen), Photoshop-Effekte auf Pixelgrafiken (vgl. Kapitel 11).

Objektecken durch Filtern abrunden

- ▶ Markieren Sie das Objekt mit dem Auswahlwerkzeug.
- ▶ Öffnen Sie das *Effekt*-Menü und wählen Sie im Bereich *Illustrator-Effekte* den Menüpunkt *Stilisierungsfilter - Ecken abrunden*.

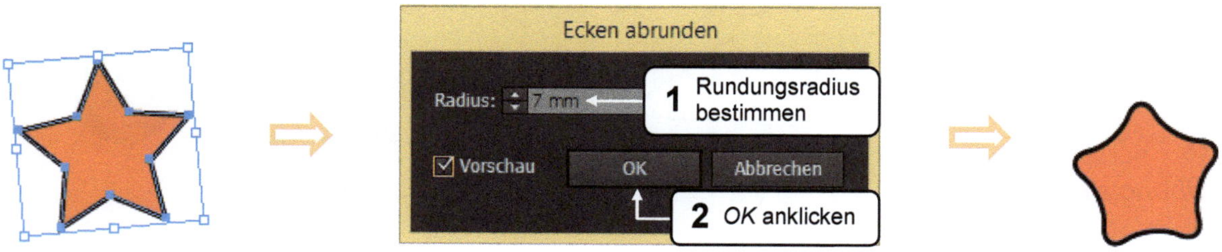

Über die ersten beiden Menüpunkte des *Effekt*-Menüs lässt sich der zuletzt zugewiesene Effekt schnell erneut anwenden:

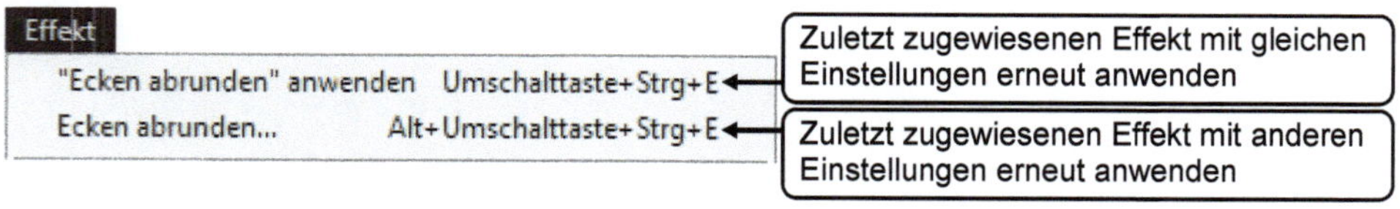

Wellen- und Zickzacklinien erzeugen

Sie haben die Möglichkeit, Linien(segmente) in Wellen- bzw. Zickzacklinien umzuwandeln.

- ▶ Markieren Sie die Linie mit dem Auswahlwerkzeug .
- ▶ Wählen Sie *Effekt - Verzerrungs- und Transformationsfilter - Zickzack*.
- ▶ Nehmen Sie die gewünschten Einstellungen vor und klicken Sie auf *OK*.

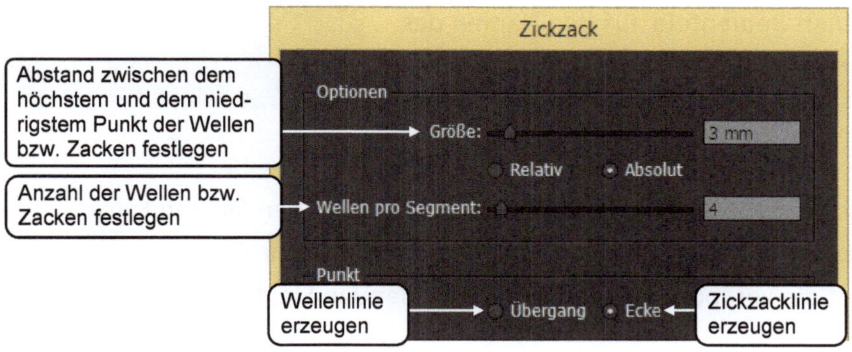

Schlagschatten erzeugen

Illustrator ermöglicht es Ihnen, für geschlossene und offene Pfade sowie für Textobjekte (vgl. Kapitel 10) einen Schlagschatten zu erstellen.

- ▶ Markieren Sie das betreffende Objekt mit dem Auswahlwerkzeug .
- ▶ Rufen Sie *Effekt - Stilisierungsfilter - Schlagschatten* auf.
- ▶ Nehmen Sie die gewünschten Einstellungen vor und bestätigen Sie mit *OK*.

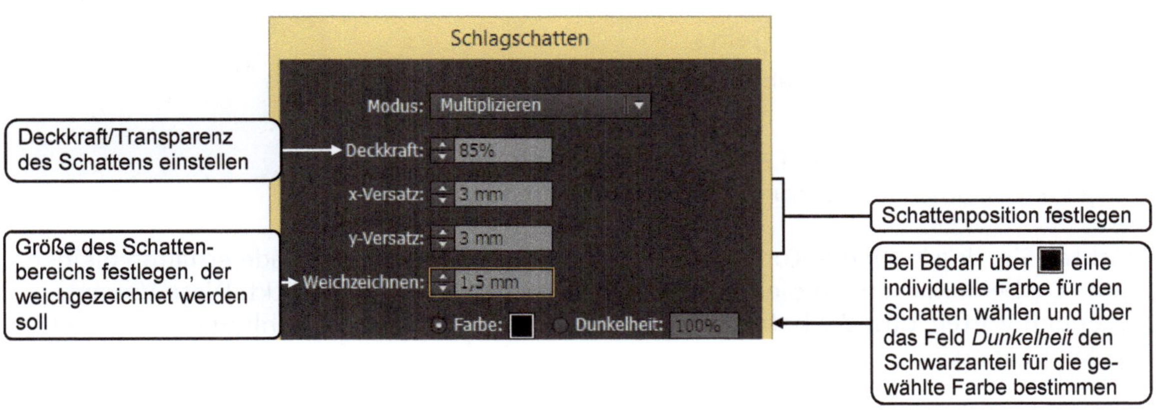

Mit weiteren Stilisierungsfiltern lassen sich unterschiedliche Effekte erzeugen.

Originalobjekt *Schein nach außen* *Schein nach innen* *Scribble* *Weiche Kante*

Effekte nachträglich ändern

Mithilfe des Aussehen-Bedienfeldes können Sie zugewiesene Effekte nachträglich ändern. Sie erkennen Effekte im Aussehen-Bedienfeld am Symbol ①.

- Blenden Sie das Aussehen-Bedienfeld über *Fenster - Aussehen* ein.
  Alternative: (im Verankerungsbereich)
- Wählen Sie das Objekt aus, bei dem Sie einen bereits zugewiesenen Effekt ändern möchten.
- Klicken Sie im Aussehen-Bedienfeld auf den Namen des zu ändernden Effekts ②.
- Nehmen Sie im geöffneten Dialogfenster die gewünschten Änderungen vor und bestätigen Sie mit *OK*.

✔ Wenn Sie auf die Schaltfläche vor einem Effekt klicken, können Sie den Effekt (vorübergehend) ausblenden. Die Schaltfläche ändert hierdurch ihr Aussehen . Durch einen Klick auf die veränderte Schaltfläche blenden Sie den Effekt wieder ein.

✔ Haben Sie im Aussehen-Bedienfeld einen Effekt markiert, können Sie diesen über die Schaltfläche entfernen.

6.2 Objekte kombinieren

Objekte mit dem Pathfinder-Bedienfeld kombinieren

Mithilfe des Pathfinder-Bedienfeldes können Sie mehrere sich überlappende Objekte miteinander kombinieren. So lassen sich schnell neue zusammengesetzte Formen erstellen.

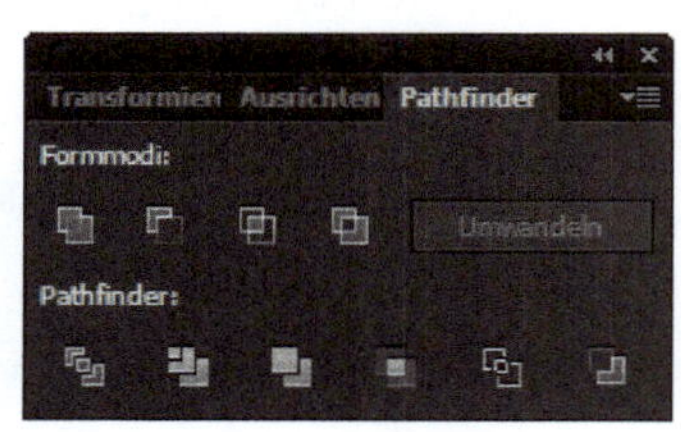

- Blenden Sie das Pathfinder-Bedienfeld über *Fenster - Pathfinder* oder ⇧ Strg F9 ein.
- Wählen Sie zwei oder mehrere sich überlappende Objekte aus.
- Klicken Sie im Bedienfeld auf eine Schaltfläche, um die Objekte entsprechend zu kombinieren (vgl. folgende Tabelle).

Möchten Sie, dass nach der Kombination die ursprünglichen Objektpfade erhalten bleiben, halten Sie beim Klicken auf die entsprechende Schaltfläche Alt gedrückt. Diese Variante bietet den Vorteil, dass die betreffenden Pfade anschließend ausgewählt und bearbeitet werden können.

Sie möchten ...		Beispiel
mehrere Objekte zu einem Objekt verschmelzen		
die im Vordergrund liegenden Objekte von dem hintersten Objekt subtrahieren		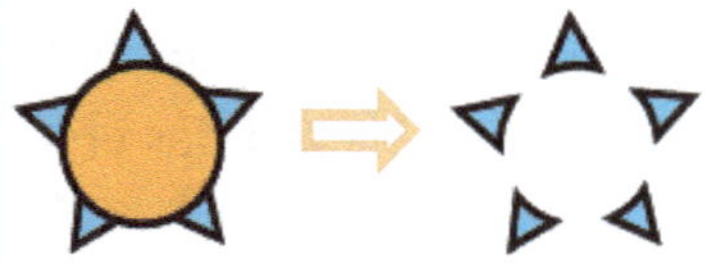
ein neues Objekt aus der Schnittmenge der sich überlappenden Objekte bilden		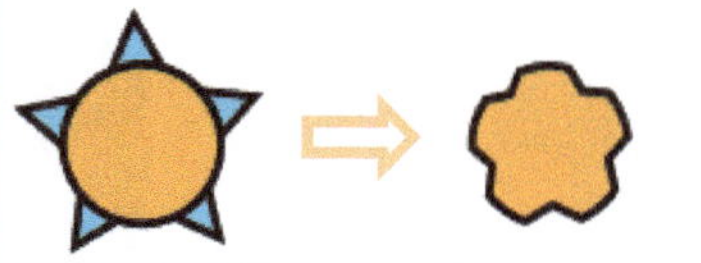
die sich überlappenden Bereiche beim Kombinieren ausschließen		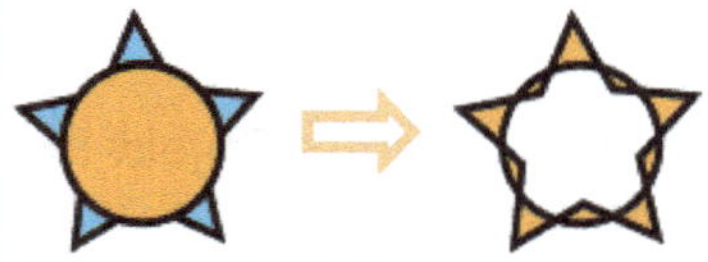
die Objekte in gefüllte Teilflächen aufteilen; die so entstandenen Teilflächen lassen sich mit dem Direktauswahl-Werkzeug auswählen und bearbeiten.		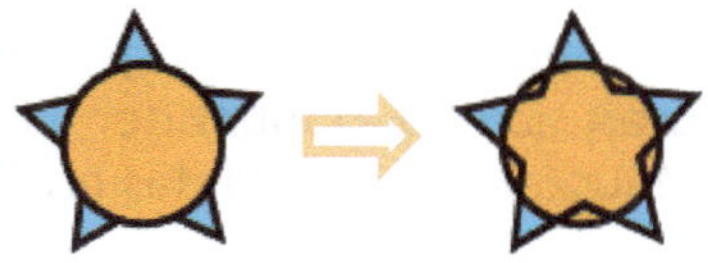
die sich überlappenden Bereiche beim Kombinieren entfernen und gleichzeitig sämtliche Konturen löschen. Bei Objekten gleicher Farbe bleiben die ursprünglichen Objektpfade erhalten.		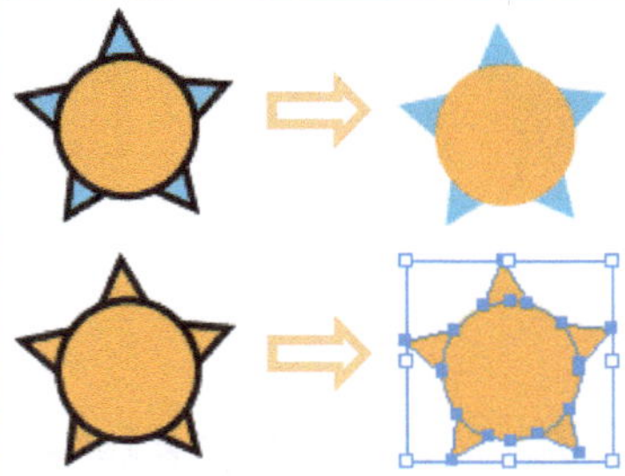
die sich überlappenden Bereiche beim Kombinieren entfernen und gleichzeitig sämtliche Konturen löschen. Bei Objekten gleicher Farbe werden die ursprünglichen Objektpfade entfernt.		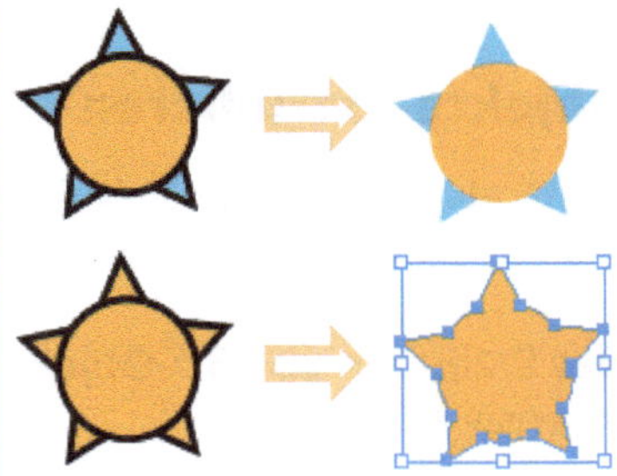
ein neues Objekt aus der Schnittmenge der sich überlappenden Objekte bilden und gleichzeitig sämtliche Konturen löschen		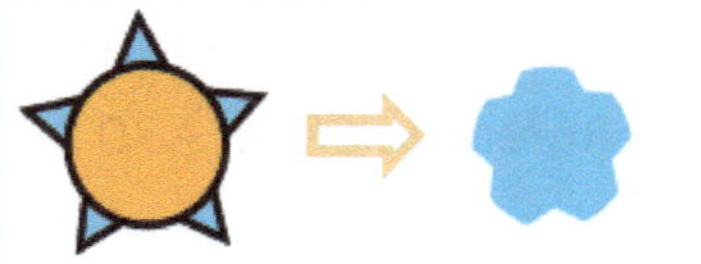
alle Füllungen entfernen; die so entstandenen Liniensegmente weisen die Konturstärke 0 pt auf.		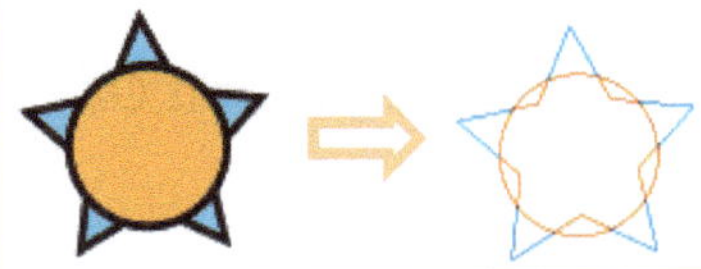
das hinterste Objekt von den im Vordergrund liegenden Objekten subtrahieren		

Objekte interaktiv kombinieren

Mithilfe des Formerstellungswerkzeugs können Sie Objekte schnell mit der Maus kombinieren.

- Wählen Sie zwei oder mehrere sich überlappende Objekte aus.
- Aktivieren Sie das Formerstellungswerkzeug.
- Klicken Sie auf das erste Objekt ①, halten Sie die Maustaste gedrückt und ziehen Sie den Mauszeiger auf das zweite Objekt ②.

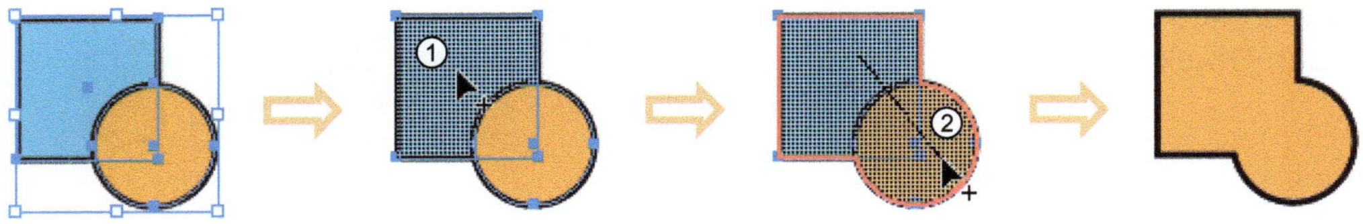

Ein gemeinsames Objekt lässt sich auch aus mehreren Teilobjekten erzeugen, indem Sie ⇧ gedrückt halten und einen Markierungsrahmen um die Objekte ziehen.

Mit dem Formerstellungswerkzeug können Sie darüber hinaus einzelne Flächen oder Konturen sich überlappender Objekte entfernen. Klicken Sie hierzu bei gedrückter Alt-Taste (Mauszeiger:) auf das entsprechende Element, z. B. auf die Fläche ③.

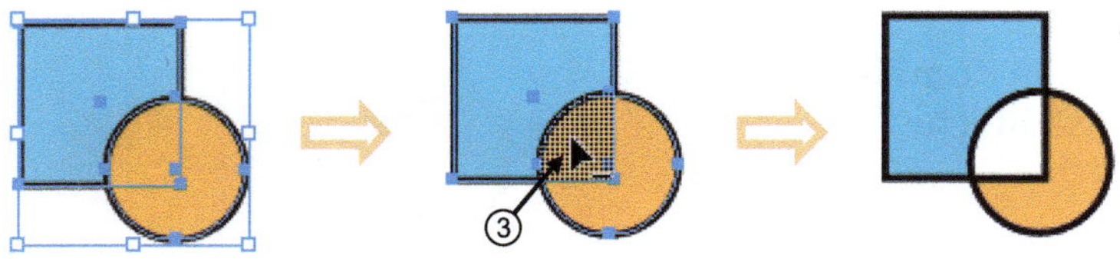

6.3 3D-Objekte generieren

Objekte extrudieren

Illustrator bietet die Möglichkeit, mithilfe einer **Extrusion** aus einem vorhandenen 2D-Objekt schnell ein 3D-Objekt zu erstellen.

Das Erzeugen von 3D-Objekten kann je nach Geschwindigkeit des Computers sehr zeitintensiv sein.

- Wählen Sie das gewünschte Objekt aus.
- Rufen Sie *Effekt - 3D - Extrudieren und abgeflachte Kante* auf.
- Nehmen Sie im geöffneten Dialogfenster die gewünschten Einstellungen vor (vgl. folgende Erläuterungen).
- Bestätigen Sie mit *OK*.

Extrusion eines Kreises mit den im Folgenden abgebildeten Einstellungen

Nach der Extrusion wird die Fläche ① in der Konturfarbe des ursprünglichen 2D-Objekts dargestellt.

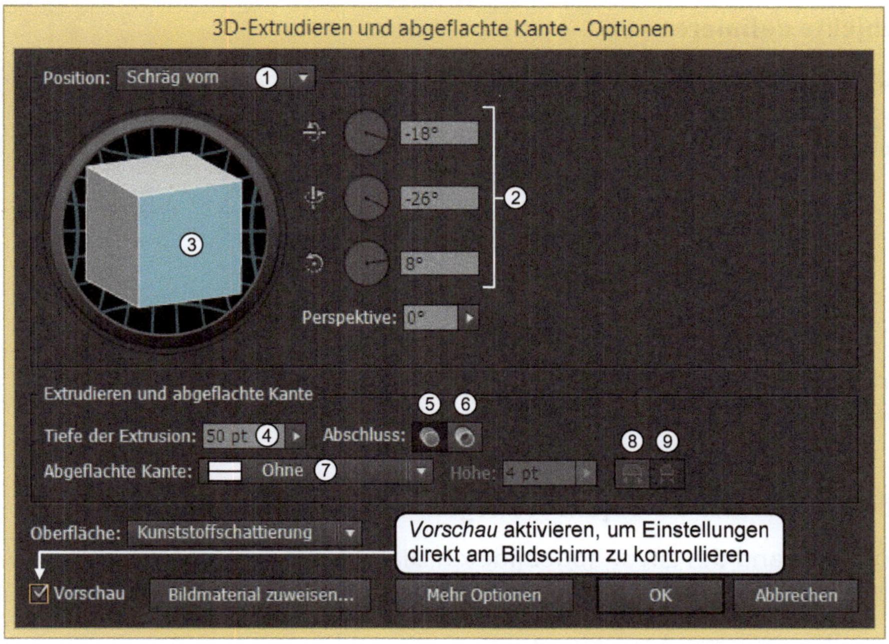

Drehwinkel des 3D-Objekts bestimmen

▶ Wählen Sie im Feld ① einen voreingestellten Drehwinkel.

oder Geben Sie im Bereich ② in den Feldern , und die Winkel der Drehung um die jeweiligen Achsen ein.

oder Klicken Sie auf den Würfel ③ im Vorschaufeld und drehen Sie das Objekt durch Ziehen mit der Maus. Die Frontseite des Objekts wird blau dargestellt.

3D-Objekt mit verschiedenen Drehwinkeln

Weitere Extrusionseinstellungen für das 3D-Objekt vornehmen

Sie möchten ...		
die Extrusionstiefe anpassen	▶ Legen Sie im Feld ④ eine andere Extrusionstiefe fest.	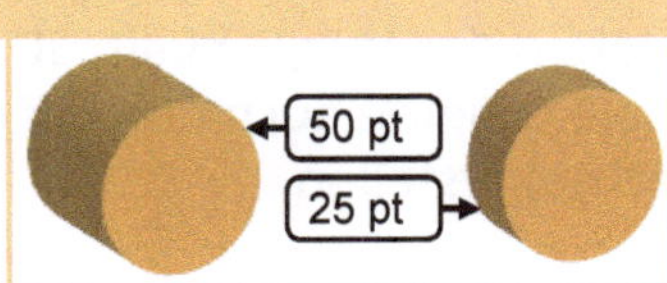
ein massives bzw. hohles 3D-Objekt erstellen	▶ Aktivieren Sie ⑤ bzw. ⑥.	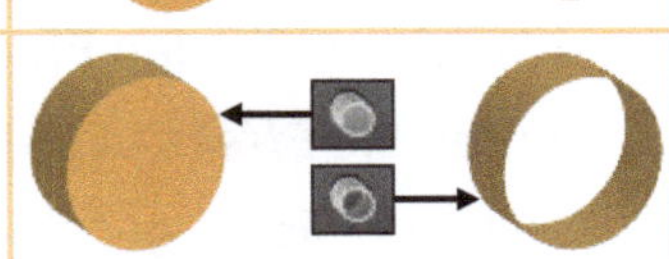
das Aussehen der Objektkanten festlegen	▶ Wählen Sie im Feld ⑦ die gewünschte Objektkante. ▶ Über ⑧ bzw. ⑨ können Sie festlegen, ob die Abschrägung der Kante dem Ursprungsobjekt hinzugefügt bzw. von diesem abgezogen wird.	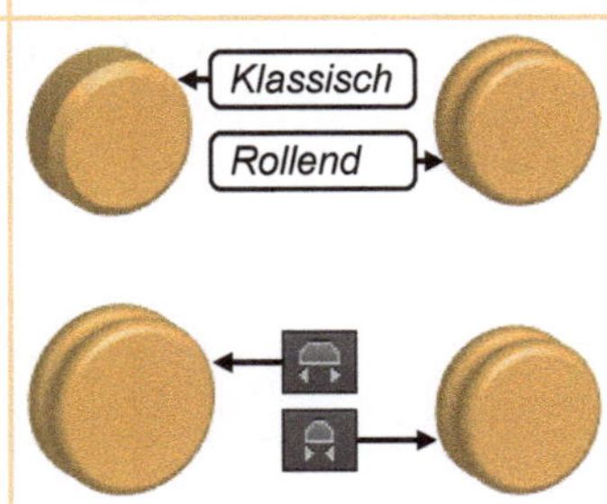

Oberfläche des 3D-Objekts definieren

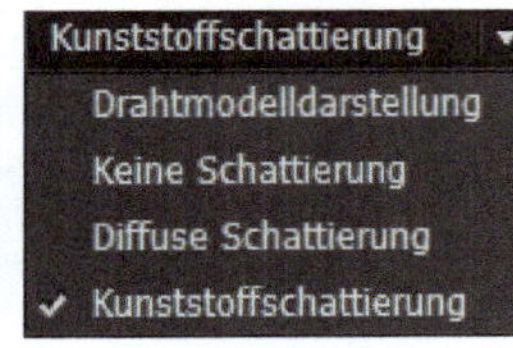

- ▶ Wählen Sie im zuvor abgebildeten Dialogfenster *3D-Extrudieren und abgeflachte Kante - Optionen* im Feld *Oberfläche* eine Oberflächenstruktur aus.

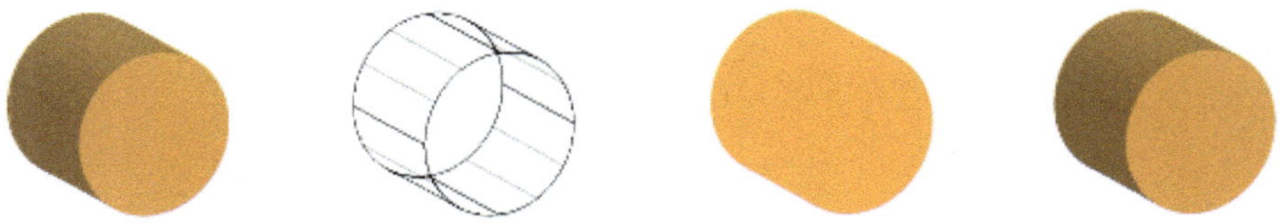

Kunststoffschattierung | *Drahtmodelldarstellung* | *Keine Schattierung* | *Diffuse Schattierung*

Beleuchtungseinstellungen für das 3D-Objekt festlegen

- ▶ Klicken Sie am unteren Rand des zuvor abgebildeten Dialogfenster *3D-Extrudieren und abgeflachte Kante - Optionen* auf *Mehr Optionen*.

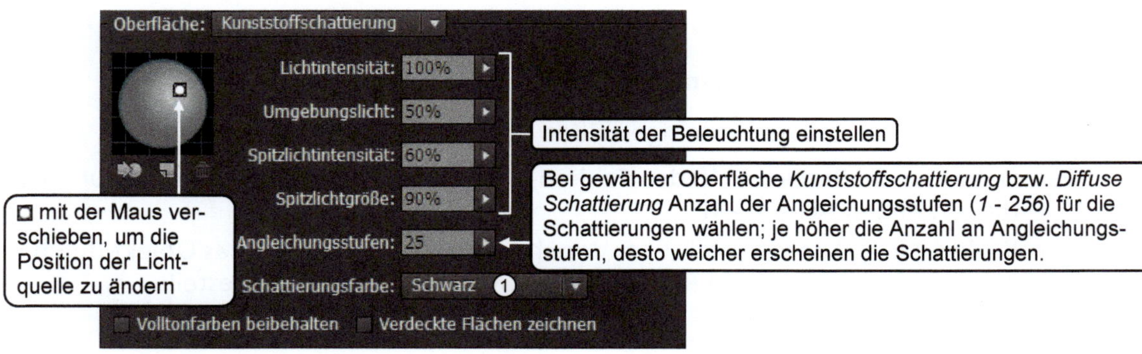

- ✔ Möchten Sie eine individuelle Schattierungsfarbe verwenden, wählen Sie im Feld ① den Eintrag *Benutzerdefiniert* und klicken Sie auf das eingeblendete rote Farbfeld. Wählen Sie im nun eingeblendeten Dialogfenster die gewünschte Farbe.
- ✔ Bei Bedarf können Sie über [Symbol] weitere Lichtquellen hinzufügen. Über [Symbol] lassen sich nachträglich eingefügte Lichtquellen wieder entfernen.

Kreiselobjekte erzeugen

Neben der Möglichkeit, 3D-Objekte durch Extrusion zu erzeugen, lassen sich dreidimensionale Objekte auch durch **Kreiseln** bzw. durch Rotation um die vertikale y-Achse (Kreiselachse) erstellen.

- ▶ Markieren Sie den Pfad, der als Grundlage für das 3D-Objekt dienen soll.
- ▶ Rufen Sie *Effekt - 3D - Kreiseln* auf.
- ▶ Nehmen Sie im geöffneten Dialogfenster die gewünschten Einstellungen vor (vgl. folgende Erläuterungen) und bestätigen Sie mit *OK*.

Kreiselobjekt mit den im Folgenden abgebildeten Einstellungen

Sie können auf die gleiche Weise wie bei Extrusionen den Drehwinkel ①, die Oberfläche ② sowie die Beleuchtungseinstellungen ③ des 3D-Objekts festlegen.

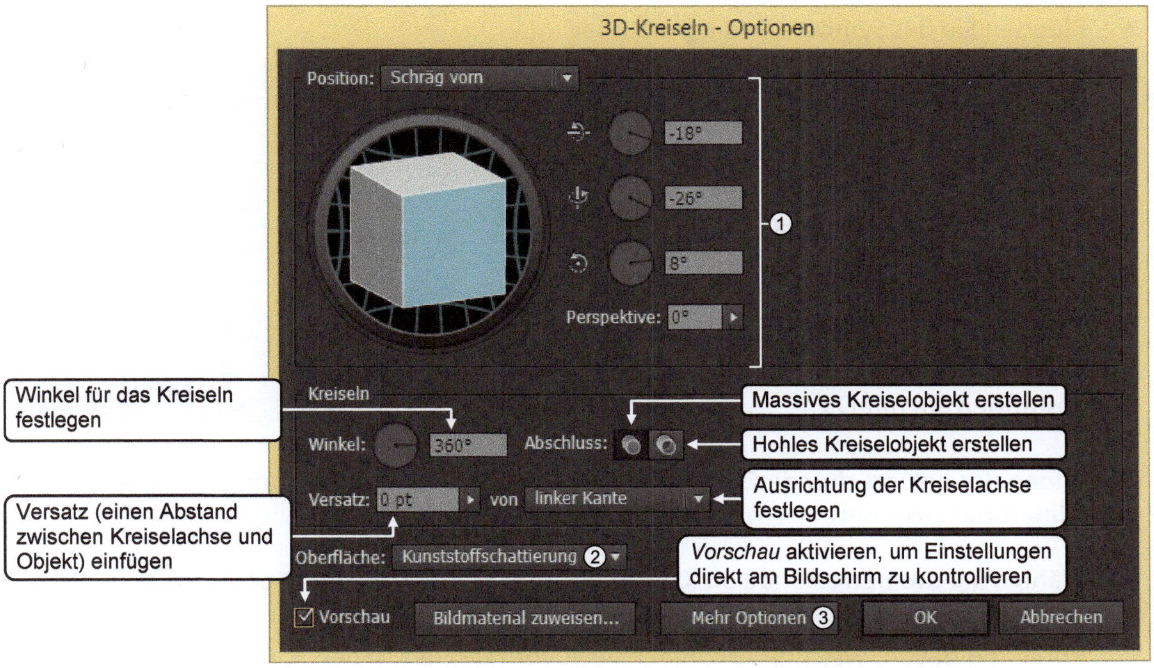

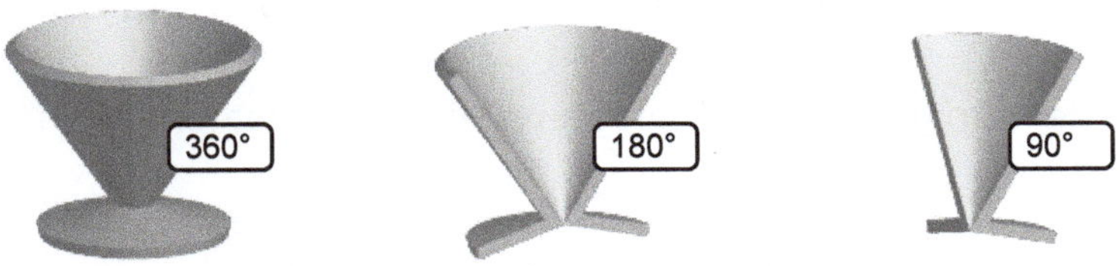

Kreiselobjekt mit unterschiedlichen Winkeleinstellungen

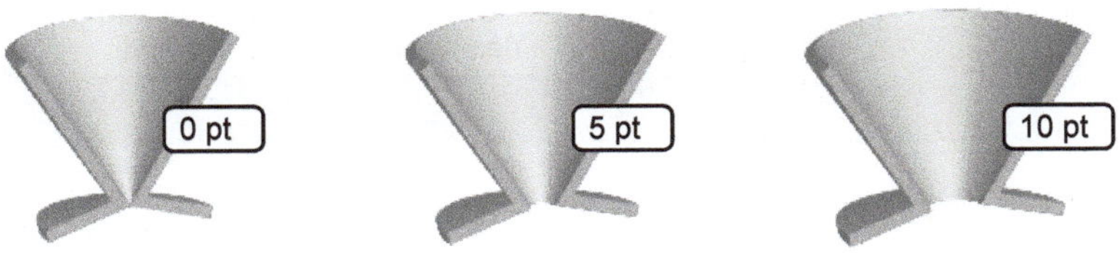

180°-Kreiselobjekt mit unterschiedlichen Versatzeinstellungen

6.4 3D-Objekten Bildmaterial zuweisen

3D-Objekten andere Objekte als Bildmaterial zuweisen

Illustrator bietet die Möglichkeit, den Flächen eines 3D-Objekts ① andere Objekte ②, z. B. Pfade, Text oder Bilder (Pixel-Grafiken), als Bildmaterial zuzuweisen.

Um ein Objekt als Bildmaterial für die Flächen eines 3D-Objekts verwenden zu können, müssen Sie das entsprechende Objekt zunächst im Symbole-Bedienfeld bereitstellen:

- Blenden Sie das Symbole-Bedienfeld über *Fenster - Symbole* ein.

  Alternative: (im Verankerungsbereich)
- Ziehen Sie das Objekt, das Sie als Bildmaterial für die Flächen eines 3D-Objekts verwenden möchten, von der Zeichenfläche in das Symbole-Bedienfeld.
- Vergeben Sie im nun geöffneten Dialogfenster bei Bedarf einen Namen ① für das neu eingefügte Symbol.
- Bestätigen Sie mit *OK*.

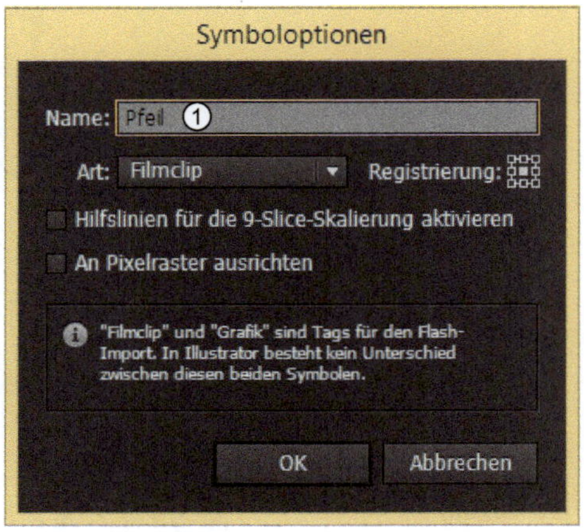

Sie können das entsprechende Objekt den Flächen eines 3D-Objekts nun folgendermaßen als Bildmaterial zuweisen:

- Wählen Sie das betreffende 3D-Objekt aus und blenden Sie das Aussehen-Bedienfeld ein (z. B. über *Fenster - Aussehen*).
- Abhängig davon, welches 3D-Objekt Sie zuvor markiert haben, klicken Sie im Aussehen-Bedienfeld auf den Effekt *3D-Extrudieren und abgeflachte Kante* bzw. auf den Effekt *3D-Kreiseln*.
- Klicken Sie am unteren Rand des nun geöffneten Dialogfensters auf *Bildmaterial zuweisen*.

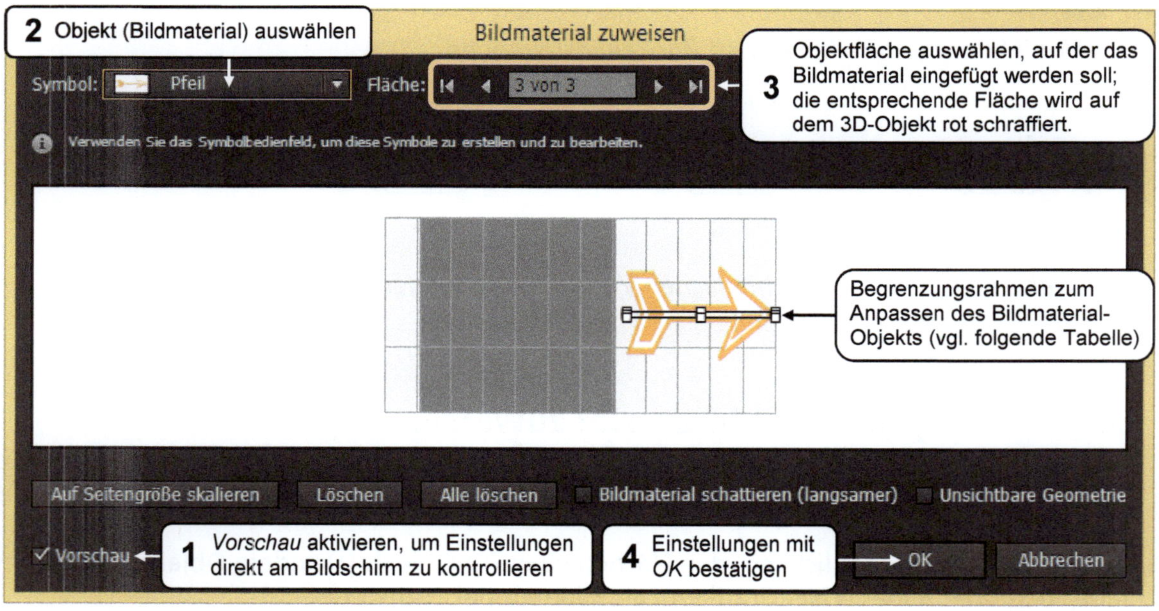

Sie möchten das Bildmaterial-Objekt ...	
skalieren	▶ Ziehen Sie einen Griff des Begrenzungsrahmens.
verschieben	▶ Positionieren Sie den Mauszeiger ✥ innerhalb des Begrenzungsrahmens und ziehen Sie das Objekt an die gewünschte Stelle.
drehen	▶ Zeigen Sie außerhalb des Begrenzungsrahmens auf eine Stelle in der direkten Umgebung eines Eckgriffs und ziehen Sie den Mauszeiger ↰ in die Richtung, in die Sie das Objekt drehen möchten.

- ✔ Über die Schaltfläche *Auf Seitengröße skalieren* können Sie das Bildmaterial-Objekt schnell an die Größe der ausgewählten Objektfläche anpassen.
- ✔ Möchten Sie das Bildmaterial-Objekt von der ausgewählten Objektfläche entfernen, klicken Sie auf *Löschen*. Um alle bereits zugewiesenen Bildmaterial-Objekte auf einmal zu entfernen, klicken Sie auf *Alle löschen*.

6.5 Objekte verkrümmen, verzerren bzw. deformieren

Objekte verkrümmen

Sie können nahezu jeden Objekttyp verkrümmen. Mithilfe bereits vorhandener Verkrümmungsstile ändern Sie dabei das Aussehen der Objekte.

Verkrümmtes Objekt mit den unten abgebildeten Einstellungen

- ▶ Wählen Sie das entsprechende Objekt aus und rufen Sie *Objekt - Verzerrungshülle - Mit Verkrümmung erstellen* auf.

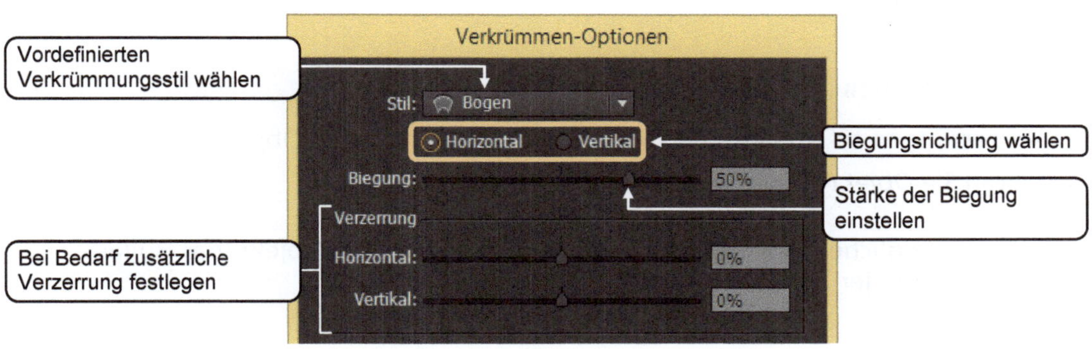

- ▶ Bestätigen Sie Ihre Einstellungen mit *OK*.

Objekte mit dem Gitter verzerren

Gestalterische Freiheit im Hinblick auf das Verzerren bietet das sogenannte **Verzerrungsgitter**, mit dem sich einzelne Flächen und Liniensegmente individuell verzerren lassen.

- ▶ Wählen Sie das zu verzerrende Objekt aus und rufen Sie *Objekt - Verzerrungshülle - Mit Gitter erstellen* auf, um das Verzerrungsgitter einzublenden.
- ▶ Legen Sie im folgenden Dialogfenster die Anzahl der Zeilen ① und Spalten ② fest, aus denen das Gitter bestehen soll, und bestätigen Sie mit *OK*.

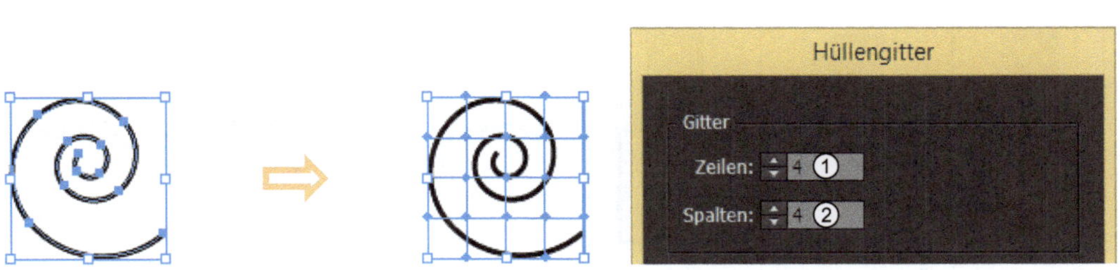

Das Verzerrungsgitter weist an den Schnittpunkten der Zeilen und Spalten Ankerpunkte auf. Nach dem Einblenden des Gitters sind zunächst alle Ankerpunkte markiert.

- Heben Sie die Markierung auf und klicken Sie anschließend mit dem Direktauswahl-Werkzeug auf das Objekt, um das Objekt individuell verzerren zu können.
- Klicken Sie auf einen Ankerpunkt oder eine Zelle des Gitters und ziehen Sie ihn bzw. sie an eine andere Position.

  oder Klicken Sie auf eine Gitterlinie und ziehen Sie die daraufhin eingeblendeten Grifflinien bzw. -punkte in die gewünschte Richtung.

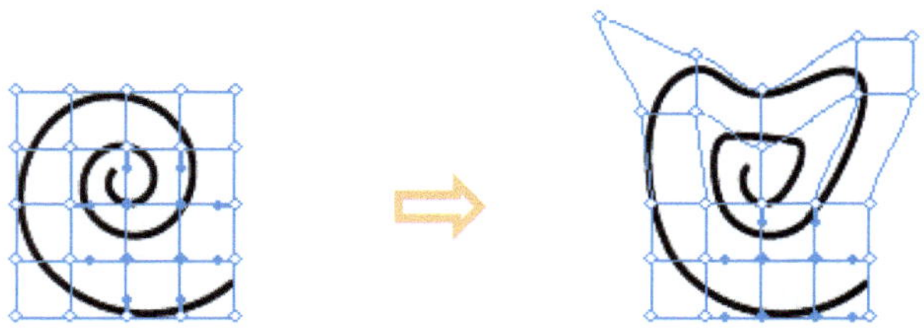

Möchten Sie Ankerpunkte hinzufügen, aktivieren Sie das Gitter-Werkzeug und klicken Sie mit dem Mauszeiger auf die Stelle, an der der neue Ankerpunkt eingefügt werden soll. Illustrator ergänzt automatisch die entsprechenden Zeilen und Spalten.

Möchten Sie, dass bei einem verzerrten Objekt anstelle des Verzerrungsgitter der reguläre Begrenzungsrahmen ① angezeigt wird, wählen Sie das Objekt aus und rufen Sie *Objekt - Verzerrungshülle - Inhalt bearbeiten* auf. Über *Objekt - Verzerrungshülle - Hülle bearbeiten* lässt sich das Verzerrungsgitter jederzeit wieder einblenden.

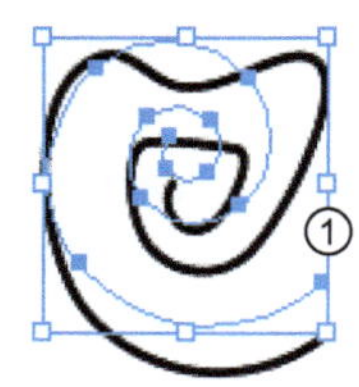

Verzerrungen aufheben

- Um Verzerrungen zu entfernen, markieren Sie das betreffende Objekt.
- Aktivieren Sie *Objekt - Verzerrungshülle - Zurückwandeln*.

Neben dem ursprünglichen Objekt entsteht dabei ein zusätzliches Objekt (das Hüllen-objekt), das die Form der jeweiligen Verzerrung aufweist.

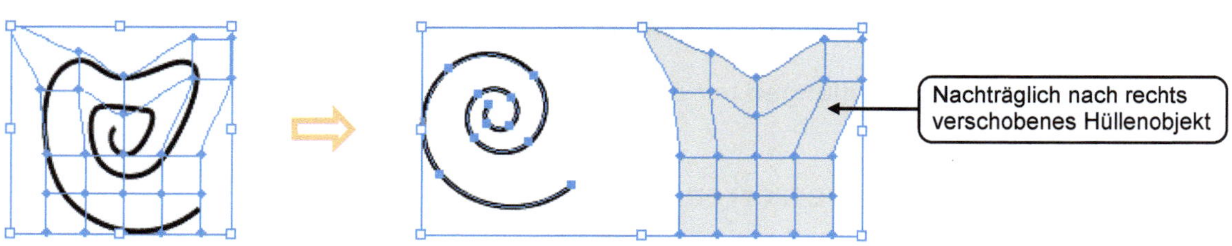

Objekte deformieren

Mit den Deformationswerkzeugen können Sie Form und Aussehen gezeichneter Objekte oder eingefügter Bilder (Pixel-Grafiken) individuell verändern. Diese Werkzeuge können auch auf gruppierte Objekte angewendet werden.

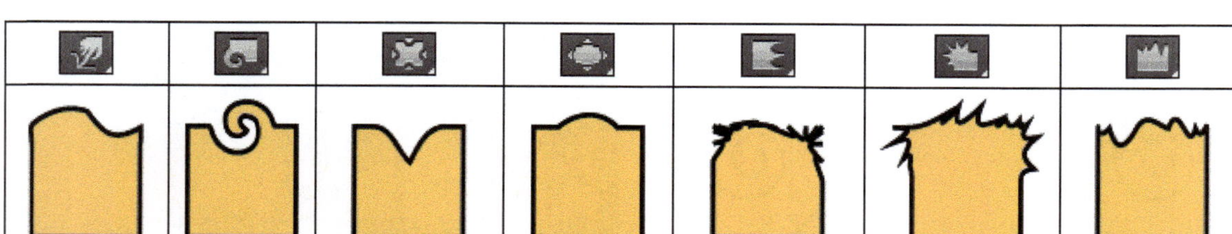

Ver-krümmen	*Strudel*	*Zusammen-ziehen*	*Aufblasen*	*Ausbuchten*	*Kristalli-sieren*	*Zerknittern*

- Wählen Sie das Objekt aus und aktivieren Sie im Werkzeugbedienfeld das gewünschte Deformationswerkzeug.

  Der Mauszeiger ändert seine Form, wobei der aktuelle Wirkungsbereich des Werkzeugs angezeigt wird.
- Um die gewünschte Deformation vorzunehmen, klicken Sie auf eine Stelle der Objektkontur, halten Sie die Maustaste gedrückt und ziehen Sie die Maus in die entsprechende Richtung.

- ✔ Sie können die Werkzeuggröße bzw. -form ändern, indem Sie Alt gedrückt halten und die gewünschte Größe und Form mit der Maus aufziehen.
- ✔ Möchten Sie weitere Werkzeugoptionen festlegen, klicken Sie im Werkzeugbedienfeld doppelt auf das betreffende Werkzeug und nehmen Sie im folgenden Dialogfenster die gewünschten Einstellungen vor.

6.6 Farben und Formen angleichen

Objekte angleichen

Mit dem Angleichen-Werkzeug können Sie einen Übergang von Farben (einschließlich der verwendeten Konturen und Transparenz), Form und Größe zweier ausgewählter Objekte in Stufen erzeugen.

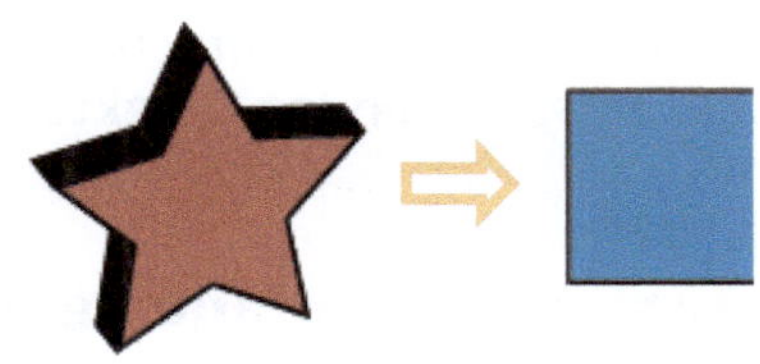

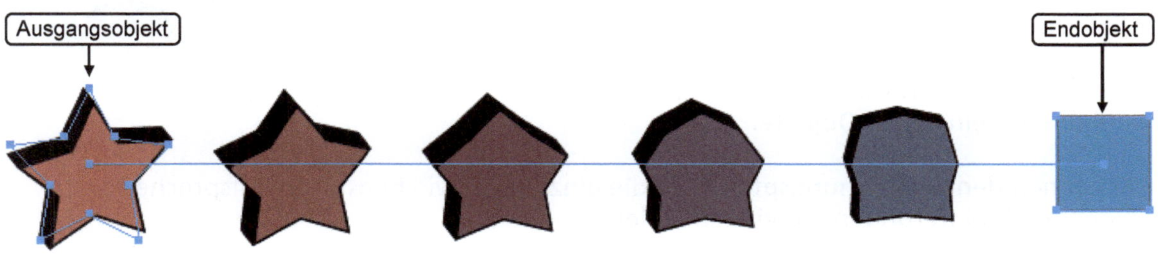

Angeglichene Objekte (mit den unten abgebildeten Angleichungsoptionen)

- Aktivieren Sie das Angleichen-Werkzeug und klicken Sie damit auf das Ausgangs- und das Endobjekt.

  oder Markieren Sie beide Objekte und wählen Sie *Objekt - Angleichen - Erstellen*.

Um die Angleichung wieder zurückzunehmen, klicken Sie mit dem Auswahlwerkzeug auf eines der angeglichenen Objekte und wählen Sie *Objekt - Angleichen - Zurückwandeln*.

Angleichungsoptionen nachträglich ändern

- Klicken Sie mit dem Auswahlwerkzeug auf eines der angeglichenen Objekte.
- Klicken Sie im Werkzeugbedienfeld doppelt auf das Angleichen-Werkzeug.

  oder Rufen Sie *Objekt - Angleichen - Angleichung-Optionen* auf.
- Nehmen Sie die gewünschten Einstellungen vor und bestätigen Sie mit *OK*.

Sie möchten ...		
die Anzahl der Zwischenstufen automatisch berechnen lassen	▶ Wählen Sie im Feld *Abstand* den Eintrag *Farbe glätten*.	
eine individuelle Anzahl von Zwischenstufen erstellen	▶ Wählen Sie im Feld *Abstand* den Eintrag *Festgelegte Stufen*. ▶ Geben Sie im dazugehörigen Feld die Anzahl der Zwischenstufen an (z. B. *2*).	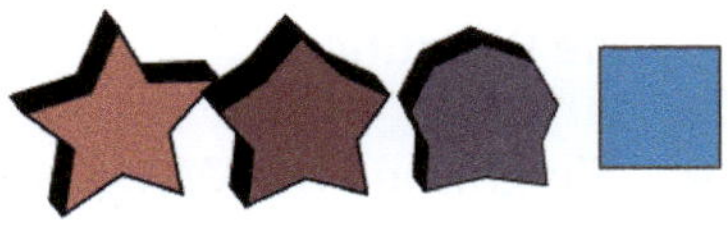
die Zwischenstufen mit einem individuell festgelegten Abstand einfügen	▶ Wählen Sie im Feld *Abstand* den Eintrag *Festgelegter Abstand*. ▶ Geben Sie im dazugehörigen Feld die Anzahl der Zwischenstufen an (z. B. *10 mm*).	

Sie können die gewünschten Angleichungsoptionen bei Bedarf auch festlegen, **bevor** Sie die entsprechenden Objekte angleichen.

Angleichungspfade bearbeiten

Die einzelnen Zwischenstufen werden entlang des Angleichungspfads ① zwischen dem Ausgangs- und Endobjekt erstellt. Der Verlauf des Angleichungspfads orientiert sich standardmäßig an den Mittelpunkten der einzelnen Objekte.

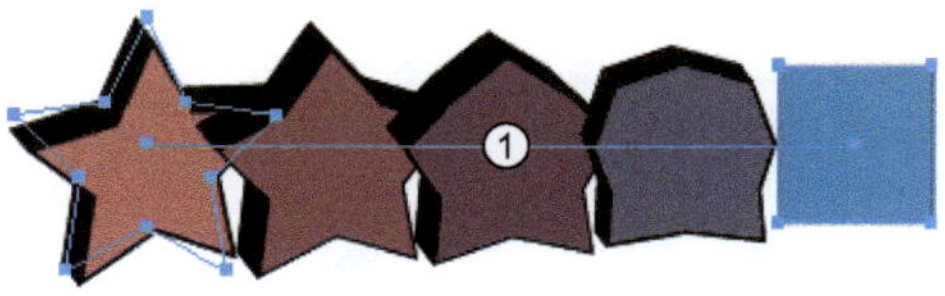

Sie können den Angleichungspfad bzw. die einzelnen Zwischenstufen entsprechend der folgenden Erläuterungen individuell ändern.

Vorhandene Angleichung an einem individuellen Pfad ausrichten

- ▶ Zeichnen Sie einen individuellen Pfad, dessen Verlauf Sie für die Angleichung verwenden möchten.
- ▶ Markieren Sie den individuellen Pfad und die gewünschte Angleichung.
- ▶ Rufen Sie *Objekt - Angleichen - Achse ersetzen* auf.

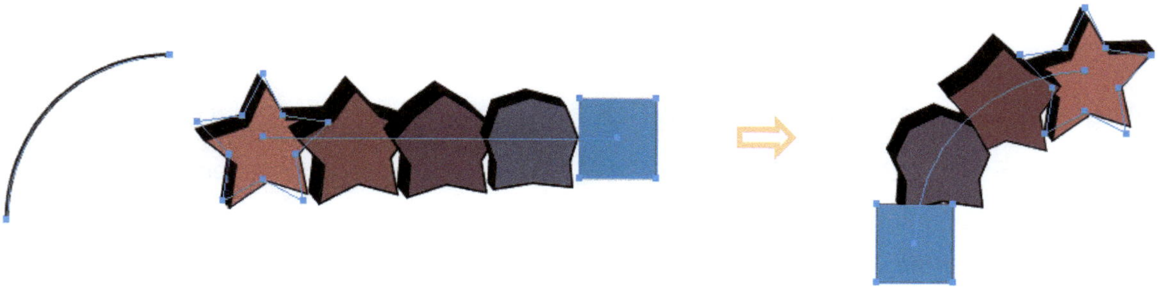

Die Angleichung wird an dem individuellen Pfad ausgerichtet und der entsprechende Pfad wird automatisch entfernt.

Einzelne Objekte der Angleichung bearbeiten

- Markieren Sie die Angleichung und rufen Sie *Objekt - Angleichen - Umwandeln* auf.

Die einzelnen Objekte lassen sich nun mit Direktauswahl-Werkzeug  auswählen und bearbeiten.

Richtung der Angleichung umkehren

- Markieren Sie die Angleichung und rufen Sie *Objekt - Angleichen - Achse umkehren* auf.

Farben verschiedener Objekte angleichen

Neben der zuvor erläuterten Angleichung, bei der Zwischenstufen aus Farbe, Form und Größe zweier Objekte generiert werden, können Sie auch Farbnuancen erzeugen, die aus den Farben eines Ausgangs- und Endobjekts resultieren.

Die entsprechenden Farbnuancen werden dabei allen Objekten als Flächenfarbe zugewiesen, die sich zwischen dem jeweiligen Ausgangs- und Endobjekt befinden.

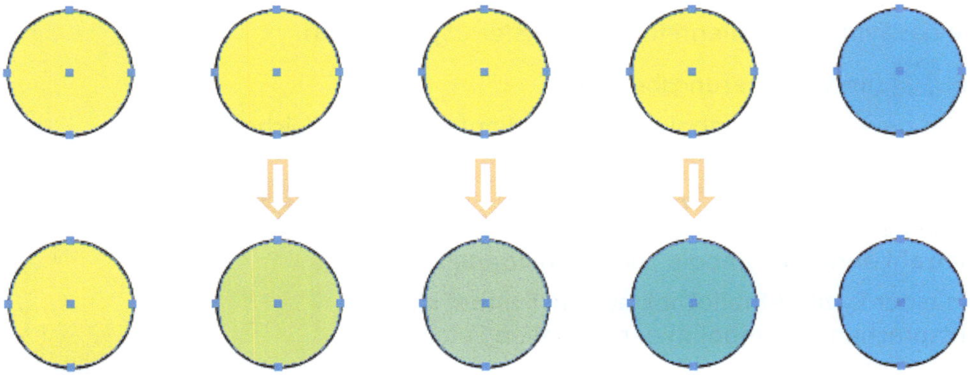

Objekte horizontal farblich angleichen

- Markieren Sie das Ausgangs- und das Endobjekt sowie die dazwischenliegenden Objekte, denen Sie entsprechende Farbnuancen zuweisen möchten.
- Rufen Sie *Bearbeiten - Farben bearbeiten - Horizontal angleichen* bzw. *Vertikal angleichen* auf - je nachdem, wie die entsprechenden Objekte auf der Zeichenfläche angeordnet sind.

Liegen Objekte übereinander, können Sie die Farben angleichen, indem Sie *Bearbeiten - Farben bearbeiten - Vorne - > Hinten angleichen* aufrufen.

6.7 Mit Symbolen arbeiten

Grundlagen zur Verwendung von Symbolen

Symbole sind Objekte, z. B. Pfade, Text oder Bilder (Pixel-Grafiken), die sich mithilfe des Symbole-Bedienfelds bzw. mit dem Symbol-aufsprühen-Werkzeug beliebig oft in eine Zeichnung einfügen lassen.

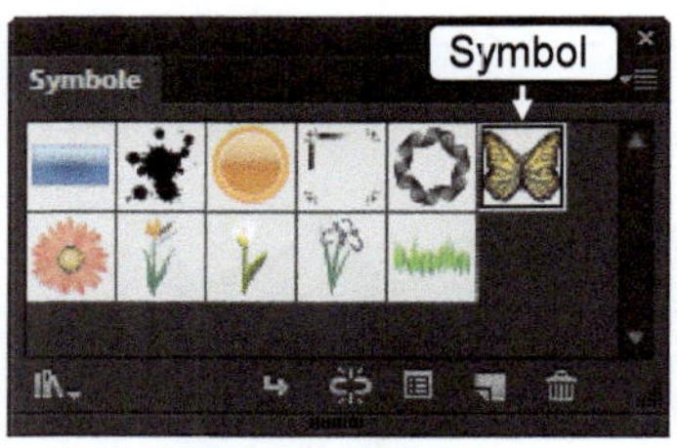

Symbole-Bedienfeld

Mit Symbolen erstellte Zeichnung

- ✔ Symbole werden als sogenannte **Instanzen** auf der Zeichenfläche eingefügt, die mit dem jeweiligen Originalsymbol aus dem Symbole-Bedienfeld verknüpft sind. Deshalb ändern sich z. B. sämtliche Instanzen, wenn Sie das zugrunde liegende Symbol ändern.
- ✔ Alle Instanzen eines Symbols, die Sie mit dem Symbol-aufsprühen-Werkzeug auf der Zeichenfläche einfügen, werden automatisch gruppiert.

Einzelne Symbol-Instanzen mittels Drag & Drop einfügen

- ▶ Blenden Sie das Symbole-Bedienfeld über *Fenster - Symbole* ein.

  Alternative: (im Verankerungsbereich)
- ▶ Ziehen Sie das gewünschte Symbol aus dem Bedienfeld auf die Zeichenfläche.

- ✔ Über am unteren Rand des Symbole-Bedienfeldes lassen sich verschiedene Symbol-Bibliotheken öffnen, über die Sie auf eine Vielzahl anderer Symbole zugreifen können.
- ✔ Wenn Sie in einer Symbol-Bibliothek auf ein Symbol klicken, wird das entsprechende Symbol in der aktuellen Zeichnung im Symbole-Bedienfeld angezeigt.
- ✔ Über ① können Sie schnell zwischen den zur Verfügung stehenden Symbol-Bibliotheken wechseln.
- ✔ Einzelne Symbol-Instanzen lassen sich auf der Zeichenfläche wie gewohnt transformieren.

Symbol-Bibliothek „Blumen"

Mehrere Symbol-Instanzen aufsprühen

- ▶ Klicken Sie im Symbole-Bedienfeld auf das gewünschte Symbol und aktivieren Sie im Werkzeugbedienfeld das Symbol-aufsprühen-Werkzeug .
- ▶ Klicken Sie auf den Punkt, an dem die Instanzen eingefügt werden sollen, und halten Sie die Maustaste so lange gedrückt, bis die gewünschte Anzahl angezeigt wird.

  oder Ziehen Sie das Werkzeug über den Bereich, der mit Instanzen gefüllt werden soll.

- Wenn Sie bei der Verwendung des Symbol-aufsprühen-Werkzeugs die (Alt)-Taste gedrückt halten, werden hierdurch die Instanzen im entsprechenden Bereich entfernt.
- Nach Doppelklick auf im Werkzeugbedienfeld können Sie die Voreinstellungen des Werkzeugs ändern, z. B. den Durchmesser der Werkzeugspitze.

Übersicht über nützliche Funktionen des Symbole-Bedienfelds

Sie möchten ...	
einzelne Instanzen einer Instanz-Gruppe transformieren	▶ Wählen Sie die gewünschte Instanz-Gruppe auf der Zeichenfläche aus und klicken Sie im Symbole-Bedienfeld auf . Es besteht jetzt keine Verknüpfung mehr zwischen dem Originalsymbol und der Instanz-Gruppe. ▶ Rufen Sie *Objekt - Gruppierung aufheben* auf. Sie können nun die einzelnen Instanzen der ehemaligen Instanz-Gruppe wie gewohnt transformieren.
individuelle Symbole erstellen	▶ Markieren Sie das gewünschte Objekt auf der Zeichenfläche und ziehen Sie es in das Symbole-Bedienfeld oder klicken Sie auf . ▶ Ändern Sie im folgenden Dialogfenster den vorgegebenen Namen und bestätigen Sie mit *OK*.
Symbole bearbeiten	▶ Klicken Sie doppelt auf das Symbol im Symbole-Bedienfeld. ▶ Ändern Sie im eingeblendeten Zeichenblatt das Symbol und klicken Sie auf am oberen linken Fensterrand, um zur Zeichnung zurück zu wechseln. Die vorgenommenen Änderungen werden automatisch auf alle Instanzen des Symbols angewendet.
Symbole löschen	▶ Markieren Sie das betreffende Symbol im Symbole-Bedienfeld, klicken Sie auf und bestätigen Sie die Rückfrage mit *Ja*. ▶ Wird das Symbol in der Zeichnung genutzt, klicken Sie in der eingeblendeten Rückfrage auf *Instanzen umwandeln*, um die aufgesprühten Instanzen als Objekte zu erhalten.

Aufgesprühte Symbol-Instanzen bearbeiten

Eine ausgewählte Instanz-Gruppe lässt sich wie gewohnt transformieren. Möchten Sie stattdessen einzelne Instanzen einer Instanz-Gruppe bearbeiten, nutzen Sie hierzu die speziellen Werkzeuge, die im Menü des Symbol-aufsprühen-Werkzeugs zur Verfügung stehen.

▶ Aktivieren Sie das Auswahlwerkzeug und wählen Sie die Instanz-Gruppe aus.

Sie möchten ...	
Instanzen verschieben	▶ Aktivieren Sie das Symbol-verschieben-Werkzeug und ziehen Sie die gewünschte Instanz an eine andere Position. Hierdurch ändert sich gegebenenfalls auch die Position anderer Instanzen innerhalb der Gruppe.
den Abstand zwischen den Instanzen ändern	▶ Aktivieren Sie das Symbol-stauchen-Werkzeug . ▶ Um den Abstand zwischen den Instanzen zu verringern, klicken Sie auf den betreffenden Bereich und halten Sie die Maustaste gedrückt. Wenn Sie dabei (Alt) gedrückt halten, wird der Abstand zwischen den Instanzen des betreffenden Bereichs vergrößert.

Sie möchten ...	
Instanzen skalieren	▶ Aktivieren Sie das Symbol-skalieren-Werkzeug. ▶ Um Instanzen zu vergrößern, klicken Sie auf die betreffenden Instanzen und halten Sie die Maustaste gedrückt. ▶ Um Instanzen zu verkleinern, halten Sie Alt gedrückt, während Sie auf die Instanzen klicken.
Instanzen drehen	▶ Aktivieren Sie das Symbol-drehen-Werkzeug. ▶ Klicken Sie auf eine Instanz und ziehen Sie den Mauszeiger in die gewünschte Richtung.

6.8 Schnellübersicht

Sie möchten ...	
Objektecken abrunden	*Effekt - Stilisierungsfilter - Ecken abrunden*
eine Wellen- oder Zickzacklinie erstellen	*Effekt - Verzerrungs- und Transformationsfilter - Zickzack*
Schlagschatten erzeugen	*Effekt - Stilisierungsfilter - Schlagschatten*
Effekte nachträglich ändern	*Fenster - Aussehen* oder im Verankerungsbereich:
das Pathfinder-Bedienfeld einblenden	*Fenster - Pathfinder* oder ⇧ Strg F9
Objekte kombinieren	Objekte markieren, betreffende Schaltfläche im Pathfinder-Bedienfeld anklicken oder , Maus über Objekte ziehen
Objekte extrudieren	*Effekt - 3D - Extrudieren und abgeflachte Kante*
Kreiselobjekte erzeugen	*Effekt - 3D - Kreiseln*
Objekte verkrümmen	*Objekt - Verzerrungshülle - Mit Verkrümmung erstellen*
Objekte verzerren	*Objekt - Verzerrungshülle - Mit Gitter erstellen*
Objekte deformieren	, , , , , oder
Objekte angleichen	, Ausgangs- und Endobjekt anklicken
Farben angleichen	Mehrere Objekte auswählen, *Bearbeiten - Farben bearbeiten - Horizontal angleichen* bzw. *Vertikal angleichen*
das Symbole-Bedienfeld einblenden	*Fenster - Symbole* oder im Verankerungsbereich:
eine einzelne Symbol-Instanz einfügen	Symbol aus dem Symbole-Bedienfeld auf die Zeichenfläche ziehen
mehrere Symbol-Instanzen aufsprühen	Symbol im Symbole-Bedienfeld auswählen,
aufgesprühte Symbol-Instanzen bearbeiten	Instanz-Gruppe markieren, , , ,

6.9 Übung

Weinflasche als 3D-Objekt erstellen

Level		**Zeit**	ca. 5 min
Übungsinhalte	✔ 3D-Kreiselobjekte erstellen ✔ 3D-Objekten Bildmaterial zuweisen		
Übungsdatei	*Weinflasche*		
Ergebnisdatei	*Weinflasche-E*		

① Öffnen Sie die Übungsdatei *Weinflasche*.

② Erstellen Sie eine Flasche als massives Kreiselobjekt mit 50 Angleichstufen und stellen Sie die Beleuchtung so ein, dass die Flasche von vorne links angeleuchtet wird.

③ Fügen Sie das Etikett als Bildmaterial der entsprechenden Fläche (*Fläche 10 von 14*) hinzu.

④ Speichern Sie die Datei unter dem Namen *Weinflasche-E*.

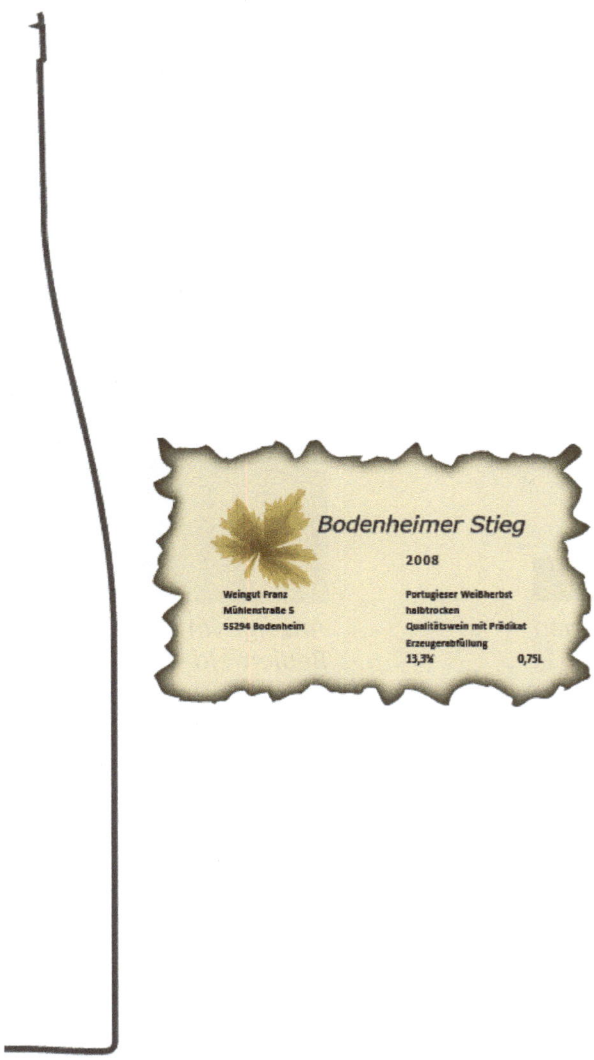

Übungsdatei „Weinflasche“

Ergebnisdatei „Weinflasche-E“

7 Mit Ebenen und Schnittmasken arbeiten

In diesem Kapitel erfahren Sie

- wie Sie Ebenen erstellen und bearbeiten
- wie Sie mit dem Ebenen-Bedienfeld arbeiten
- wie Sie Schnittmasken verwenden

Voraussetzungen

- Objekte bzw. Pfade zeichnen und bearbeiten

7.1 Mit Ebenen arbeiten

Was sind Ebenen?

Eine Ebene können Sie sich wie eine transparente Folie vorstellen. Jede neu erstellte Zeichnung enthält standardmäßig zunächst eine Ebene (mit der Bezeichnung *Ebene 1*).

Sie können bei Bedarf auch mehrere Ebenen in einer Zeichnung nutzen. Dabei liegen die Ebenen übereinander und enthalten jeweils z. B. einen Teil der Zeichnung. Im abgebildeten Beispiel liegen die Zeichnungselemente (Text, Grafiken und Hintergrund) jeweils auf einer eigenen Ebene.

Vollständige Zeichnung

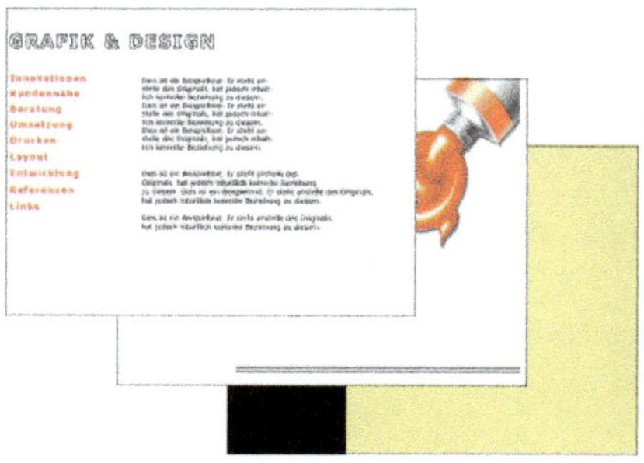

Einzelne Ebenen

Anzeige im Ebenen-Bedienfeld

Vorteile von Ebenen

- Sie können alle Ebenen einer Zeichnung auf einmal anzeigen oder bei Bedarf auch nur ausgewählte Ebenen einblenden.
- Durch die Reihenfolge der Ebenen wird festgelegt, welches Element im Vordergrund und welches dahinterliegt. Wenn Sie die Reihenfolge der Ebenen ändern, können Sie Elemente schnell weiter in den Vorder- oder Hintergrund rücken.
- Sie können komplexe Zeichnungen thematisch gliedern und somit eine bessere Übersicht gewährleisten.
- Mehrere Entwicklungsstufen lassen sich in einer Zeichnung speichern.

7.2 Ebenen bearbeiten

Das Ebenen-Bedienfeld einblenden

Ebenen verwalten Sie mithilfe des Ebenen-Bedienfeldes. Dort werden alle vorhandenen Ebenen sowie die darin befindlichen Unterebenen und (gruppierten) Objekte mit Namen und einer farbigen Kennzeichnung aufgelistet.

- Um die Techniken bei der Arbeit mit Ebenen ausprobieren zu können, öffnen Sie die Beispieldatei *Ebenen*.
- Blenden Sie das Ebenen-Bedienfeld über *Fenster - Ebenen*.

  Alternativen: (im Verankerungsbereich) oder F7

- ✔ Die jeweils aktive Ebene, die sogenannte **Zielebene**, wird mit einem kleinen Dreiecksymbol ① gekennzeichnet. Hier werden automatisch alle neu erstellten Objekte abgelegt. Voraussetzung dafür ist jedoch, dass die entsprechende Ebene eingeblendet (sichtbar) ist.
- ✔ Möchten Sie eine andere Ebene als Zielebene festlegen, klicken Sie im Ebenen-Bedienfeld auf die entsprechende Ebene.
- ✔ Über die Schaltfläche ▶ bzw. ▼ lassen sich die Elemente einer Ebene, Unterebene oder Gruppe ein- bzw. wieder ausblenden.

Neue Ebenen erstellen

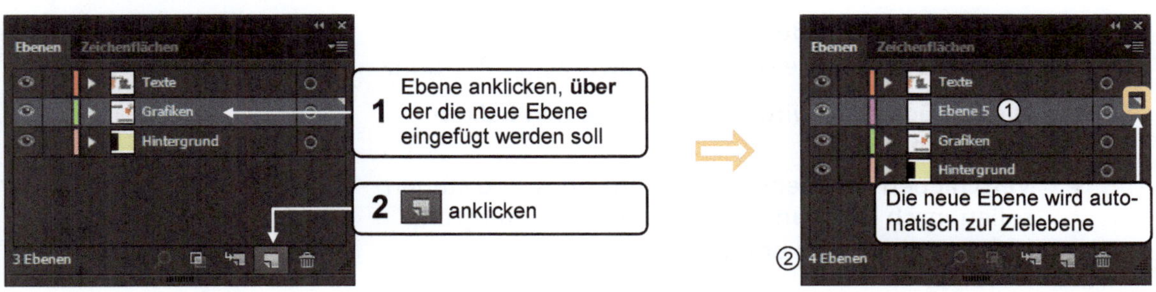

Bei der automatischen Nummerierung neuer Ebenen werden auch die bereits in der Zeichnung vorhandenen **Unter**ebenen berücksichtigt. In der Beispieldatei *Ebenen* existiert für die Ebene *Grafiken* eine Unterebene. Deshalb stimmt die Nummer der neuen Ebene ① **nicht** mit der Gesamtzahl der Ebenen ② überein.

Neue Unterebenen erstellen

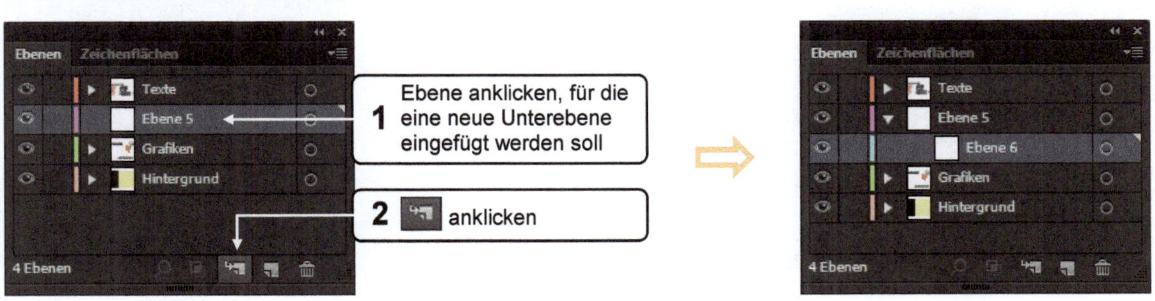

Auf die gleiche Weise lassen sich auch Unterebenen für vorhandene Unterebenen erstellen.

Ebenen umbenennen

Ebenen duplizieren

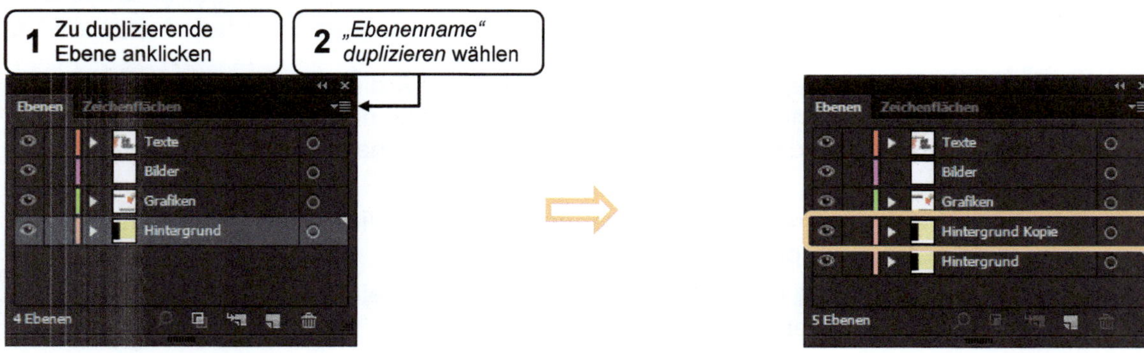

Die Reihenfolge der Ebenen ändern

- Klicken Sie im Ebenen-Bedienfeld auf die zu verschiebende Ebene und ziehen Sie sie an die gewünschte Position.
  - ✔ Die Einfügestelle wird dabei durch einen Balken gekennzeichnet.
  - ✔ Verschieben Sie Ebenen, die im Vordergrund stehen sollen, nach oben und Ebenen, die im Hintergrund stehen sollen, nach unten.

Ebenen aus- bzw. einblenden

Möchten Sie, dass die Objekte einzelner Ebenen nicht in der Zeichnung angezeigt werden, können Sie die betreffenden Ebenen ausblenden.

- ✔ Anstelle der Schaltfläche erscheint im Ebenen-Bedienfeld jetzt die Schaltfläche. Durch Anklicken der Schaltfläche blenden Sie die Ebene wieder ein.
- ✔ Standardmäßig werden nur eingeblendete Ebenen gedruckt.

Ebenen sperren (fixieren)

Möchten Sie, dass Objekte bestimmter Ebenen nicht ausgewählt oder bearbeitet werden können, sperren Sie die entsprechenden Ebenen:

Anstelle der Schaltfläche erscheint im Ebenen-Bedienfeld jetzt die Schaltfläche . Durch Anklicken der Schaltfläche entsperren Sie die Ebene wieder.

Ebenen löschen

Sie können Ebenen jederzeit löschen; allerdings muss die Zeichnung anschließend noch über mindestens eine Ebene verfügen. Wenn Sie eine Ebene löschen, die Objekte enthält, wird das abgebildete Dialogfenster eingeblendet.

Ebenen zusammenfügen

Sie können die Anzahl der Ebenen verringern, indem Sie **beliebige** Ebenen in einer Ebene zusammenfügen.

- Dabei werden alle Objekte der ausgewählten Ebenen auf der Zielebene eingefügt.
- Zugleich werden alle betreffenden Ebenen - mit Ausnahme der Zielebene - gelöscht.

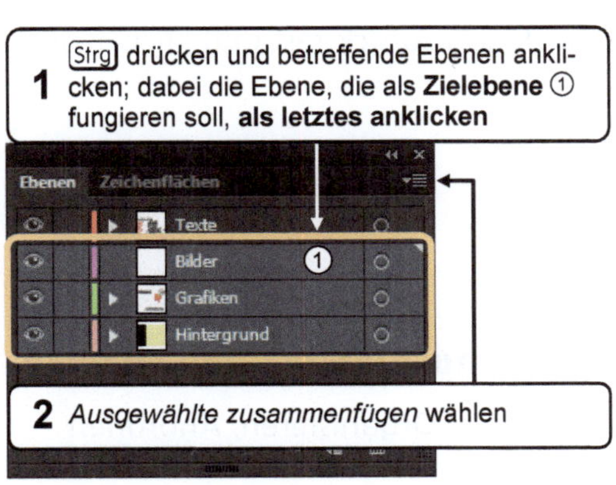

Möchten Sie, dass **sämtliche** vorhandenen Ebenen auf eine Zielebene reduziert werden, markieren Sie im Ebenen-Bedienfeld die gewünschte Zielebene und wählen Sie im Bedienfeldmenü *Auf Hintergrundebene reduzieren*.

Ebeneneigenschaften über ein Dialogfenster festlegen

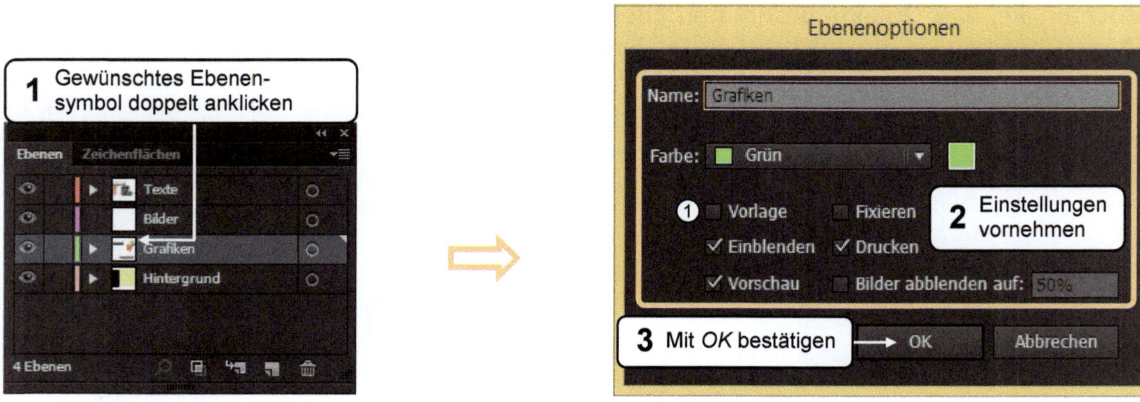

- Bei aktiviertem Kontrollfeld ① wird die Ebene in eine Vorlagenebene umgewandelt. Sie können eine Vorlagenebene verwenden, um dort vorhandene Objekte in einer darüberliegenden Ebene (z. B. mit dem Buntstift-Werkzeug) nachzuzeichnen bzw. abzupausen.
- Vorlagenebenen werden im Ebenen-Bedienfeld durch das Symbol ▣ ② gekennzeichnet. Sie sind standardmäßig gesperrt ③ und können nicht gedruckt werden.

Ebenen drucken

Normalerweise werden beim Ausdruck einer Zeichnung nur solche Ebenen gedruckt, die sichtbar sind und bei denen im zuvor erläuterten Dialogfenster *Ebenenoptionen* das Kontrollfeld *Drucken* eingeschaltet ist.

Sie können jedoch bei Bedarf bestimmen, dass auch andere Ebenen gedruckt werden:

- ▶ Rufen Sie *Datei - Drucken* auf oder drücken Sie [Strg] [P].
- ▶ Bestimmen Sie im Bereich *Optionen* über das Feld *Ebenen drucken*, welche Ebenen gedruckt werden sollen:
  - ① diejenigen sichtbaren Ebenen, bei denen in den Ebeneneigenschaften *Drucken* aktiviert wurde,
  - ② alle sichtbaren Ebenen,
  - ③ sämtliche Ebenen.

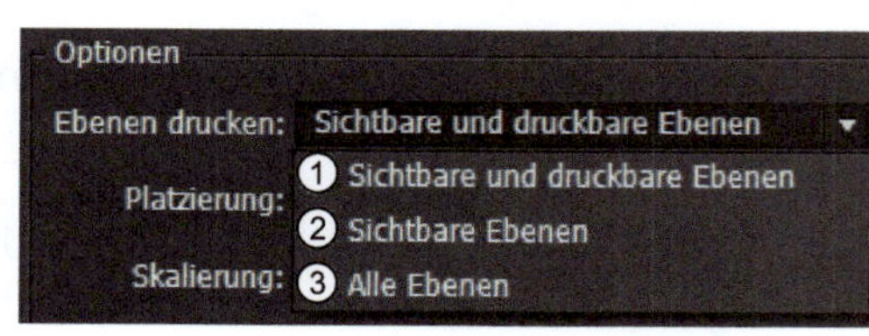

- ▶ Legen Sie gegebenenfalls weitere Einstellungen für den Ausdruck fest und klicken Sie abschließend auf *Drucken*.

7.3 Mit Objekten auf Ebenen arbeiten

Objekte über das Ebenen-Bedienfeld auswählen, ausblenden und sperren

Das Ebenen-Bedienfeld lässt sich auch als Schaltzentrale für das Organisieren, Anordnen und Bearbeiten von Objekten verwenden.

Sie können die folgenden Erläuterungen mithilfe der Beispieldatei *Objekte auf Ebenen* nachvollziehen.

- Sie können die im Ebenen-Bedienfeld aufgelisteten Objekte auf die gleiche Weise wie Ebenen über die Schaltfläche ① ausblenden bzw. einblenden und über die Schaltfläche ② sperren bzw. entsperren .
- Um den Namen eines Objekts zu ändern, klicken Sie im Ebenen-Bedienfeld doppelt auf den betreffenden Objekt**namen**. Geben Sie den neuen Namen ein und drücken Sie ⏎.

Mithilfe des Ebenen-Bedienfelds können Sie schnell Attribute von Objekten übertragen. Wählen Sie hierzu das Ursprungsobjekt im Bedienfeld aus und ziehen Sie das zugehörige Symbol bzw. auf den Eintrag des Objekts, auf das Sie die Attribute übertragen möchten.

Die Anordnung von Objekten in der Zeichnung ändern

Die Reihenfolge, in der die Objekte einer Ebene im Ebenen-Bedienfeld aufgelistet werden, repräsentiert die Anordnung dieser Objekte in der Zeichnung.

Möchten Sie etwa, dass in der Beispieldatei *Objekte auf Ebenen* der Kreis vor dem Quadrat angezeigt wird, gehen Sie folgendermaßen vor:

Objekte zwischen Ebenen verschieben bzw. kopieren

- ▶ Stellen Sie sicher, dass im Ebenen-Bedienfeld die Objekte sämtlicher Ebenen angezeigt werden.

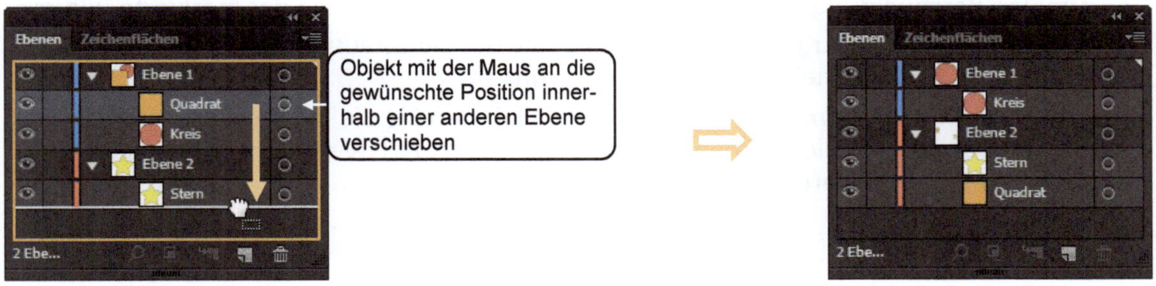

Wenn Sie beim Ziehen zusätzlich Alt drücken, wird das entsprechende Objekt auf die andere Ebene kopiert.

7.4 Mit Schnittmasken arbeiten

Grundlagen zu Schnittmasken

Soll von einem Bild (z. B. einer Pixel-Grafik) nur ein bestimmter Bereich in der Zeichnung sichtbar sein, können Sie dies mithilfe einer Schnittmaske realisieren.

Bei einer Schnittmaske werden alle Bildbereiche ausgeblendet, die sich außerhalb eines **über** dem Bild liegenden geschlossenen Pfads (dem sogenannten **Beschneidungspfad**), befinden.

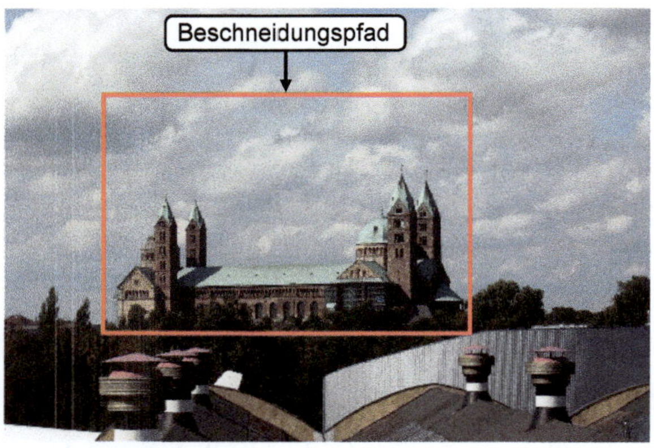

Originalbild

Schnittmaske

Sie können die nachfolgenden Erläuterungen anhand der Beispieldatei *Schnittmasken* nachvollziehen.

Schnittmaske erstellen

- Legen Sie den anzuzeigenden Bildausschnitt fest, indem Sie über dem betreffenden Bild einen Beschneidungspfad zeichnen, z. B. mit dem Rechteck-Werkzeug.
- Wählen Sie den Beschneidungspfad aus und rufen Sie *Objekt - Anordnen - In den Vordergrund* auf.
- Wählen Sie nun den Beschneidungspfad und das Bild mit dem Auswahlwerkzeug aus und rufen Sie *Objekt - Schnittmaske - Erstellen* auf.

Sämtliche Bildteile, die sich außerhalb des Beschneidungspfads befanden, werden ausgeblendet; der Beschneidungspfad wird ohne Fläche und Kontur dargestellt.

- ✔ Sie können bei Bedarf den in der Schnittmaske angezeigten Bildbereich ändern. Klicken Sie hierzu mit dem Direktauswahl-Werkzeug auf das maskierte Bild. Ändern Sie den Bildausschnitt, indem Sie das Bild mit der Maus in die gewünschte Richtung ziehen.
- ✔ Um den Beschneidungspfad nachträglich zu ändern, wählen Sie das maskierte Bild mit dem Auswahlwerkzeug aus. Aktivieren Sie das Direktauswahl-Werkzeug und bearbeiten Sie Beschneidungspfad wie gewünscht.
- ✔ Über *Objekt - Schnittmaske - Zurückwandeln* können Sie die Maskierung wieder aufheben. Der ursprünglich vorhandene Beschneidungspfad, wird anschließend ohne Kontur und Fläche dargestellt.

7.5 Schnellübersicht

Sie möchten ...	
das Ebenen-Bedienfeld einblenden	*Fenster - Ebenen* oder im Verankerungsbereich: oder F7
eine neue Ebenen bzw. Unterebene erstellen	Im Ebenen-Bedienfeld: bzw.
eine Ebene umbenennen	Im Ebenen-Bedienfeld: Ebenen**name** doppelt anklicken
die Reihenfolge der Ebenen ändern	Im Ebenen-Bedienfeld: Ebene an die gewünschte Position ziehen
eine Ebene oder ein Objekt aus- bzw. einblenden	Im Ebenen-Bedienfeld: in der ersten Spalte neben der Ebene oder dem Objekt bzw. anklicken
eine Ebene oder ein Objekt sperren bzw. entsperren	Im Ebenen-Bedienfeld: in der zweiten Spalte neben der Ebene oder dem Objekt bzw. anklicken
eine Ebene löschen	Im Ebenen-Bedienfeld: Ebene markieren,
die Eigenschaften einer Ebene festlegen	Im Ebenen-Bedienfeld: Ebenensymbol doppelt anklicken
eine Schnittmaske erstellen	*Objekt - Schnittmaske - Erstellen*

7.6 Übung

Schnittmaske erstellen

Level		**Zeit**	ca. 5 min
Übungsinhalte	✔ Schnittmaske erstellen und verwenden		
Übungsdatei	*Monitor*		
Ergebnisdatei	*Monitor-E*		

① Öffnen Sie die Übungsdatei *Monitor*.

② Zeichnen Sie einen Beschneidungspfad, der den kompletten Bildschirmbereich des Monitors einrahmt.

③ Erstellen Sie eine Schnittmaske. Achten Sie dabei darauf, dass bei Aufruf des entsprechenden Menüpunkts der Monitor **nicht** markiert ist.

④ Verschieben Sie den in der Schnittmaske angezeigten Bildbereich so, dass auf dem Bildschirm die Burg zu sehen ist.

⑤ Speichern Sie die Datei unter dem Namen *Monitor-E*.

Ergebnisdatei „Monitor-E"

8 Mit Farben und Konturen arbeiten

In diesem Kapitel erfahren Sie

- wie Sie Objekten eine Kontur- oder Flächenfarbe zuweisen
- wie Sie Farben und Farbharmonien definieren
- wie Sie Kontureigenschaften festlegen
- wie Sie Flächen- und Kontureigenschaften übertragen

Voraussetzungen

- Objekte bzw. Pfade zeichnen und bearbeiten

8.1 Farben einstellen

Die Farbe im Farbwähler einstellen

Neben den bereits erwähnten Möglichkeiten, Farben auszuwählen, können Sie auch den sogenannten Farbwähler nutzen.

- ▶ Wählen Sie das betreffende Objekt aus.
- ▶ Klicken Sie im Werkzeugbedienfeld doppelt auf die Schaltfläche ☐ ① bzw. ▣ ②, um eine Farbe als Flächen- bzw. Konturfarbe einzustellen.

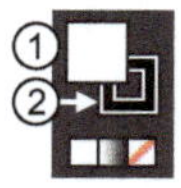

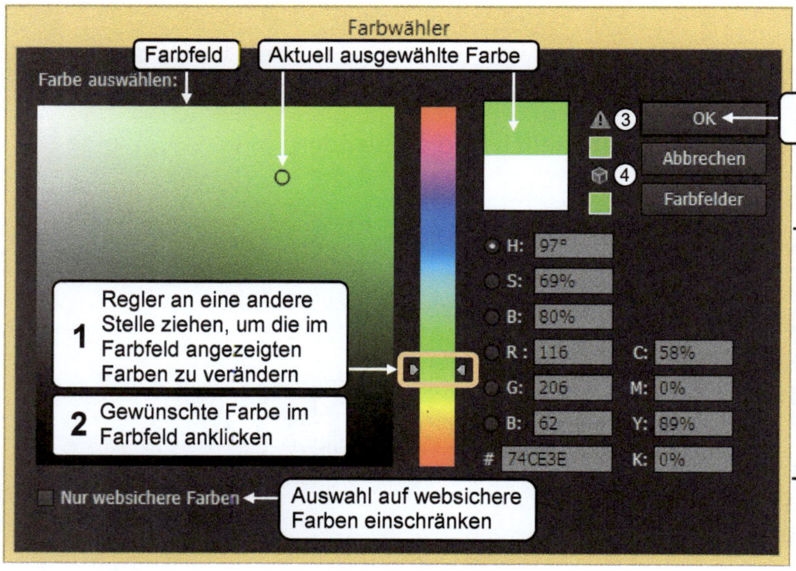

- Falls die neue Farbe außerhalb des druckbaren Farbumfangs (CMYK-Farbraum) liegt, wird die Schaltfläche ⚠ ③ angezeigt. Klicken Sie sie an, um die druckbare Farbe zu wählen, die der ursprünglich festgelegten Farbe am nächsten kommt.
- Kann die ausgewählte Farbe auf Systemen mit 256 Farben nicht korrekt dargestellt werden, wird die Schaltfläche ④ eingeblendet. Sie können durch Anklicken der Schaltfläche eine websichere Farbe wählen, die der ursprünglich festgelegten Farbe am nächsten kommt.

Flächen- oder Konturfarbe im Farbe-Bedienfeld einstellen

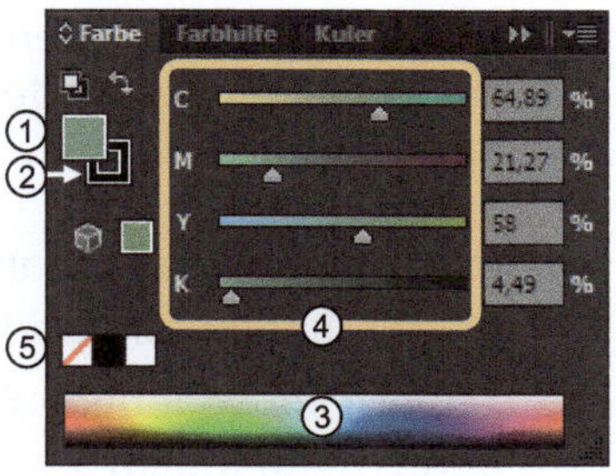

- ▶ Wählen Sie das zu färbende Objekt aus.
- ▶ Blenden Sie das Farbe-Bedienfeld über *Fenster - Farbe* ein.

  Alternative: (im Verankerungsbereich)
- ▶ Rufen Sie im Bedienfeldmenü *Optionen einblenden* auf, um alle Einstellmöglichkeiten anzuzeigen.
- ▶ Je nachdem, ob Sie die Flächen- oder Konturfarbe festlegen möchten, aktivieren Sie die Schaltfläche ① oder ②.
- ▶ Klicken Sie im Farbspektrum ③ auf die gewünschte Farbe.

  oder Verschieben Sie im Bereich ④ die entsprechenden Schiebregler.
- ▶ Möchten Sie die Flächenfarbe / die Kontur des Objekts entfernen, klicken Sie auf ⑤.

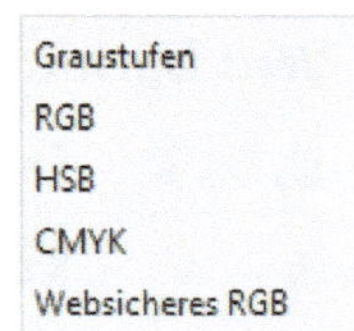

- ✔ Sie können bei Bedarf über die neben abgebildeten Bedienfeldmenüpunkte ein anderes Farbmodell wählen.
- ✔ Mithilfe der Schaltfläche können Sie eine websichere Farbe wählen, die der ursprünglich festgelegten Farbe am nächsten kommt.

8.2 Mit dem Farbfelder-Bedienfeld arbeiten

Das Farbfelder-Bedienfeld einblenden

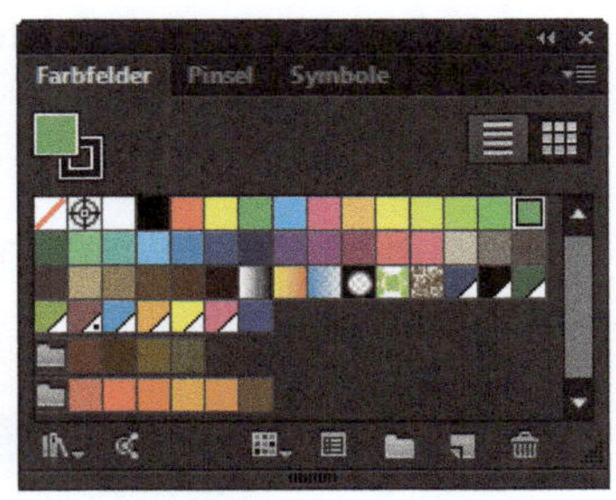

Mithilfe des Farbfelder-Bedienfeldes lassen sich sowohl Farben als auch Farbverläufe und Muster (vgl. Kapitel 9) verwalten.

- ▶ Rufen Sie *Fenster - Farbfelder* auf.

  Alternativen: (im Verankerungsbereich) oder bzw. (im Steuerungsbedienfeld)

- ✔ Das Farbfelder-Bedienfeld enthält standardmäßig bereits verschiedene **Prozessfarben** (z. B.). Prozessfarben werden als Kombination der vier Standarddruckfarben Cyan, Magenta, Gelb und Schwarz (CMYK) gedruckt.
- ✔ Bei **globalen Farben** (z. B.) werden sämtliche Änderungen, die Sie am betreffenden Farbfeld vornehmen, auf alle Objekte übertragen, denen die Farbe zugewiesen wurde.
- ✔ **Volltonfarben** (z. B.) sind vorgemischte, bereits definierte Druckfarben. Volltonfarben werden automatisch als globale Farben angelegt.
- ✔ Das Farbfelder-Bedienfeld kann auch die Farben einer **Farbgruppe** enthalten. Sie erkennen eine Farbgruppe am vorangestellten Ordnersymbol .

- ✔ Wurde dem aktuell ausgewählten Objekt ein Farbfeld zugewiesen, ist dieses im Bedienfeld markiert.

Über am unteren Rand des Bedienfeldes lassen sich verschiedene Farb-Bibliotheken öffnen, über die Sie auf eine Vielzahl weiterer Farben bzw. Farbgruppen zugreifen können.

- ✔ Sie können im Farbfelder-Bedienfeld bei Bedarf alle Farben ausblenden, die nicht in der aktuellen Zeichnung verwendet werden. Aktivieren Sie hierzu im Bedienfeldmenü *Alle nicht verwendeten auswählen*, klicken Sie auf und bestätigen Sie mit *Ja*.
- ✔ Um sicherzustellen, dass alle in der Zeichnung verwendeten Farben im Farbfelder-Bedienfeld angezeigt werden, rufen Sie den Bedienfeldmenüpunkt *Verwendete Farben hinzufügen* auf.

Die Listenansicht des Farbfelder-Bedienfelds verwenden

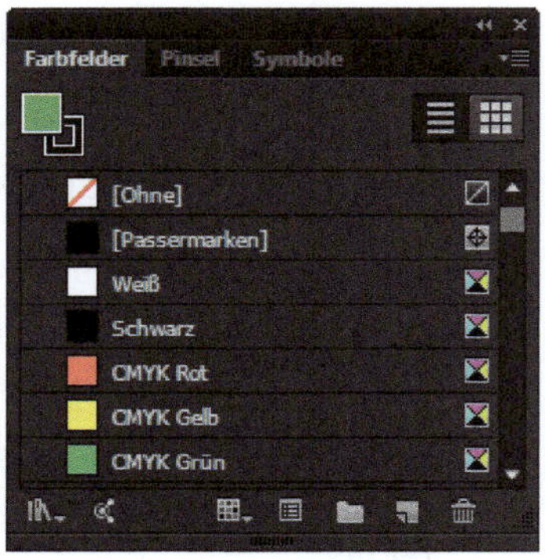

In der Listenansicht werden neben den Farbfeldern zusätzliche Informationen eingeblendet, beispielsweise der Farbname und das jeweilige Farbmodell.

- Um die Listenansicht anzuzeigen, klicken Sie am rechten oberen Bedienfeldrand auf ☰.
- Ändern Sie gegebenenfalls die Reihenfolge der Farben im Bedienfeld, indem Sie das Farbfeld an die gewünschte Position ziehen.

i
- ✔ Die Farben einer Farbgruppe blenden Sie ein, indem Sie auf ▶ neben dem Ordnersymbol klicken.
- ✔ Mithilfe der Schaltfläche ▦ können Sie wieder die Miniaturansichten einblenden.

Was bedeuten die Symbole in der Liste der Farbfelder?	
, ,	Farbmodell, aus dem die definierte Farbe stammt: = CMYK, = RGB, = Lab
	Keine Farbe
,	Farbtyp: = globale Farbe, = Volltonfarbe

Farbfelder zum Farbfelder-Bedienfeld hinzufügen

- Wählen Sie im Bedienfeld das Farbfeld, dessen Farbe der gewünschten Farbe am nächsten kommt.
- Klicken Sie auf .
- Nehmen Sie die gewünschten Einstellungen vor und bestätigen Sie diese mit *OK*.

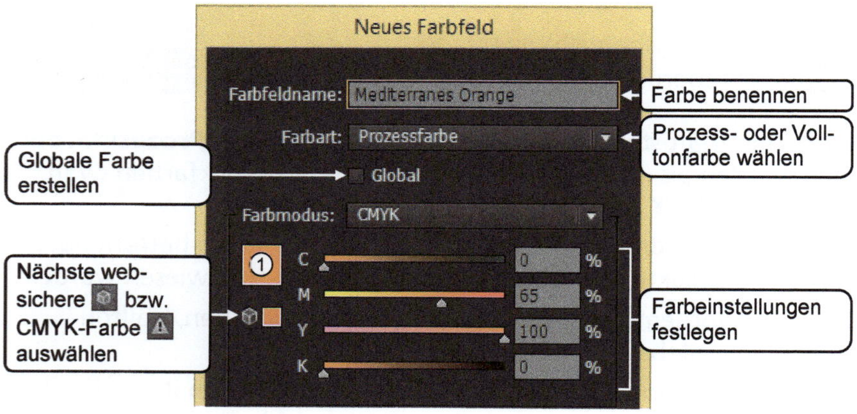

Die aktuell ausgewählte Farbe wird im Feld ① angezeigt.

Farbfelder bearbeiten

- Klicken Sie doppelt auf das Farbfeld, das Sie bearbeiten möchten.

  Die Einstellungsmöglichkeiten im folgenden Dialogfenster entsprechen weitgehend denen des oben abgebildeten Dialogfensters *Neues Farbfeld*.
- Nehmen Sie die gewünschten Einstellungen vor und bestätigen Sie diese mit *OK*.

i Möchten Sie, dass ein bestimmtes Farbfeld nicht mehr im Farbfelder-Bedienfeld angezeigt wird, wählen Sie s im Bedienfeld aus und klicken Sie auf .

Farbnuancen erstellen

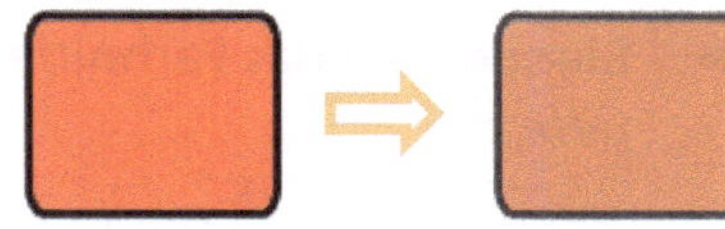

Wenn Sie die Intensität einer Farbe ändern, können Sie unterschiedliche Farbnuancen der Farbe erzeugen.

- ▶ Wählen Sie auf der Zeichenfläche ein farbiges Objekt aus, von dessen Farbe Sie Farbnuancen erstellen möchten.
- ▶ Rufen Sie *Bearbeiten - Farben bearbeiten - Sättigung erhöhen* auf.

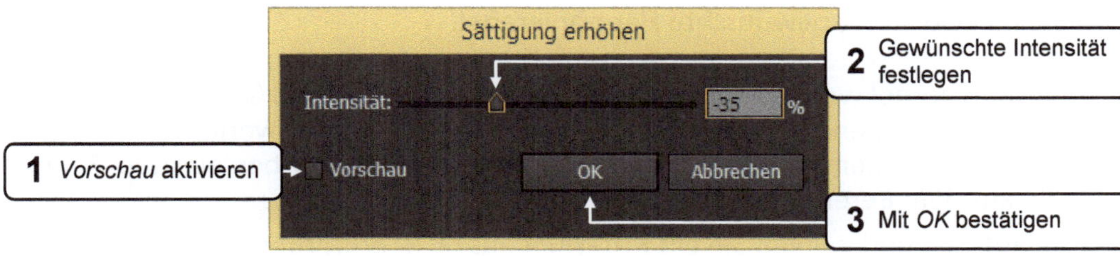

Sie können nun für die Farbnuance wie zuvor erläutert im Farbfelder-Bedienfeld über ein neues Farbfeld hinzufügen.

Farben in Farbgruppen zusammenstellen

In Farbgruppen können Sie die für die Gestaltung einer Zeichnung wichtigen Farben zusammenfassen (z. B. die Farben eines Corporate Designs).

- ▶ Markieren Sie im Farbfelder-Bedienfeld bei gedrückter ⇧-Taste die entsprechenden Farbfelder und klicken Sie auf .

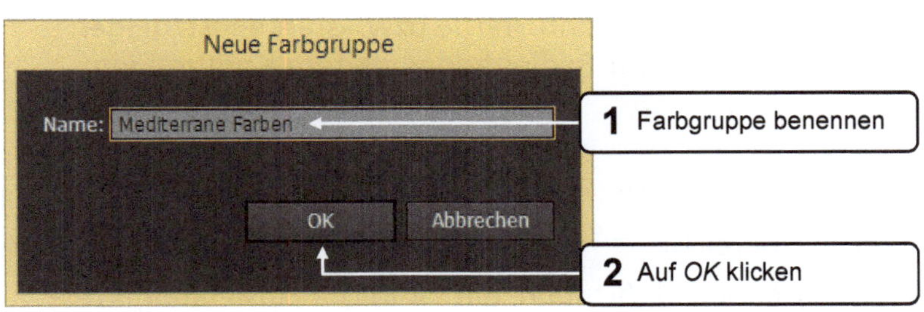

Die neue Farbgruppe wird im unteren Bereich des Bedienfeldes angezeigt.

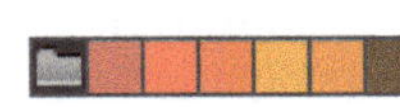

- ✔ Möchten Sie eine Farbgruppe löschen, markieren Sie diese durch Anklicken des betreffenden Ordnersymbols , klicken Sie auf und bestätigen Sie die Rückfrage mit *Ja*.
- ✔ Um Farben der Gruppe hinzuzufügen bzw. zu löschen, ziehen Sie die entsprechenden Farbfelder in die bzw. aus der Gruppe.
- ✔ Um die Gruppe aufzulösen und die Farbfelder wieder einzuordnen, markieren Sie die Gruppe und rufen Sie im Bedienfeldmenü *Gruppierung der Farbgruppe aufheben* auf.

8.3 Farbharmonien erstellen

Farbharmonien im Farbhilfe-Bedienfeld auswählen

Das Farbhilfe-Bedienfeld bietet Ihnen die Möglichkeit, schnell zu einer ausgewählten Basisfarbe harmonische Farben auszuwählen. Hierzu stehen Ihnen im Bedienfeld unterschiedliche Harmonieregeln zur Verfügung.

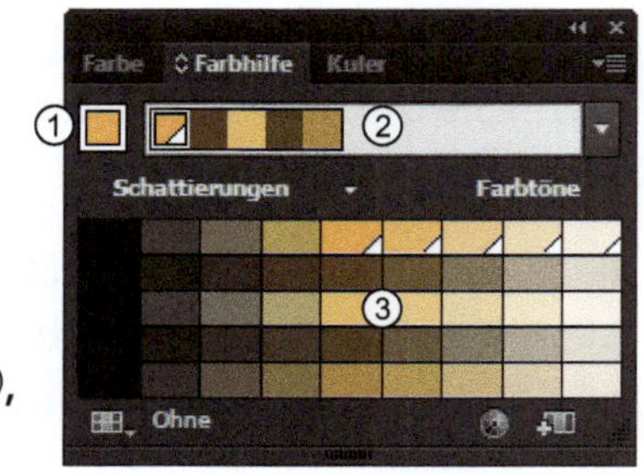

- Blenden Sie das Farbhilfe-Bedienfeld über *Fenster - Farbhilfe* ein.

  Alternative: (im Verankerungsbereich)
- Markieren Sie auf der Zeichenfläche das Objekt, das die gewünschte Basisfarbe enthält.
- Klicken Sie im Farbhilfe-Bedienfeld auf die Schaltfläche ①, um die Basisfarbe zu übernehmen.
- Wählen Sie im Feld ② die gewünschte Harmonieregel.

✔ Je nach Harmonieregel werden unterschiedlich viele Farben im Feld ② eingeblendet. Von diesen Farben stehen Ihnen im Bereich ③ unterschiedliche Farbvarianten zur Verfügung. Sie können einem zuvor markierten Objekt sowohl die Farben aus dem Feld ② als auch die aus dem Bereich ③ zuweisen.

✔ Klicken Sie auf und wählen Sie ein Kriterium aus (z. B. *Erdfarben* oder *Hauttöne*), um die Farbvarianten im Bereich ③ entsprechend anzupassen.

Die im Feld ② aufgelisteten Farben können Sie als eigene Farbgruppe speichern. Klicken Sie hierzu im Farbhilfe-Bedienfeld auf . Die neue Farbgruppe wird nun im Farbfelder-Bedienfeld angezeigt.

8.4 Kontureigenschaften festlegen

Das Kontur-Bedienfeld verwenden

Neben den bereits erläuterten Möglichkeiten, die Konturfarbe bzw. -stärke festzulegen (vgl. Abschnitt 3.1), können Sie mithilfe des Kontur-Bedienfeldes weitere Kontureigenschaften bestimmen.

- Blenden Sie das Kontur-Bedienfeld über *Fenster - Kontur* ein.

  Alternative: (im Verankerungsbereich)
- Wählen Sie im Bedienfeldmenü *Optionen einblenden*, um sämtliche Einstellmöglichkeiten des Bedienfeldes anzuzeigen.

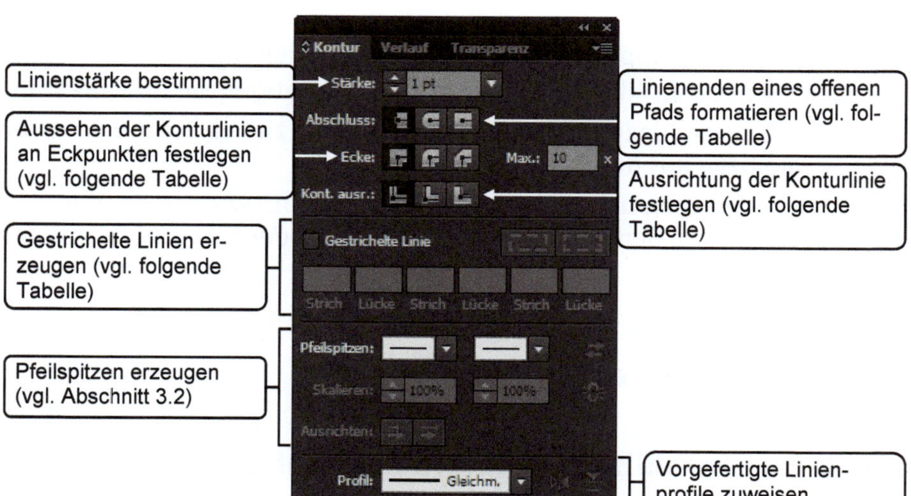

Haben Sie kein Objekt ausgewählt und nehmen Einstellungen im Kontur-Bedienfeld vor, werden diese als Voreinstellungen für alle neu erstellten Objekte genutzt.

Sie möchten ...		
die Linienenden eines offenen Pfads formatieren	▶ Wählen Sie im Bereich *Abschluss*, ob die Linienenden abgeflacht, abgerundet oder überstehend dargestellt werden.	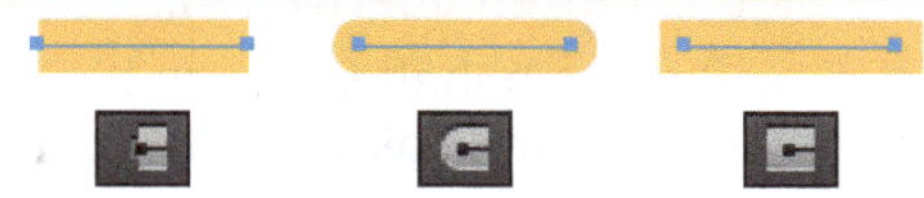
das Aussehen der Konturlinien an Eckpunkten festlegen	▶ Wählen Sie im Bereich *Ecke*, ob die Ecken des Objekts als sogenannte Gehrungsecken, abgerundet oder abgeflacht dargestellt werden.	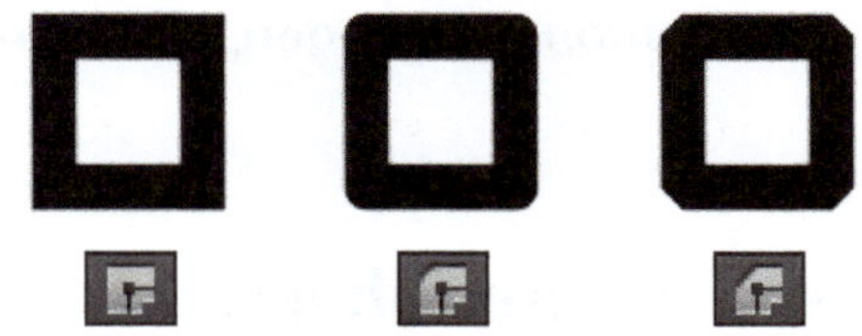
bestimmen, wie die Konturlinie ausgerichtet wird	▶ Legen Sie im Bereich *Kont. ausr.* fest, ob die Konturlinie mittig, an der Innenkante oder an der Außenkante des Pfades ausgerichtet wird.	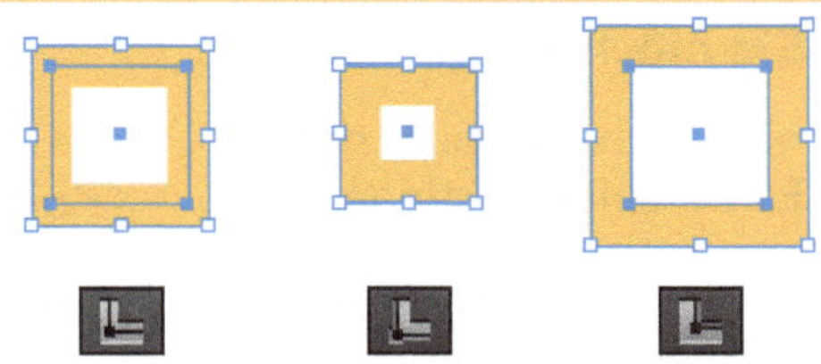
gestrichelte Linien erstellen	▶ Aktivieren Sie das Kontrollfeld *Gestrichelte Linie*. ▶ Legen Sie in den darunter liegenden Feldern die gewünschte Strich- bzw. Lückenlänge fest. ▶ Aktivieren Sie, wenn sich die Striche und Lücken gleichmäßig auf der Objektkontur verteilen sollen. ▶ Klicken Sie auf, wenn sich die Striche/Lücken an die Konturecken anpassen sollen.	

8.5 Formatierungen mit dem Pipette-Werkzeug übertragen

Flächen- und Kontureigenschaften kopieren und zuweisen

Mithilfe des Pipette-Werkzeugs können Sie schnell sämtliche Flächen- und Kontureigenschaften eines Objekts auf andere Objekte übertragen.

▶ Aktivieren Sie das Pipette-Werkzeug.

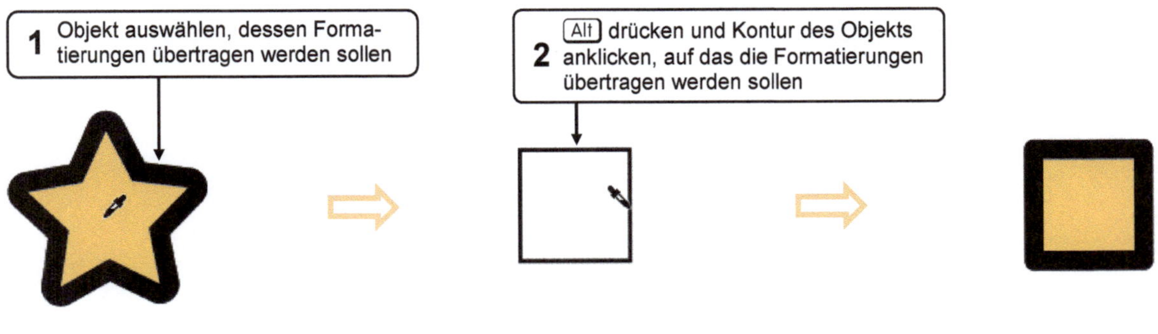

- Sie können nacheinander beliebig vielen Objekten die aufgenommenen Formateigenschaften übertragen.
- Die Pipette behält so lange die geladenen Formateigenschaften, bis Sie entweder eine freie Stelle im Dokumentfenster anklicken oder ein anderes Werkzeug aktivieren.

Standardmäßig wirkt sich das Pipette-Werkzeug auf alle Grafikattribute eines Objekts aus. Nach einem Doppelklick auf das Pipette-Werkzeug können Sie im Dialogfenster *Pipette-Optionen* festlegen, welche Attribute berücksichtigt und übertragen werden sollen.

8.6 Schnellübersicht

Sie möchten ...	
eine Farbe mithilfe des Farbwählers festlegen	Im Werkzeugbedienfeld: Doppelklick auf *Fläche* oder *Kontur*
das Farbe-Bedienfeld einblenden	*Fenster - Farbe* oder im Verankerungsbereich:
das Farbfelder-Bedienfeld einblenden	*Fenster - Farbfelder* oder im Verankerungsbereich:
im Farbfelder-Bedienfeld die Listenansicht verwenden	Im Farbfelder-Bedienfeld:
Farbfelder zum Farbfelder-Bedienfeld hinzufügen	Im Farbfelder-Bedienfeld:
Farbfelder im Farbfelder-Bedienfeld bearbeiten	Im Farbfelder-Bedienfeld: Farbfeld doppelt anklicken
Farbnuancen erstellen	*Bearbeiten - Farben bearbeiten - Sättigung erhöhen*
Farbgruppen im Farbfelder-Bedienfeld erstellen	Im Farbfelder-Bedienfeld: ⇧ drücken und die entsprechenden Farbfelder markieren,
das Farbhilfe-Bedienfeld anzeigen	*Fenster - Farbhilfe* oder im Verankerungsbereich:
das Kontur-Bedienfeld einblenden	*Fenster - Kontur* oder im Verankerungsbereich:
Formatierungen übertragen	, Objekt auswählen, dessen Formatierungen übertragen werden sollen Alt drücken und Objekt auswählen, das die betreffenden Formatierungen übernehmen soll
die Einstellungen für das Pipette-Werkzeug ändern	Doppelklick auf

8.7 Übung

Mit Farben arbeiten

Level		**Zeit**	ca.10 min
Übungsinhalte	✔ Farben zuweisen und bearbeiten ✔ Flächen- und Kontureigenschaften übertragen		
Übungsdatei	*Musiker*		
Ergebnisdatei	*Musiker-E*		

① Öffnen Sie die Übungsdatei *Musiker*.

② Blenden Sie das Farbfelder-Bedienfeld ein und legen Sie fest, dass die dortigen Farbfelder in der Listenansicht (*Kleine Liste*) angezeigt werden.

③ Übertragen Sie die Flächen- und Kontureigenschaften der farbigen Objekte aus der oberen Zeichnung mithilfe des Pipette-Werkzeugs auf die entsprechenden Objekte der unteren Zeichnung.

④ Laden Sie die Farb-Bibliothek *Druck* (- *Standard-Farbfelder*) und weisen Sie der Hintergrundfläche auf der unteren Zeichnung die Farbe *CMYK-Cyan* zu.

⑤ Legen Sie fest, dass sämtliche verwendete Farben im Farbfelder-Bedienfeld angezeigt werden. Die zuvor zugewiesene Farbe *CMYK-Cyan* wird nun im Farbfelder-Bedienfeld unter der Bezeichnung *C=100 M=0 Y=0 K=0* angezeigt.

⑥ Ändern Sie entsprechend der nebenstehenden Abbildung die Farbwerte der Farbe *CMYK-Cyan* und beobachten Sie die automatische Aktualisierung der unteren Hintergrundfläche. Vergeben Sie für die geänderte Farbe den Namen *Cyan bearbeitet*.

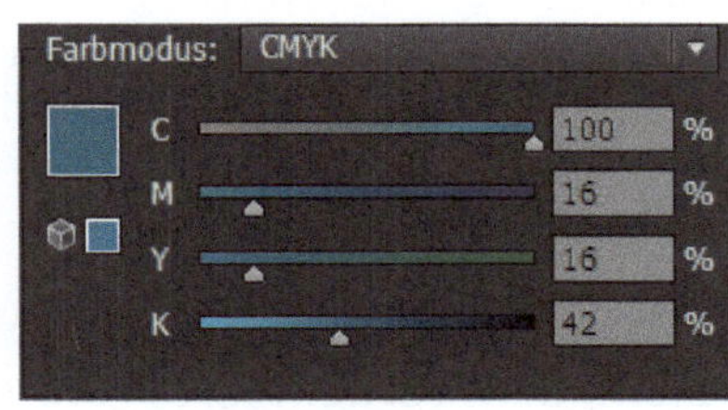

⑦ Speichern Sie die Datei unter dem Namen *Musiker-E*.

Übungsdatei „Musiker"

Ergebnisdatei „Musiker-E"

9 Farbverläufe, Muster und Transparenz

In diesem Kapitel erfahren Sie

- wie Sie Farbverläufe bzw. Muster zuweisen, erstellen und bearbeiten
- wie Sie die Deckkraft reduzieren
- wie Sie Grafikstile verwenden
- wie Sie mit dem Aussehen-Bedienfeld arbeiten

Voraussetzungen

- Objekte bzw. Pfade zeichnen und bearbeiten
- Mit Farben arbeiten

9.1 Farbverläufe zuweisen und ändern

Farbverläufe zuweisen

Im Farbfelder-Bedienfeld stehen Ihnen bereits vordefinierte lineare ① bzw. kreisförmige ② Farbverläufe zur Verfügung, die Sie wie gewohnt markierten Objekten zuweisen können.

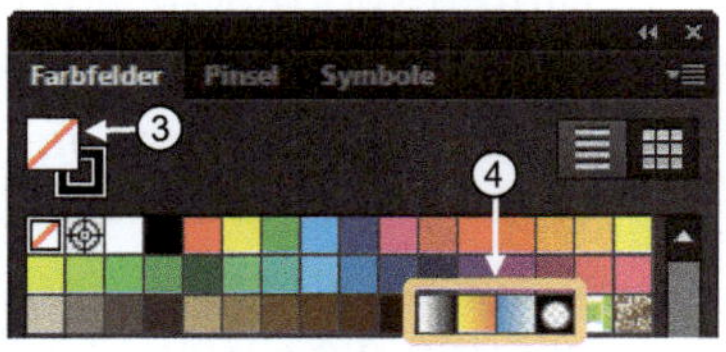

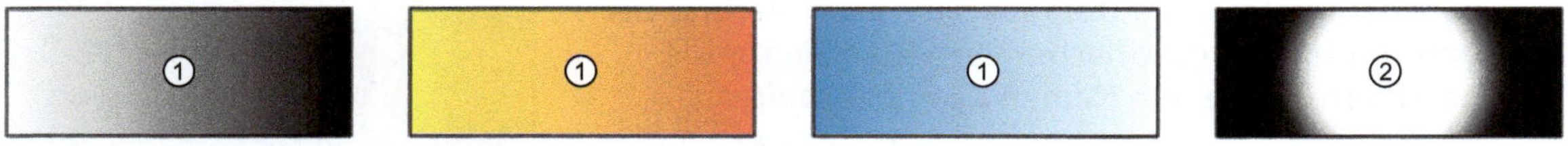

Objekt, dem vordefinierte Farbverläufe zugewiesen wurden

- Blenden Sie das Farbfelder-Bedienfeld ein, z. B. über *Fenster - Farbfelder*.
- Wählen Sie die Objekte aus, denen Sie einen Farbverlauf zuweisen möchten.
- Klicken Sie im Farbfelder-Bedienfeld auf die Schaltfläche ③ und klicken Sie anschließend auf den gewünschten Verlauf ④.

Sie können im Farbfelder-Bedienfeld über - *Verläufe* verschiedene Bibliotheken öffnen, über die Sie auf eine Vielzahl weiterer Farbverläufe zugreifen können.

Farbverläufe bearbeiten

Variante 1: Farbverläufe mit dem Verlauf-Bedienfeld ändern

- Markieren Sie das Objekt, dessen Farbverlauf Sie nachträglich anpassen möchten.

  oder Wählen Sie im Farbfelder-Bedienfeld bzw. in einer geöffneten Farbfelder-Bibliothek den Verlauf, den Sie bearbeiten möchten.
- Blenden Sie das Verlauf-Bedienfeld über *Fenster - Verlauf* ein.

  Alternative: (im Verankerungsbereich)
- Werden nicht alle Optionen des Bedienfelds angezeigt, rufen Sie im Bedienfeldmenü *Optionen einblenden* auf.

Im Verlauf-Bedienfeld lässt sich der Verlauf über den Verlaufsregler individuell anpassen.

- ✔ Mithilfe der Übergangspunkte unterhalb des Verlaufsreglers können Sie die einzelnen Farben des Verlaufs anpassen.
- ✔ Die Mittelpunkte ◆ oberhalb des Verlaufsreglers legen die Position fest, an der sich der Verlauf je zur Hälfte aus zwei Farben zusammensetzt.

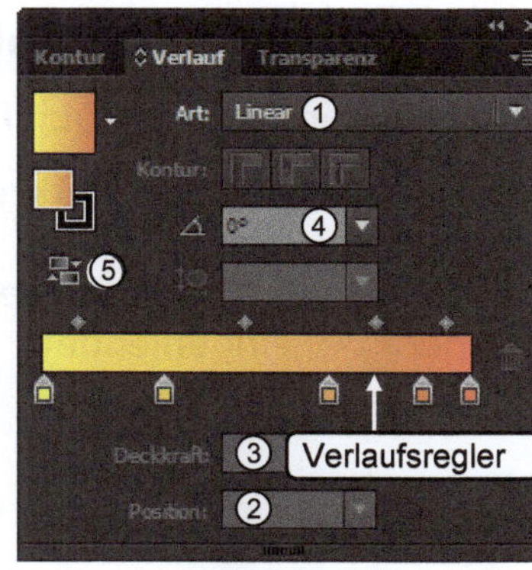

Bei kreisförmigen (radialen) Verläufen bestimmt der linke Übergangspunkt die Farbe in der Mitte und der rechte Übergangspunkt die Farbe am äußeren Rand des Verlaufs.

▶ Gestalten Sie den Verlauf nach Ihren Wünschen (vgl. folgende Tabelle).

Sie möchten ...	
einen kreisförmigen Verlauf erstellen	▶ Wählen Sie im Feld ① den Eintrag *Kreisförmig*.
eine Farbe im Verlauf platzieren	▶ Ziehen Sie den Übergangspunkt an die gewünschte Stelle. *oder* Klicken Sie auf den Übergangspunkt und geben Sie im Feld ② einen Prozentwert ein. Bei 0 % erscheint die Farbe am Anfang des Verlaufs, bei 100 % an dessen Ende.
die Position des Übergangs zwischen zwei Farben ändern	▶ Verschieben Sie den betreffenden Mittelpunkt. *oder* Klicken Sie auf den Mittelpunkt und geben Sie im Feld ② einen Wert zwischen 0 % und 100 % ein.
einem Übergangspunkt eine andere Farbe zuweisen	▶ Klicken Sie doppelt auf den Übergangspunkt. ▶ Legen Sie im eingeblendeten Bereich die Farbe mithilfe der dortigen Schieberegler fest. *oder* Klicken Sie auf und wählen Sie auf das gewünschte Farbfeld. 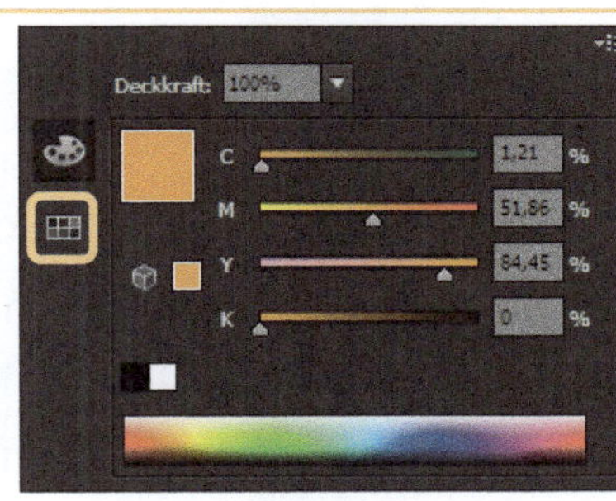
eine weitere Farbe in den Verlauf aufnehmen	▶ Klicken Sie unterhalb des Verlaufsreglers auf die gewünschte Position. Illustrator fügt einen neuen Übergangs- und Mittelpunkt ein, die wie beschrieben bearbeitet werden können.
Farben aus dem Verlauf entfernen	▶ Ziehen Sie den Übergangspunkt nach unten.
die Deckkraft der Farbe einstellen	▶ Klicken Sie auf den Übergangspunkt und geben Sie im Feld ③ einen Wert zwischen 0 % und 100 % ein.
den Verlauf drehen	▶ Geben Sie im Feld ④ einen Winkel zwischen -180° und 180° ein.
den Verlauf umkehren	▶ Klicken Sie auf ⑤.

Variante 2: Farbverläufe mit dem Verlaufswerkzeug ändern

- Markieren Sie das Objekt, dessen Farbverlauf Sie nachträglich anpassen möchten.
- Aktivieren Sie im Werkzeugbedienfeld das Verlaufswerkzeug .

Im markierten Objekt wird eine Verlaufsachse ① mit dem jeweiligen Startpunkt ② und Endpunkt ③ eingeblendet.

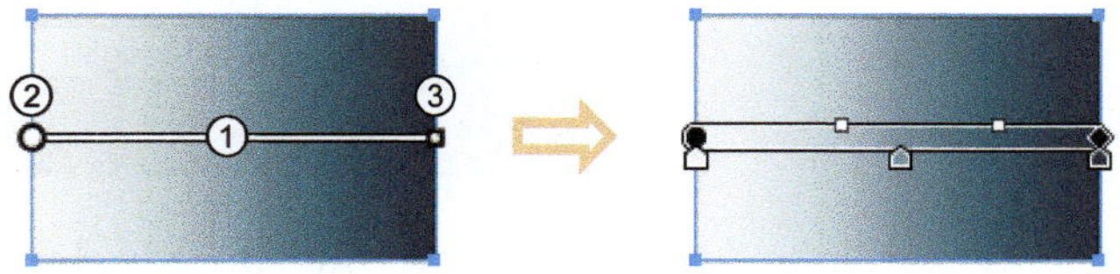

- Zeigen Sie mit der Maus auf die Verlaufsachse ①, um die Übergangs- und Mittelpunkte des Verlaufs anzuzeigen.

Sie können nun die vorhandenen Übergangs- bzw. Mittelpunkte direkt am Objekt anpassen. Gehen Sie dabei genauso vor wie zuvor beim Verlauf-Bedienfeld erläutert.

Möchten Sie die Richtung / den Winkel des Verlaufs ändern, verfahren Sie folgendermaßen:

- Markieren Sie das Objekt, dessen Farbverlauf Sie nachträglich anpassen möchten, und aktivieren Sie das Verlaufswerkzeug .
- Ziehen Sie die Maus außerhalb des Verlaufsgitters mit gedrückter Maustaste in der gewünschten Richtung und im gewünschten Winkel über das betreffende Objekt, um den Verlauf entsprechend anzupassen.

Ziehen Sie die Maus beispielsweise

- ✔ schräg von links unten nach rechts oben,

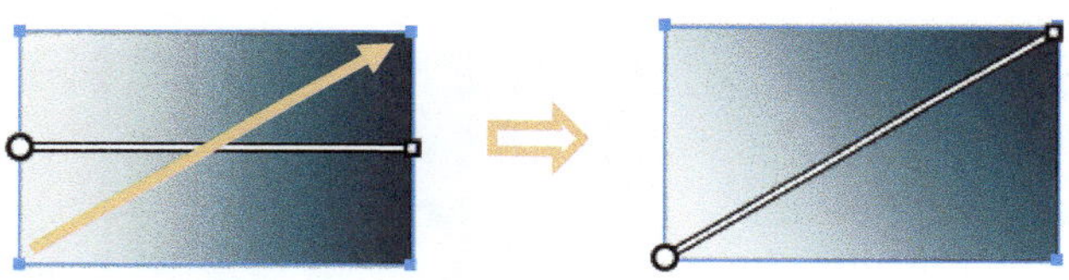

- ✔ horizontal von rechts nach links,

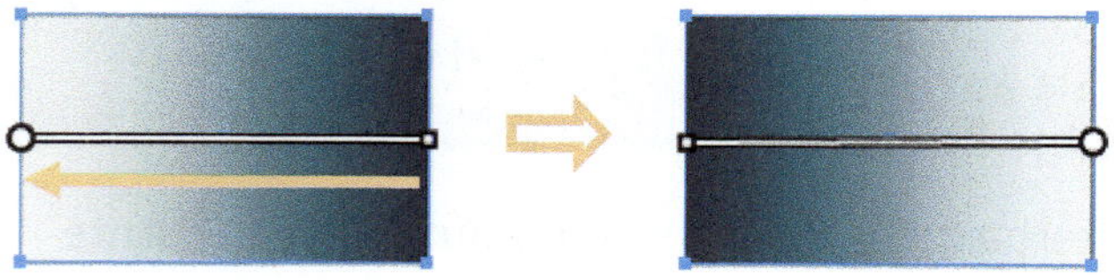

- ✔ vertikal von unten nach oben.

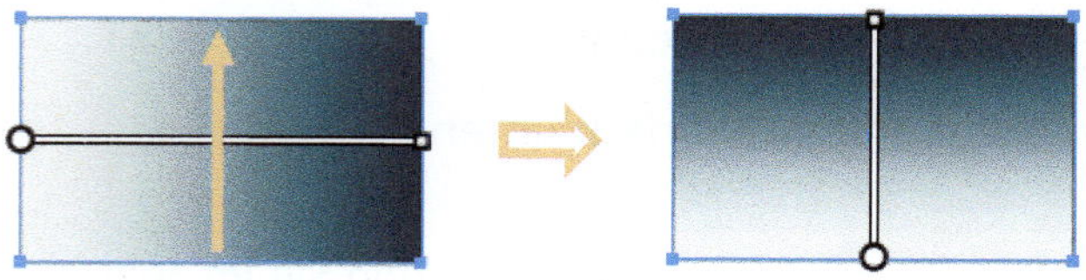

Neue Farbverlauf-Felder im Farbfelder-Bedienfeld erstellen

- Markieren Sie das Objekt, für dessen Farbverlauf Sie im Farbfelder-Bedienfeld ein neues Farbfeld hinzufügen möchten.
- Klicken Sie im Farbfelder-Bedienfeld auf , geben Sie im folgenden Dialogfenster einen Namen für das neue Farbfeld ein und bestätigen Sie mit *OK*.

Farbverläufe für den Druck umwandeln

Verläufe können auf manchen Druckern zu deutlich erkennbaren Farbabstufungen führen oder sie werden gar nicht ausgedruckt. Um diesen Effekt zu vermeiden, lassen sich die betreffenden Objekte in einen Satz gruppierter Objekte umwandeln.

- Markieren Sie das Objekt, dessen Fläche mit einem Verlauf gefüllt ist, und rufen Sie *Objekt - Umwandeln* auf.

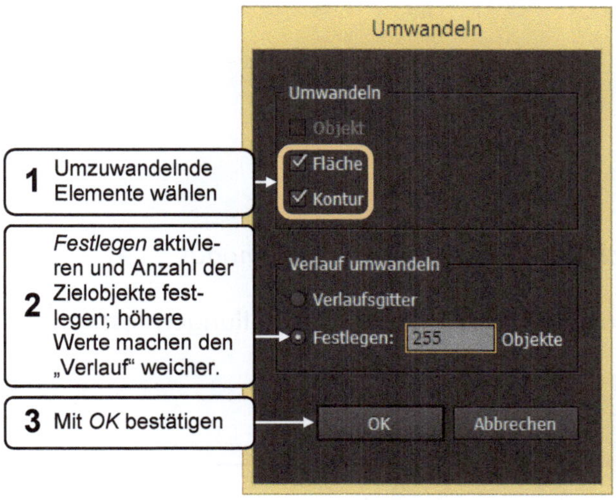

9.2 Mit Mustern arbeiten

Muster zuweisen

Markierten Objekten lassen sich über das Farbfelder-Bedienfeld neben Flächenfarben und Farbverläufen auch Muster als Füllungen zuweisen.

- Wählen Sie die Objekte aus, denen Sie ein Muster als Füllung zuweisen möchten.
- Klicken Sie im Farbfelder-Bedienfeld auf die Schaltfläche ① und klicken Sie anschließend auf das gewünschte Muster ②.

Sie können im Farbfelder-Bedienfeld über - *Muster* verschiedene Bibliotheken öffnen, über die Sie auf eine Vielzahl weiterer Muster zugreifen können.

Einfache Muster erstellen

- Zeichnen Sie die Objekte, die Sie als Muster verwenden möchten, und markieren Sie sie.
- Rufen Sie *Objekt - Muster - Erstellen* auf.
- Schließen Sie den eingeblendeten Hinweis mit *OK*.

Die zuvor markierten Objekte werden im **Musterbearbeitungsmodus** angezeigt. Mithilfe des dort geöffneten Dialogfensters *Musteroptionen* können Sie individuelle Eistellungen für das zu erstellende Muster vornehmen.

Ausgangsobjekte

Vorschau im Musterbearbeitungsmodus

- Legen Sie im Dialogfenster *Musteroptionen* die gewünschten Einstellungen fest.

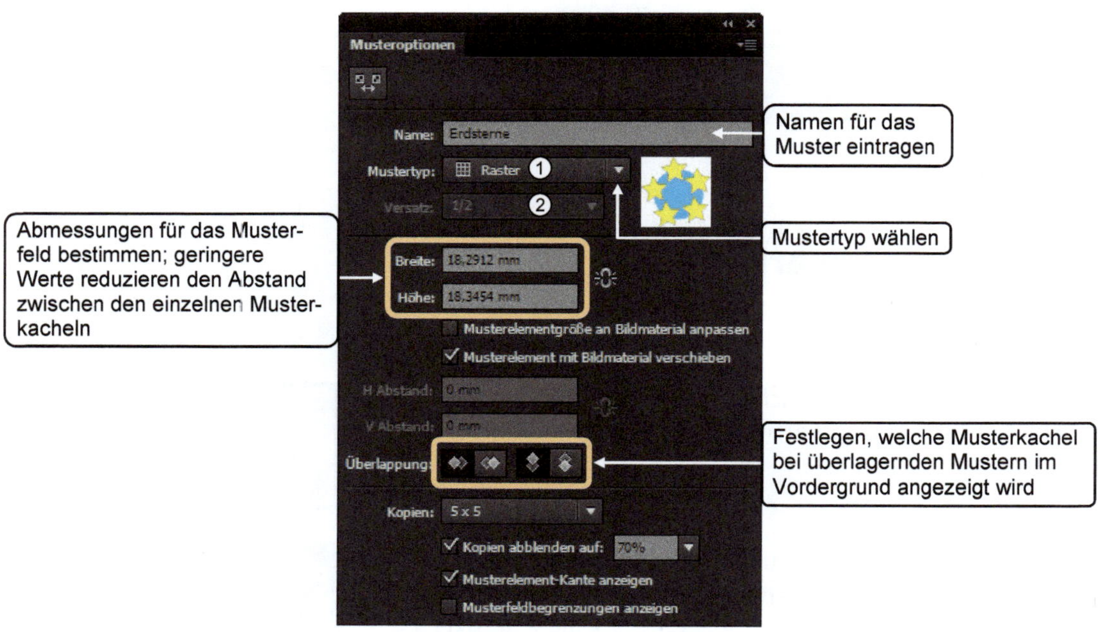

Haben Sie im Feld ① *Horiz.* bzw. *Vert. Versatz* gewählt, können Sie den gewünschten Versatz im Feld ② festlegen.

- Klicken Sie auf *Fertig* ③, um das Muster in das Farbfelder-Bedienfeld zu übernehmen.

Muster nachträglich bearbeiten

- Klicken Sie im Farbfelder-Bedienfeld doppelt auf das Muster und bearbeiten Sie das Muster wie gewünscht.

Die Änderungen werden sofort bei allen Objekten übernommen, denen das Muster zugewiesen wurde.

Damit sich beim Transformieren von Objekten die Änderungen auch auf die zugewiesenen Muster auswirken, muss im Dialogfenster *Voreinstellungen - Allgemein* (*Bearbeiten - Voreinstellungen - Allgemein*) das Kontrollfeld *Muster transformieren* aktiviert sein.

9.3 Deckkraft (Transparenz) einstellen

Deckkraft reduzieren

In der Standardeinstellung ist für die Flächen- und Konturenfüllung eine Deckkraft von 100 % eingestellt. Durch das Reduzieren der Deckkraft können Sie Objekten Transparenz zuweisen. Standardmäßig wirkt sich die Transparenzeinstellung gleichermaßen auf die Fläche und Kontur des Objekts aus.

- Blenden Sie das Transparenz-Bedienfeld über *Fenster - Transparenz* ein.

  Alternative: (im Verankerungsbereich)

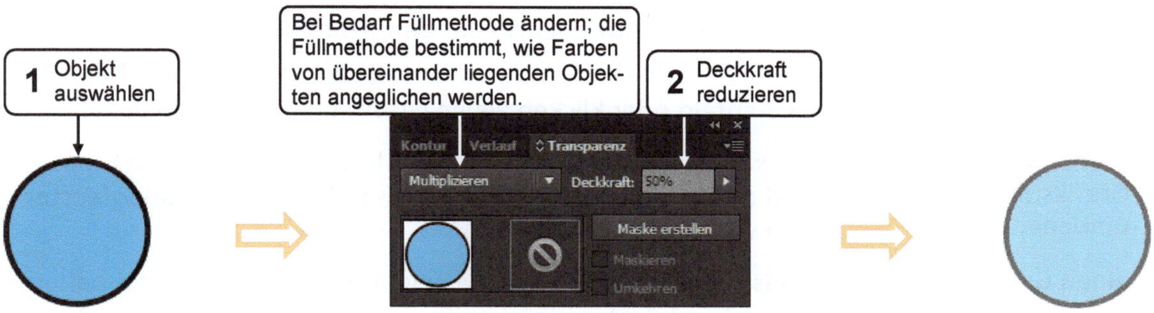

Möchten Sie eine Zeichnung, die transparente Objekte enthält, für die Verwendung in einem anderen Programm exportieren (*Datei - Exportieren*), wählen Sie als Dateityp z. B. *Photoshop (*.PSD)* oder *PNG (*.PNG)*, um die Transparenz zu erhalten.

9.4 Mit Grafikstilen arbeiten

Was sind Grafikstile?

Ein Grafikstil besteht aus einer Kombination verschiedener Grafikattribute (Flächenfüllungen, Kontureinstellungen sowie Transparenz und Effekte), die mit einem Klick auf die markierten Objekte übertragen werden.

Objekt, dem vordefinierte Grafikstile zugewiesen wurden

- ✔ Stile können Objekten, Gruppen und Ebenen zugewiesen werden.
- ✔ Wenn die Einstellungen eines Stils geändert werden, wird das Aussehen der Objekte, Gruppen und Ebenen, denen dieser Stil zugewiesen wurde, automatisch angepasst.
- ✔ Sie können schnell individuelle Stile erstellen.

Grafikstile zuweisen

- Blenden Sie das Grafikstile-Bedienfeld über *Fenster - Grafikstile* ein.

  Alternative: (im Verankerungsbereich)
- Markieren Sie das Objekt oder die Gruppe und klicken Sie im Bedienfeld auf den gewünschten Stil.

Über am unteren Rand des Grafikstile-Bedienfeldes können Sie verschiedene Bibliotheken öffnen, über die Sie auf eine Vielzahl weiterer Grafikstile zugreifen können.

Mit Grafikstilen arbeiten

Sie möchten ...	
bei einem Objekt den zugewiesenen Grafikstil entfernen	▶ Markieren Sie das Objekt und wählen Sie im Grafikstile-Bedienfeld den Standard-Grafikstil . Das Objekt erhält eine weiße Fläche mit einer schwarzen Kontur.
einen neuen Grafikstil erstellen	▶ Weisen Sie einem beliebigen Objekt die gewünschten Flächenfüllungen, Kontureneinstellungen, Transparenz und Effekte zu. ▶ Markieren Sie das Objekt und ziehen Sie es in das Grafikstile-Bedienfeld oder klicken Sie im Grafikstile-Bedienfeld auf .
vorhandene Grafikstile umbenennen	▶ Klicken Sie im Grafikstile-Bedienfeld doppelt auf das Miniaturbild des Stils und überschreiben Sie im folgenden Dialogfenster den vorgegebenen Namen.
einen Grafikstil ersetzen	▶ Weisen Sie einem Objekt die gewünschten Attribute zu, halten Sie Alt gedrückt und ziehen Sie das Objekt im Grafikstile-Bedienfeld auf das Miniaturbild des Stils, der ersetzt werden soll.
einen Grafikstil löschen	▶ Markieren Sie im Grafikstile-Bedienfeld den zu löschenden Stil, klicken Sie auf und bestätigen Sie die Rückfrage mit *Ja*.

9.5 Mit dem Aussehen-Bedienfeld arbeiten

Objektattribute im Aussehen-Bedienfeld anzeigen

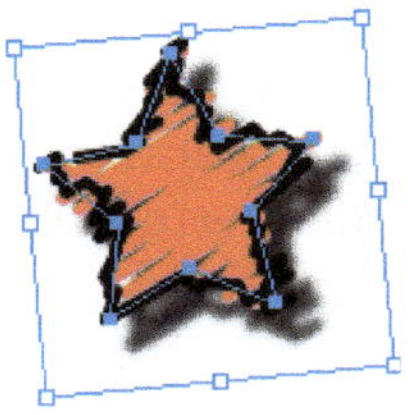

Das Aussehen-Bedienfeld bietet Ihnen einen Überblick über die Eigenschaften eines markierten Objekts oder einer markierten Gruppe. Die entsprechenden Attribute (z. B. Flächenfüllungen, Kontureinstellungen, Transparenz, Schnittmasken, Stile und Effekte) lassen sich direkt über das Bedienfeld anzeigen und bearbeiten.

- ▶ Markieren Sie das betreffende Objekt oder die Gruppe.
- ▶ Öffnen Sie das Aussehen-Bedienfeld, indem Sie *Fenster - Aussehen* aufrufen.

  Alternative: (im Verankerungsbereich)

- ✔ Über bzw. lassen sich bei bestimmten Attributen weitere Kategorien ein- bzw. auszublenden.
- ✔ Effekte werden im Bedienfeld mit dem Symbol gekennzeichnet.

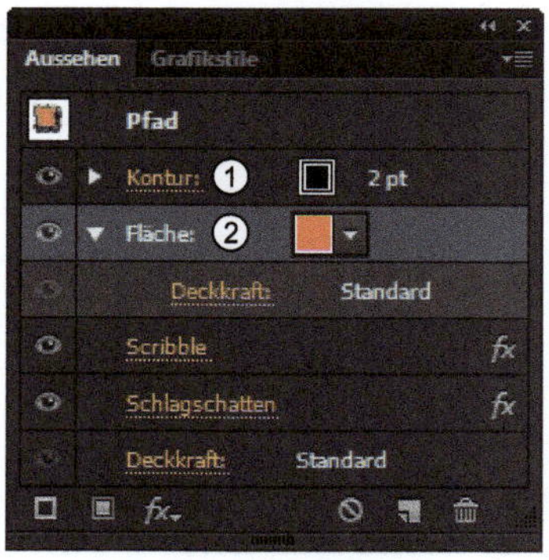

Attribute des oben abgebildeten Sterns

Einzelne Objektattribute ändern

- Klicken Sie im Aussehen-Bedienfeld auf den Link ① des gewünschten Attributs und ändern Sie die jeweiligen Einstellungen im anschließend eingeblendeten Bereich bzw. Dialogfenster.

  oder Klicken Sie auf den Namen eines Attributs ② und wählen Sie über die nun angezeigten Felder die gewünschten Einstellungen (z. B. eine andere Flächenfarbe).

Weitere Möglichkeiten im Aussehen-Bedienfeld

Sie möchten ...	
bestimmte Attribute entfernen	▶ Markieren Sie den gewünschten Eintrag und klicken Sie anschließend auf .
alle Attribute außer der Kontur und der Fläche entfernen	▶ Wählen Sie im Bedienfeldmenü *Auf Grundform reduzieren*.
bestimmte Attribute (vorübergehend) ausblenden	▶ Klicken Sie vor dem betreffenden Attribut auf . Die Schaltfläche ändert hierdurch ihr Aussehen . Durch einen Klick auf die veränderte Schaltfläche blenden Sie das Attribut wieder ein.
das markierte Objekt mit einer weiteren Fläche, Kontur bzw. einem Effekt versehen	Sie können bei einem Objekt unterschiedlichen Konturstärken, Flächenfüllungen und Effekte kombinieren. ▶ Klicken Sie auf , bzw. , um eine neue Fläche, Kontur oder einen neuen Effekt hinzuzufügen.
die Reihenfolge der Attribute ändern	▶ Ziehen Sie die Attribute im Bedienfeld in die gewünschte Reihenfolge.

Standardmäßig erhalten neu erstellte Objekte die zuletzt festgelegten Fläche- und Kontur-Einstellungen. Möchten Sie, dass neu erstellte Objekte automatisch **alle** Eigenschaften eines vorhandenen Objekts übernehmen, markieren Sie das entsprechende Objekt und deaktivieren Sie im Bedienfeldmenü des Aussehen-Bedienfeld *Neues Bild hat Grundform*.

9.6 Schnellübersicht

Sie möchten ...	
das Verlauf-Bedienfeld einblenden	*Fenster - Verlauf* oder im Verankerungsbereich:
Verläufe mit dem Verlaufswerkzeug anpassen	, Übergangs- bzw. Mittelpunkte des Verlaufsreglers anpassen oder Maus über das Objekt ziehen
Verläufe erstellen	Im Verlauf-Bedienfeld:
einfache Muster erstellen	Objekte auswählen, die Sie als Muster verwenden möchten, *Objekt - Muster - Erstellen*
das Transparenz-Bedienfeld einblenden	*Fenster - Transparenz* oder im Verankerungsbereich:
die Deckkraft eines Objekts ändern	Im Transparenz-Bedienfeld: Wert im Feld *Deckkraft* ändern
das Grafikstile-Bedienfeld einblenden	*Fenster - Grafikstile* oder im Verankerungsbereich:
einen zugewiesenen Grafikstil entfernen	Im Grafikstile-Bedienfeld:
einen neuen Grafikstil erstellen	Objekt mit gewünschten Grafikattributen in das Grafikstile-Bedienfeld ziehen
das Aussehen-Bedienfeld einblenden	*Fenster - Aussehen* oder im Verankerungsbereich:

9.7 Übung

Verläufe und Grafikstile nutzen

Level		**Zeit**	ca. 10 min
Übungsinhalte	✔ Farbverläufe erstellen und zuweisen ✔ Grafikstile nutzen		
Übungsdatei	*Snowboard*		
Ergebnisdatei	*Snowboard-E*		

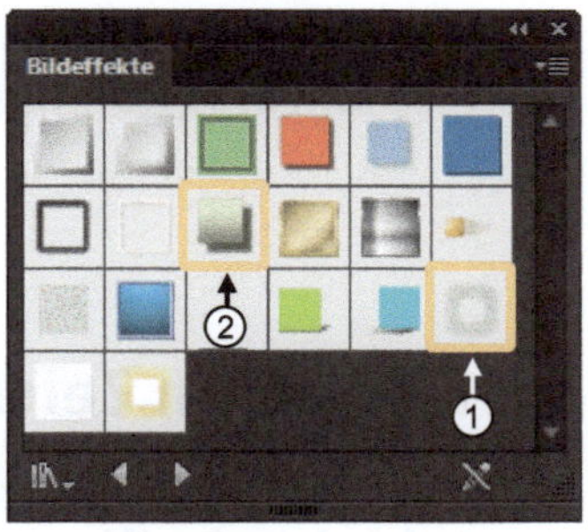

① Öffnen Sie die Übungsdatei *Snowboard.*

② Füllen Sie den Flammenhintergrund mit einem von unten nach oben laufenden Verlauf von Orange nach Rot.

③ Öffnen Sie die Grafikstil-Bibliothek *Bildeffekte*.

- ✔ Weisen Sie dem Flammenhintergrund den Grafikstil *Rauch* ① zu.
- ✔ Weisen Sie dem Snowboardfahrer den Grafikstil *Schwebend mit Schatten* ② zu.

④ Erstellen Sie Verläufe für die Board-Fläche und den Board-Rand. Sie können hierzu die entsprechenden Elemente im Ebenen-Bedienfeld markieren. Der Verlauf für den Board-Rand soll oben heller als unten sein.

⑤ Speichern Sie die Datei unter dem Namen *Snowboard-E*.

Übungsdatei „Snowboard"

Ergebnisdatei „Snowboard-E"

10 Text erzeugen und bearbeiten

In diesem Kapitel erfahren Sie
- wie Sie Textobjekte einfügen und bearbeiten
- wie Sie formatierten Text importieren
- wie Sie Zeichen und Absätze formatieren

Voraussetzungen
- Objekte bzw. Pfade zeichnen und bearbeiten
- Mit Farben arbeiten
- Grundkenntnisse in einem Textverarbeitungsprogramm

10.1 Text in Zeichnungen verwenden

Textobjekte in Illustrator

Illustrator unterscheidet zwischen drei verschiedenen Arten von Textobjekten:

- **Punkttext** ist eine einzelne horizontale oder vertikale Textzeile, die an dem Punkt, auf den Sie klicken, beginnt und immer länger wird, je mehr Zeichen Sie eingeben. Sie nutzen Punkttext, um ein paar Wörter oder eine Überschrift einzufügen.
- Bei **Flächentext** (Absatztext) wird der Text horizontal oder vertikal in einen neu gezeichneten rechteckigen Textrahmen eingegeben oder in ein vorhandenes Objekt gefüllt. Nutzen Sie diese Textart, wenn Sie größere Textpassagen einfügen möchten, z. B. für Broschüren und Handzettel.
- **Pfadtext** fließt entlang eines Pfades. Geben Sie den Text horizontal ein, werden die Zeichen parallel zur Grundlinie ausgerichtet. Wenn Sie die vertikale Ausrichtung wählen, werden die Zeichen senkrecht zum Pfad eingefügt.

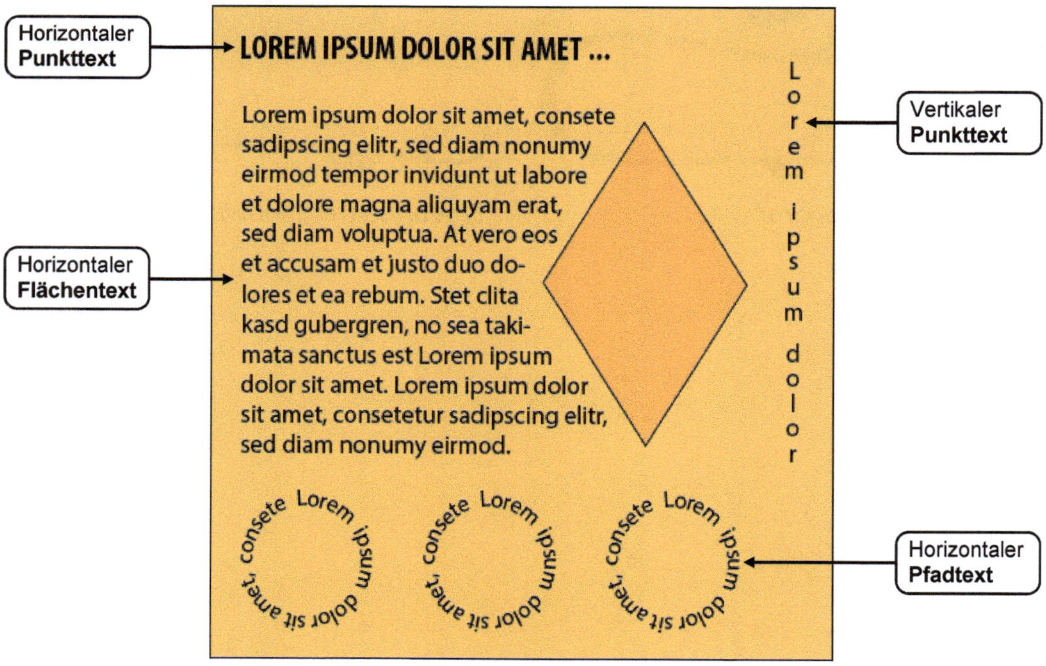

10.2 Text erzeugen

Punkttext eingeben

- Aktivieren Sie das Text-Werkzeug bzw. das Vertikaler-Text-Werkzeug, um einen horizontalen bzw. vertikalen Punkttext einzugeben
- Klicken Sie mit dem Mauszeiger bzw. auf die gewünschte Startposition und geben Sie den Text ein.
- Beenden Sie die Texteingabe, indem Sie das Auswahlwerkzeug aktivieren oder [Esc] drücken.

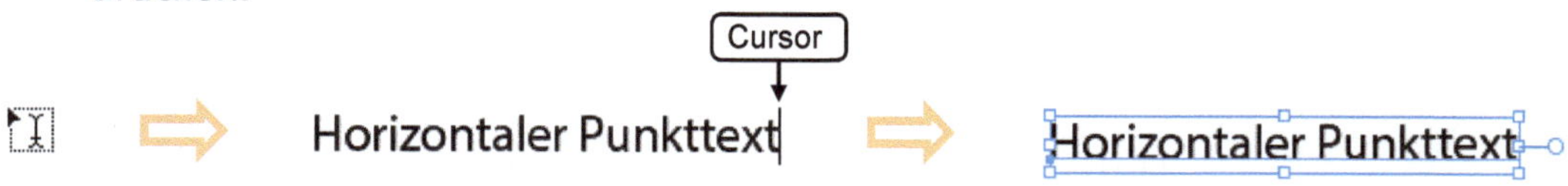

Bei Punkt- und Flächentext erzeugen Sie mit [↵] eine Absatzschaltung und mit [⇧][↵] einen manuellen Zeilenwechsel.

Flächentext erstellen

Flächentext lässt sich entweder in einen neu gezeichneten rechteckigen Textrahmen oder in ein vorhandenes Objekt eingeben.

Rechteckigen Flächentext erstellen

- Aktivieren Sie das Text-Werkzeug bzw. das Vertikaler-Text-Werkzeug, um einen Textrahmen für einen horizontalen bzw. vertikalen Flächentext zu zeichnen.
- Ziehen Sie an der gewünschten Stelle einen Rahmen auf und geben Sie den Text ein.
- Beenden Sie die Texteingabe, indem Sie beispielsweise [Esc] drücken.

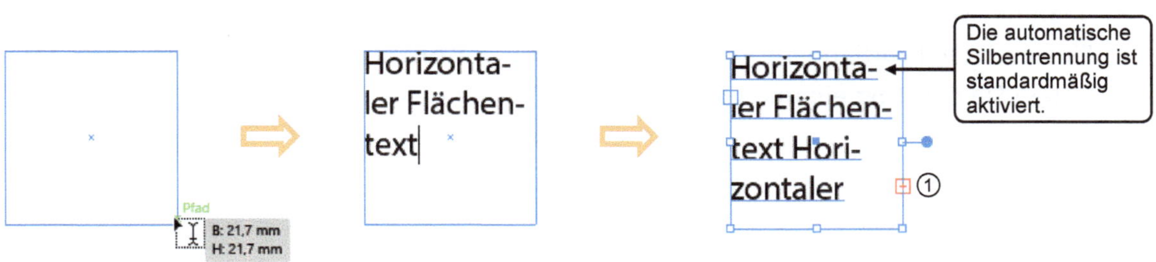

Der Textrahmen besitzt keine Flächenfüllung bzw. Kontur. Er verfügt neben den Griffen □ eines regulären Begrenzungsrahmens über Symbole □ für den Texteingang und -ausgang.

- ✔ Wird ein leeres Ein- bzw. Ausgangssymbol □ angezeigt, beginnt bzw. endet der Text in diesem Textobjekt.
- ✔ Erscheint als Ausgangssymbol ein rotes Kästchen mit Pluszeichen ⊞ ①, ist der Text für den aktuellen Textrahmen zu lang. Sie können den Textrahmen in diesem Fall wie gewohnt durch Ziehen eines Griffs vergrößern (vgl. Abschnitt 10.5).

Nachdem Sie einen Textrahmen gezeichnet haben, können Sie in diesen auch einen zuvor kopierten Text über die Zwischenablage einfügen. Der entsprechende Text wird dabei unformatiert eingefügt.

Die Fläche eines Objekts mit Text füllen

- Wählen Sie das Objekt aus, dessen Fläche Sie mit Text füllen möchten.
- Möchten Sie die Fläche des Objekts mit einem horizontalen Flächentext füllen, aktivieren Sie das Flächentext-Werkzeug.

  oder Um die Fläche des Objekts mit einem vertikalen Flächentext zu füllen, aktivieren Sie das Vertikaler-Flächentext-Werkzeug.
- Klicken Sie mit dem Mauszeiger bzw. auf den Pfad des zu füllenden Objekts.

  Eine eventuell vorhandene **Flächenfüllung bzw. Kontur** wird automatisch **entfernt**.
- Geben Sie den Text ein und beenden Sie die Texteingabe, indem Sie z. B. Esc drücken.

Nachdem Sie mit dem veränderten Mauszeiger bzw. auf den Pfad eines zu füllenden Objekts geklickt haben, können Sie in dieses auch einen zuvor kopierten Text über die Zwischenablage einfügen. Der entsprechende Text wird dabei unformatiert eingefügt.

Pfadtext erzeugen

- Aktivieren Sie das Pfadtext-Werkzeug oder das Vertikaler-Pfadtext-Werkzeug - je nachdem, ob der Text horizontal (parallel zur Grundlinie) oder vertikal (senkrecht zum Pfad) ausgerichtet werden soll.
- Klicken Sie mit dem Mauszeiger bzw. auf die Stelle auf dem Pfad, an der der Text beginnen soll.

  Eine eventuell vorhandene **Flächenfüllung bzw. Kontur** wird automatisch **entfernt**.
- Geben Sie den Text ein und beenden Sie die Texteingabe, indem Sie z. B. Esc drücken.

Text korrigieren

- ✔ Während der Texteingabe können Sie mit Entf bzw. ⇐ das Zeichen rechts bzw. links des Cursors löschen.
- ✔ Möchten Sie Text nachträglich bearbeiten, klicken Sie bei aktiviertem Text-Werkzeug auf die entsprechende Textstelle und nehmen Sie die gewünschten Änderungen vor.

Text mit Formatierungen importieren

Mithilfe spezieller Importfilter lässt sich in Illustrator auch formatierter Text in eine Zeichnung einfügen. Voraussetzung hierfür ist, dass der Text in einem der folgenden Dateiformaten gespeichert wurde:

- im Word-Dateiformat (Dateinamenerweiterung *.doc* oder *.docx*),
- im Rich Text Format (Dateinamenerweiterung *.rtf*),
- im Portable Document Format (Dateinamenerweiterung *.pdf*).

Um formatierten Text zu importieren, gehen Sie folgendermaßen vor:

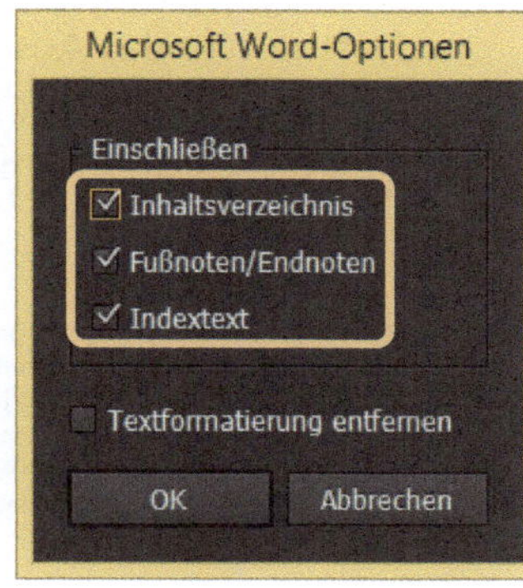

- ▶ Rufen Sie *Datei - Platzieren* auf oder drücken Sie Strg ⇧ P.
- ▶ Wählen Sie im nun geöffneten Dialogfenster *Platzieren* den Speicherort der Datei, die den zu importierenden Text enthält, und klicken Sie doppelt auf die betreffende Datei.

Haben Sie eine Datei im Word-Dateiformat bzw. im Rich Text Format gewählt, wird das rechts abgebildete Dialogfenster eingeblendet. Hier können Sie durch Deaktivieren der entsprechenden Kontrollfelder bestimmte Textelemente beim Import aus dem Text entfernen lassen.

Nachdem Sie im Dialogfenster *Platzieren* doppelt auf eine PDF-Datei geklickt haben bzw. das oben abgebildete Dialogfenster mit *OK* geschlossen haben, ändert sich der Mauszeiger ① in Ihrer Illustrator-Zeichnung.

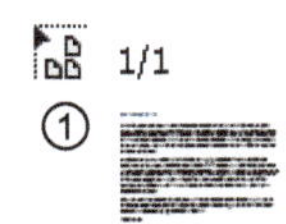

①

- ▶ Soll Illustrator automatisch einen Textrahmen für den Text erstellen, klicken Sie an die Stelle, an der sich die linke obere Ecke des Textrahmens befinden soll.

  oder Möchten Sie den Text in einen individuell gezeichneten Textrahmen einfügen, ziehen Sie den Rahmen in der gewünschten Größe auf.

Nützliche Funktionen für umfangreiche Texte

- Mit der Rechtschreibprüfung können Sie Wörter, die falsch geschrieben sind, ausfindig machen und korrigieren. Wörter, die nicht im Wörterbuch des Programms vorhanden sind, werden ebenfalls beanstandet und können dem Wörterbuch hinzugefügt werden. Die Rechtschreibprüfung starten Sie mit *Bearbeiten - Rechtschreibprüfung* oder Strg I.
- Illustrator bietet die Möglichkeit, nach bestimmten Wörtern zu suchen und diese im Bedarfsfall durch andere Wörter ersetzen zu lassen. Diese Funktion können Sie über *Bearbeiten - Suchen und ersetzen* aufrufen.
- Über *Schrift - Schrift suchen* können Sie Text suchen, der mit einer bestimmten Schriftart formatiert ist, und die Schriftart durch eine andere ersetzen.

10.3 Textobjekte verketten

Textrahmen und -pfade verketten

Fasst der Textrahmen bzw. -pfad nicht den ganzen Text, können Sie mehrere Textobjekte miteinander verketten. Dadurch fließt der zusätzliche nicht sichtbare Text automatisch in das nächste Textobjekt.

- Markieren Sie das betreffende Textobjekt mit dem Auswahlwerkzeug und klicken Sie auf ① .
- Klicken Sie auf die Zeichenfläche ②, um ein neues Textobjekt mit denselben Eigenschaften wie das Ausgangsobjekt einzufügen.

  oder Klicken Sie auf die Kontur eines bestehenden Objekts bzw. auf einen Pfad, um dieses/diesen mit Text zu versehen.

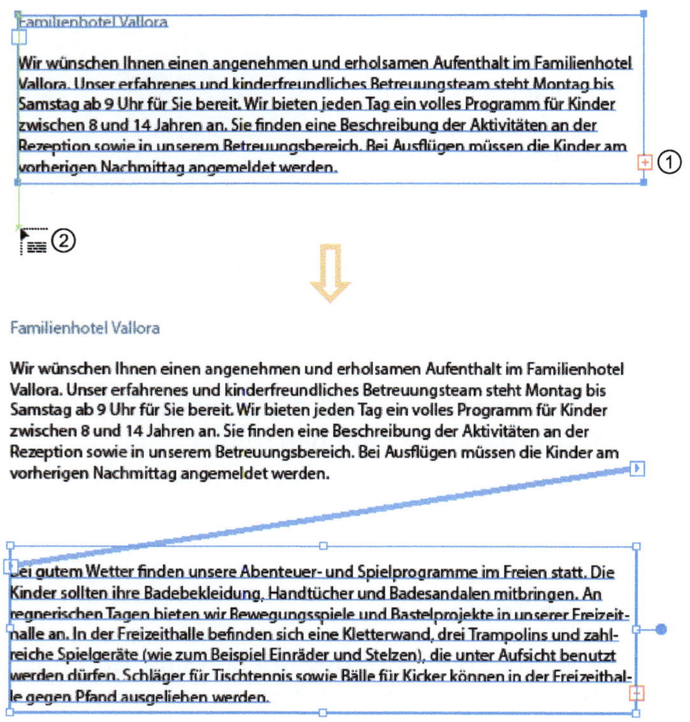

Bei markierten verketteten Textrahmen wird als Ausgangs- bzw. Eingangssymbol angezeigt.

Verkettungen lösen

- Markieren Sie mit dem Auswahlwerkzeug das Textobjekt, ab dem die Verkettung gelöst werden soll.
- Klicken Sie im betreffenden Textrahmen auf das Ausgangssymbol .

Der Text wird aus den folgenden Textrahmen entfernt. Die entsprechenden Textrahmen werden jedoch nicht gelöscht.

Haben Sie einen verketteten Textrahmen markiert, können Sie über *Schrift - Verketteter Text - Verkettung entfernen* auch sämtliche Verkettungen entfernen. In diesem Fall werden nur die Verkettungen selbst entfernt; der Text bleibt in den betreffenden Textrahmen erhalten.

10.4 Punkt- und Pfadtext bearbeiten

Punkttext bearbeiten

Haben Sie Punkttext mit dem Auswahlwerkzeug markiert, können Sie den betreffenden Textrahmen wie gewohnt **transformieren**. Die jeweiligen Anpassungen wirken sich dabei auf den Textrahmen **und** den Text selbst aus (vgl. folgende Abbildungen).

Punkttext drehen

Punkttext vergrößern

Sie können bei Bedarf vorhandenen Punkttext in Flächentext umwandeln. Markieren Sie hierzu den betreffenden Punkttext mit dem Auswahlwerkzeug und klicken Sie doppelt auf den Anfasser ○ ①.

Pfadtext bearbeiten

Verlauf des Pfadtextes ändern

Möchten Sie den Verlauf eines Pfadtextes ändern, passen Sie den zugehörigen Pfad mit dem Direktauswahl-Werkzeug oder den speziellen Pfad-Werkzeugen entsprechend an (vgl. Abschnitt 5.2).

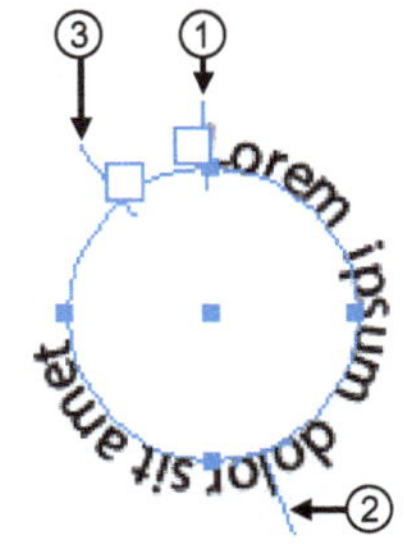

Position des Pfadtextes ändern

- Markieren Sie den Pfadtext mit dem Auswahlwerkzeug.
- Verschieben Sie die nun sichtbare Anfangs- ①, Mittelpunkt- ② bzw. Endklammer ③ (Mauszeiger: , bzw.), um die Position des Pfadtextes entsprechend zu ändern.

Pfadtext mit Effekten versehen

- Markieren Sie den Pfadtext mit dem Auswahlwerkzeug und rufen Sie *Schrift - Pfadtext - Pfadtextoptionen* auf.

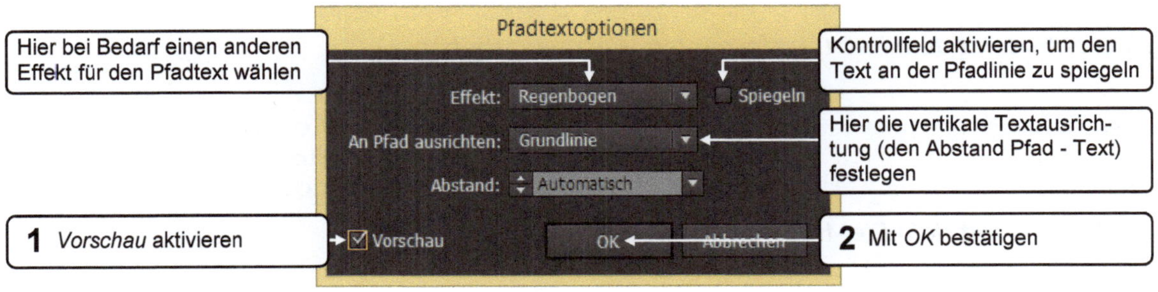

Im zuvor abgebildeten Dialogfenster *Pfadtextoptionen* lässt sich über das Feld *Abstand* der Abstand zwischen den einzelnen Zeichen des Pfadtextes im Bereich von spitzen Winkeln bzw. innerhalb von Kurven ändern. Je höher der hier festgelegte Wert ist, desto geringer ist der Abstand zwischen den Zeichen. Negative Werte vergrößern den Abstand zwischen den Zeichen.

10.5 Flächentext bearbeiten

Flächentext transformieren

Wenn Sie Flächentext mit dem Auswahlwerkzeug markiert haben und den entsprechenden Textrahmen wie gewohnt transformieren.

Variante 1: Mit dem Auswahlwerkzeug

Führen Sie die Transformationen mit dem Auswahlwerkzeug durch, wirken sich die entsprechenden Anpassungen **nur** auf den Textrahmen aus.

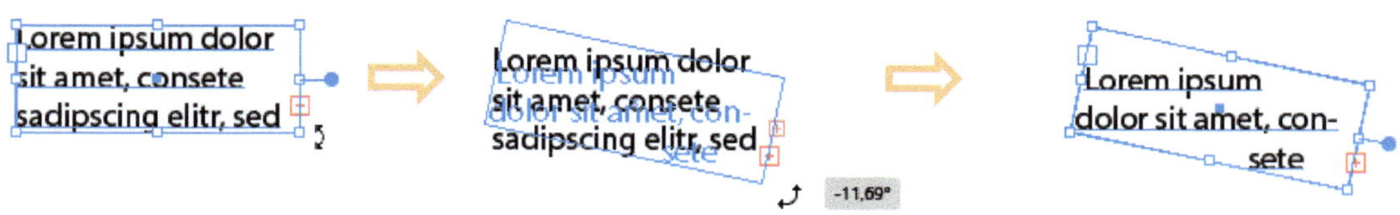

Flächentext-Rahmen mit dem Auswahlwerkzeug drehen

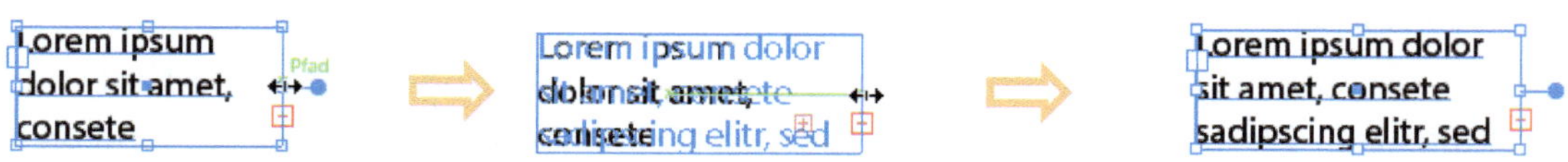

Flächentext-Rahmen mit dem Auswahlwerkzeug vergrößern

Um die Rahmengröße exakt einzustellen, markieren Sie den Flächentext mit dem Auswahlwerkzeug. Rufen Sie anschließend *Schrift - Flächentextoptionen* auf und geben Sie im folgenden Dialogfenster in die gleichnamigen Felder die Breite und Höhe in mm ein.

Variante 2: Mit dem Frei-transformieren-Werkzeug

Führen Sie die Transformationen mit dem Frei-transformieren-Werkzeug durch, wirken sich die entsprechenden Anpassungen auf den Textrahmen **und** den Text selbst aus.

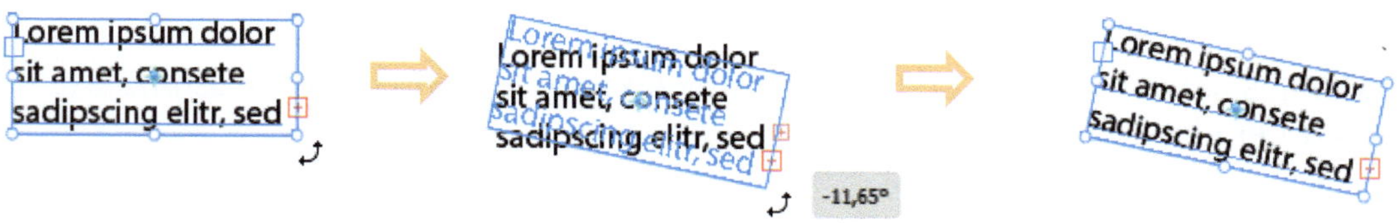

Flächentext mit dem Frei-transformieren-Werkzeug drehen

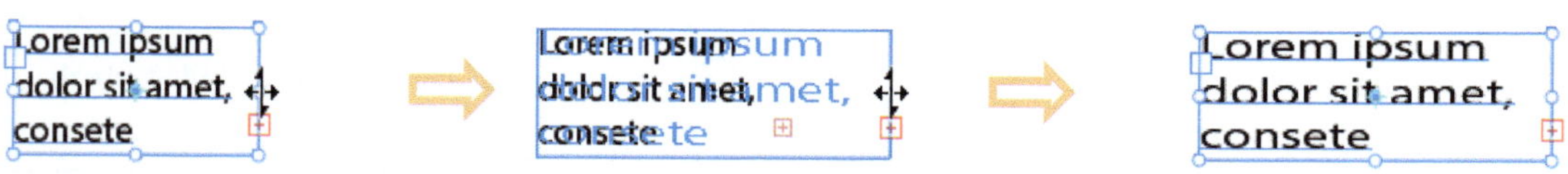

Flächentext mit dem Frei-transformieren-Werkzeug vergrößern

Flächentext-Rahmen anpassen

- Möchten Sie die **Form** eines Flächentext-Rahmen ändern, passen Sie den betreffenden Pfad mit dem Direktauswahl-Werkzeug oder den speziellen Pfad-Werkzeugen entsprechend an (vgl. Abschnitt 5.2).
- Möchten Sie einem Flächentext-Rahmen eine **Flächenfarbe**, **Konturfarbe** oder **Konturstärke** zuweisen, aktivieren Sie das Direktauswahl-Werkzeug . Bewegen Sie die Maus über den Rand des Textes und klicken Sie auf den Pfad des Flächentext-Rahmens ①, sobald dieser angezeigt wird. Weisen Sie anschließend die gewünschten Attribute wie gewohnt zu, beispielsweise mithilfe des Farbfelder-Bedienfeldes und des Kontur-Bedienfeldes

- Im Dialogfenster *Flächentextoptionen* (*Schrift - Flächentextoptionen*) können Sie das **Layout** eines zuvor markierten Flächentextes anpassen. Hier lässt sich beispielsweise der Text in Spalten ② oder Zeilen ③ setzen oder der Abstand zwischen Text und Rahmen (*Versatzabstand* ④) festlegen. Möchten Sie eine Tabelle erstellen, legen Sie fest, dass der Text in Spalten und Zeilen gesetzt wird ⑤.

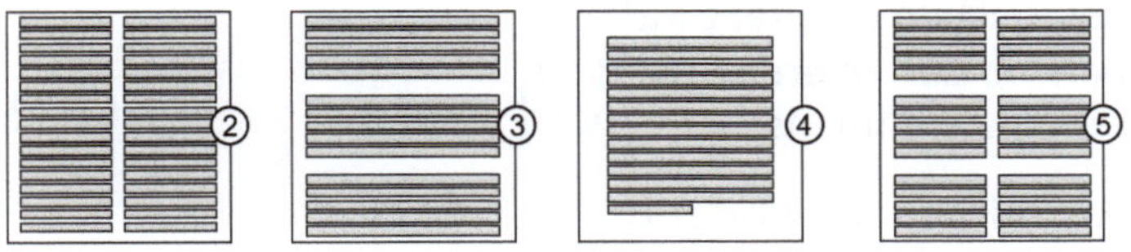

Sie können bei Bedarf vorhandenen Flächentext in Punkttext umwandeln. Markieren Sie hierzu den betreffenden Flächentext mit dem Auswahlwerkzeug und klicken Sie doppelt auf den Anfasser ○ ①.

Flächentext um ein Objekt fließen lassen

- Positionieren Sie das betreffende Objekt über dem Text.
- Wählen Sie das Objekt aus und rufen Sie *Objekt - Textumfluss - Erstellen* auf.

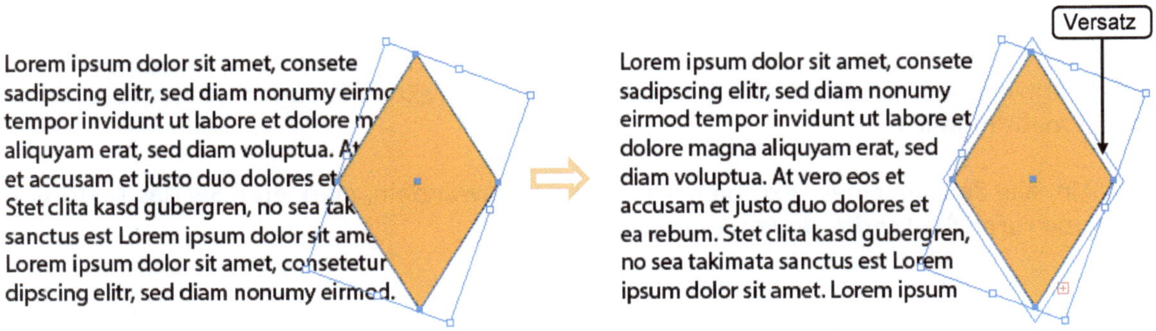

- Möchten Sie, dass der Text einen größeren Abstand zum Objekt aufweist, wählen Sie das Objekt aus und rufen Sie *Objekt - Textumfluss - Textumflussoptionen* auf. Legen Sie im Feld *Versatz* einen größeren Abstand zwischen Text und Objekt fest.
- Um das Umfließen rückgängig zu machen, markieren Sie das Objekt und rufen Sie *Objekt - Textumfluss - Zurückwandeln* auf.

10.6 Einzelne Textzeichen bearbeiten

Einzelne Textzeichen mit dem Touch-Type-Textwerkzeug bearbeiten

Möchten Sie einzelne Textzeichen eines Textobjekts skalieren, drehen oder verschieben, nutzen Sie hierzu das Touch-Type-Textwerkzeug. Die entsprechenden Zeichen können anschließend weiterhin mit den Textwerkzeugen bearbeitet und wie gewohnt formatiert werden (vgl. Abschnitte 10.7 und 10.8).

- ▶ Aktivieren Sie das Touch-Type-Textwerkzeug.
- ▶ Klicken Sie mit dem veränderten Mauszeiger auf das Textzeichen, das Sie bearbeiten möchten.

Sie möchten das ausgewählte Textzeichen ...		
skalieren	▶ Möchten Sie das Zeichen **proportional** skalieren, ziehen Sie den oberen rechten Griff des Begrenzungsrahmens.	
	▶ Möchten Sie das Zeichen nur **vertikal** skalieren, ziehen Sie den oberen linken Griff des Begrenzungsrahmens.	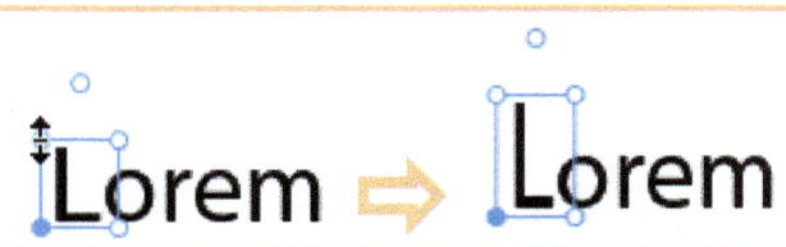
	▶ Möchten Sie das Zeichen nur **horizontal** skalieren, ziehen Sie den unteren rechten Griff des Begrenzungsrahmens.	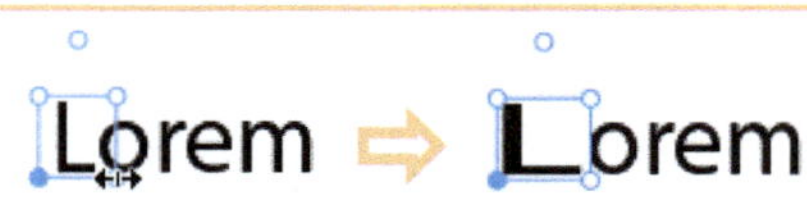
drehen	▶ Ziehen Sie den Griff oberhalb des Begrenzungsrahmens in die gewünschte Richtung.	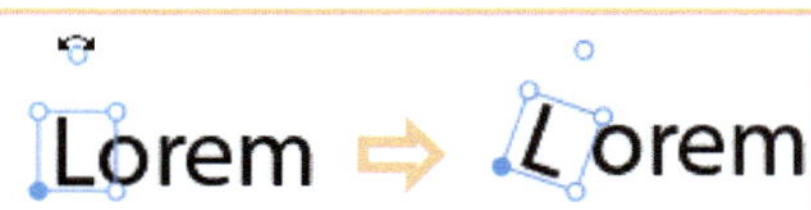
verschieben	▶ Ziehen Sie unteren linken Griff des Begrenzungsrahmens in die gewünschte Richtung.	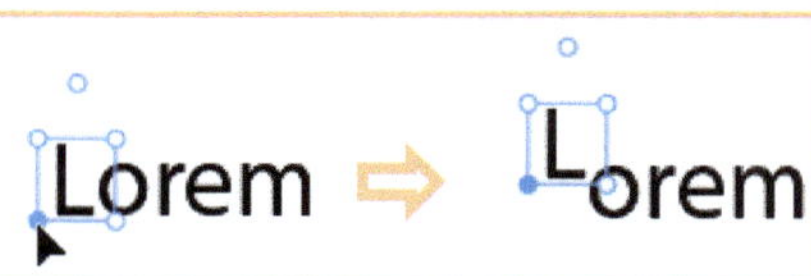

Textobjekte in Pfade umwandeln

Möchten Sie, dass sämtliche Zeichen eines Textobjekts individuell geändert werden können, wandeln Sie die Zeichen in einzelne Pfade um. Anschließend können Sie diese mit den Pfadwerkzeugen bearbeiten; eine Bearbeitung mit den Textwerkzeugen ist dann allerdings **nicht** mehr möglich.

- ▶ Um alle Zeichen eines Textobjekts in Pfade umzuwandeln, markieren Sie das Textobjekt und rufen Sie *Schrift - In Pfade umwandeln* auf.

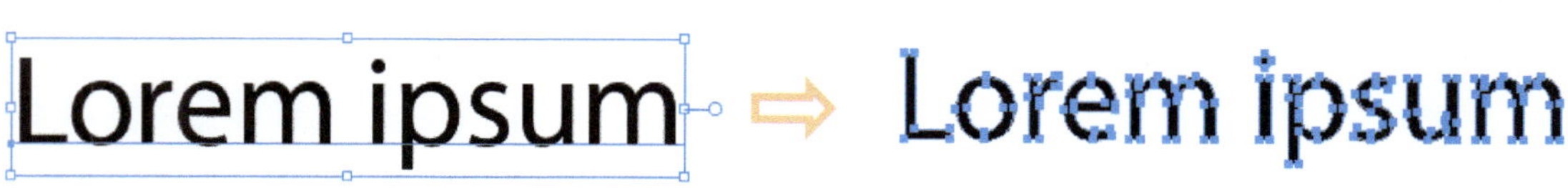

10.7 Zeichen formatieren

Zeichenformatierungen zuweisen

Die Zeichenformatierung gilt für die aktuell markierten Zeichen und beinhaltet unter anderem folgende Einstellungen:

- Schriftart, -schnitt und -grad;
- Zeilenabstand, Laufweite und Abstand zwischen den Zeichen;
- horizontale und vertikale Skalierung der Zeichen sowie Hoch-/Tiefstellen.

- Blenden Sie das Zeichen-Bedienfeld über *Fenster - Schrift - Zeichen* bzw. Strg T ein.
- Um alle Einstellmöglichkeiten im Bedienfeld anzuzeigen, aktivieren Sie im Bedienfeldmenü *Optionen einblenden*.
- Aktivieren Sie das Text-Werkzeug und markieren Sie die zu formatierenden Zeichen, indem Sie mit der Maus über die betreffenden Zeichen ziehen.

  oder Markieren Sie das Textobjekt mit dem Auswahlwerkzeug, um alle darin enthaltenen Zeichen zu formatieren.
- Legen Sie im Zeichen-Bedienfeld die gewünschten Formatierungen fest (vgl. nachfolgende Erläuterungen).

Haben Sie ein Textwerkzeug aktiviert, lässt sich das Zeichen-Bedienfeld auch über den Link *Zeichen* im Steuerungsbedienfeld einblenden.

Schriftart, -schnitt bzw. -grad und Zeilenabstand festlegen

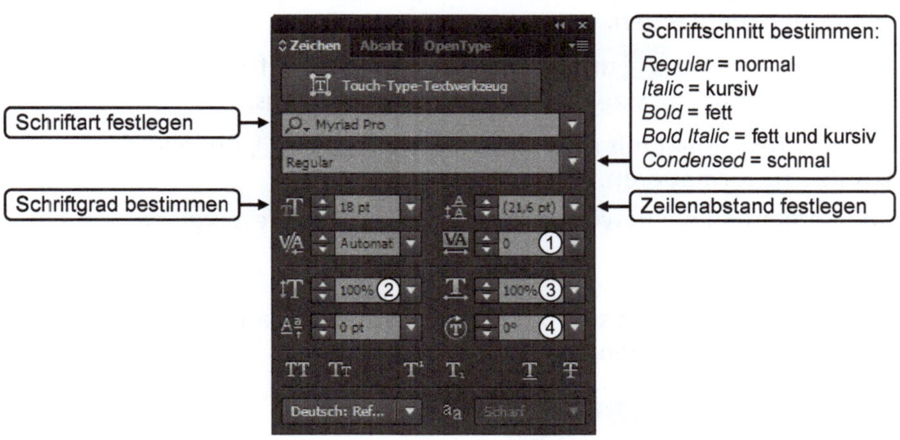

Spezielle Zeichenformatierung vornehmen

Format	Schaltfläche
GROSSBUCHSTABEN	
KAPITÄLCHEN	
Hoch^{gestellt}	

Format	Schaltfläche
Tief$_{gestellt}$	
Unterstrichen	
~~Durchgestrichen~~	

- Über das Feld ① lässt sich die Laufweite (= Abstand zwischen den Zeichen) festlegen.
- Mithilfe des Feldes ② bzw. ③ können Sie die markierten Zeichen vertikal bzw. horizontal skalieren.
- Möchten Sie die markierten Zeichen drehen, legen Sie im Feld ④ den gewünschten Drehwinkel fest.

Textfarbe bzw. -kontur ändern

- Mithilfe des Farbfelder-Bedienfeldes können Sie für zuvor markierte Zeichen die Farbe der **Zeichenfläche** ① bzw. die Farbe der **Zeichenkontur** ② ändern.

- Möchten Sie die Konturstärke ändern, legen Sie die entsprechenden Einstellungen im Kontur-Bedienfeld fest.

10.8 Absätze formatieren

Absatzformatierungen zuweisen

Absätze werden durch eine Absatzschaltung (mit ⏎) am Ende der entsprechenden Textpassage definiert.

Die Absatzformatierung beinhaltet unter anderem folgende Einstellungen:

- Absatzausrichtung und Einzüge;
- Abstände vor und nach Absätzen;
- Auto-Silbentrennung, Wort-, Zeichen- und Glyphenabstände.

▶ Blenden Sie das Absatz-Bedienfeld über *Fenster - Schrift - Absatz* bzw. Alt Strg T ein.

▶ Falls nicht alle Einstellmöglichkeiten im Bedienfeld angezeigt werden, aktivieren Sie im Bedienfeldmenü *Optionen einblenden*.

▶ Aktivieren Sie das Text-Werkzeug und klicken Sie in den betreffenden Absatz oder markieren Sie die gewünschten Absätze durch Ziehen mit der Maus.

oder Markieren Sie das Textobjekt mit dem Auswahlwerkzeug, um alle darin enthaltenen Absätze zu formatieren.

▶ Legen Sie im Absatz-Bedienfeld die gewünschten Formatierungen fest (vgl. nachfolgende Erläuterungen).

Haben Sie ein Textwerkzeug aktiviert, lässt sich das Absatz-Bedienfeld auch über den Link *Absatz* im Steuerungsbedienfeld einblenden.

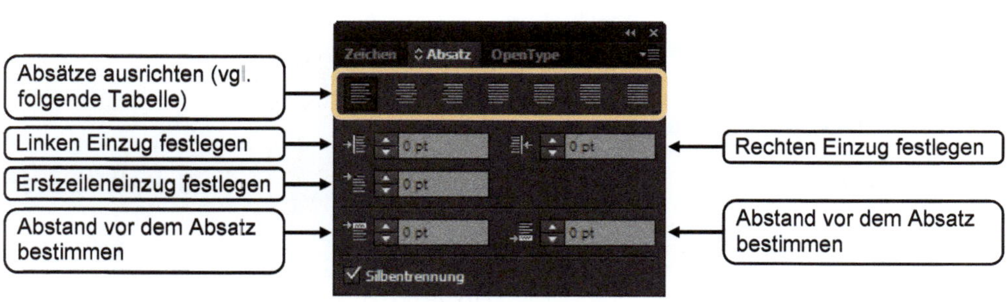

Ausrichtung	Schaltfläche
Linksbündig	
Zentriert	
Rechtsbündig	

Ausrichtung	Schaltfläche
Blocksatz, letzte Zeile linksbündig	
Blocksatz, letzte Zeile zentriert	
Blocksatz, letzte Zeile rechtsbündig	
Alle Zeilen im Blocksatz	

- Möchten Sie verhindern, dass Wörter, die nicht komplett in die aktuelle Zeile passen, automatisch getrennt werden, deaktivieren Sie das Kontrollfeld *Silbentrennung*.
- Wenn Sie im Zeichen-/Absatz-Bedienfeld Einstellungen vornehmen, ohne dass zuvor Text markiert wurde, gelten diese Einstellungen als Standard für zukünftige Arbeiten.

Nützliche Tipps für die Absatzformatierung

- Nicht druckbare Zeichen, wie z. B. Absatzmarken und Leerzeichen, können Sie sich über *Schrift - Verborgene Zeichen einblenden* oder mit Alt Strg I anzeigen lassen.
- Bei einem hängenden Einzug ragt die erste Zeile des Absatzes über den linken Rand der Folgezeilen hinaus. Sie können einen hängenden Einzug durch die Kombination eines positiven linken Einzugs (beispielsweise 20 pt) mit einem negativen Erstzeileneinzug (z. B. -20 pt) erstellen.

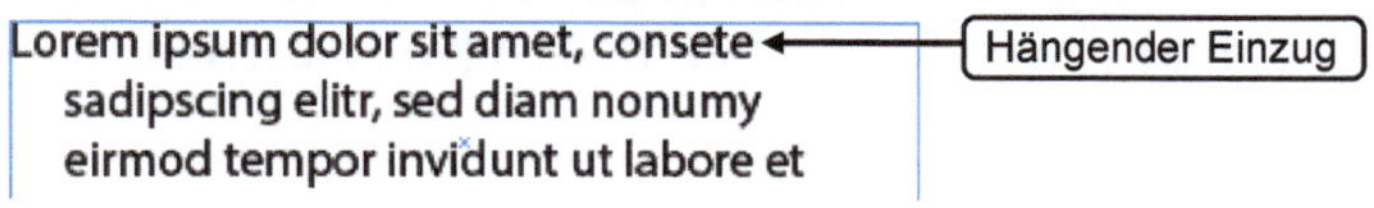

- Möchten Sie, dass sich bei Flächentext eine Überschrift über die gesamte Textbreite erstreckt, klicken Sie bei aktiviertem Text-Werkzeug in die Überschriftenzeile und rufen Sie *Schrift - Überschrift einpassen* auf.

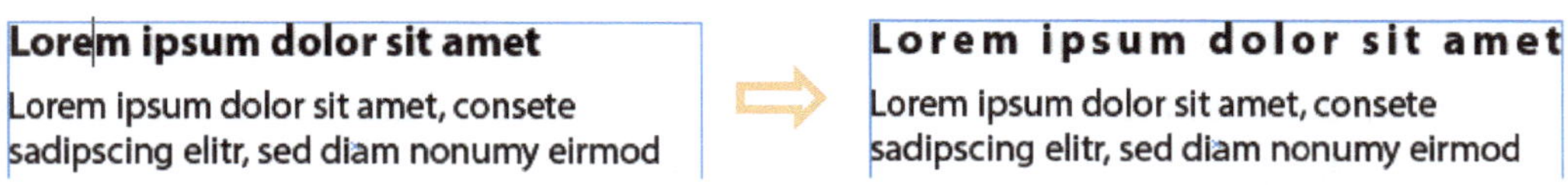

Tabulatoren verwenden

Tabulatoren sind frei platzierbare horizontale Satzmarken, die durch Betätigen von ⇆ angesprungen werden. Mithilfe von Tabulatoren können Sie Wörter in einer Zeile bzw. in mehreren aufeinanderfolgenden Zeilen vertikal exakt ausrichten. Tabulatoren werden über das Tabulatoren-Bedienfeld definiert:

- ▶ Markieren Sie die zu formatierenden Absätze mit dem Text-Werkzeug.
- ▶ Blenden Sie das Tabulatoren-Bedienfeld über *Fenster - Schrift- Tabulatoren* ein.

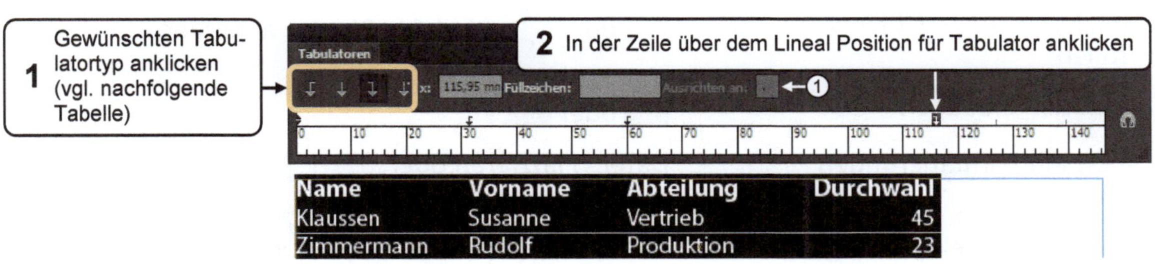

Sollte sich das Tabulatoren-Bedienfeld nicht genau über dem entsprechenden Textrahmen befinden, klicken Sie im Bedienfeld auf .

Tabulatortyp	Textausrichtung	↓
	Linksbündig	12345,66
	Zentriert	12345,66
	Rechtsbündig	12345,66
	Dezimal Tragen Sie im Feld ① das Zeichen ein, an dem der Text ausgerichtet werden soll, z. B. ein Komma oder einen Punkt.	12345,66

- Möchten Sie die Position eines Tabulators exakt festlegen, wählen Sie im Tabulatoren-Bedienfeld den Tabulatortyp, tragen Sie im Feld x: 28 mm die betreffende Position ein und bestätigen Sie mit ⏎.
- Möchten Sie mehrere Tabulatoren in gleichen Abständen einfügen, setzen Sie den ersten Tabulator und wählen Sie im Bedienfeldmenü *Tabulator wiederholen*.

Vorhandene Tabulatoren lassen sich im Tabulatoren-Bedienfeld in der Zeile oberhalb des Lineals mit der Maus verschieben. Möchten Sie einen Tabulator löschen, ziehen Sie ihn mit der Maus aus dem Linealbereich des Bedienfeldes heraus.

Text mit Grafikstilen formatieren

Eine schnelle Möglichkeit, Texte grafisch zu gestalten, bieten die Grafikstile. Grafikstile lassen sich über das Grafikstile-Bedienfeld zuweisen und bearbeiten (vgl. Abschnitt 9.4).

Textobjekt, dem verschiedene Grafikstile zugewiesen wurden

- ▶ Markieren Sie das Textobjekt mit dem Auswahlwerkzeug.
- ▶ Blenden Sie das Grafikstil-Bedienfeld ein, z. B. über *Fenster - Grafikstile*.
- ▶ Wählen Sie den gewünschten Stil im Bedienfeld aus.

10.9 Schnellübersicht

Sie möchten ...	
Punkttext eingeben	oder
Flächentext erstellen	oder , Rahmen aufziehen
die Fläche eines Objekts mit Text füllen	oder , Pfad des Objekts anklicken
Pfadtext erzeugen	oder
Text mit Formatierungen importieren	*Datei - Platzieren* oder [Strg] [⇧] [P]
die Rechtschreibprüfung starten	*Bearbeiten - Rechtschreibprüfung* oder [Strg] [I]
Textrahmen oder -pfade verketten	, erstes Textobjekt markieren, ⊞ anklicken, auf Zeichenfläche klicken oder auf Kontur eines vorhandenen Objekts klicken oder auf vorhandenen Pfad klicken
Verkettungen lösen	, Textobjekt anklicken, ab dem die Verkettung gelöst werden soll, Ausgangssymbol ▸ anklicken
Pfadtext mit Effekten versehen	*Schrift - Pfadtext - Pfadtextoptionen*
das Layout eines Flächentextes anpassen	*Schrift - Flächentextoptionen*
Flächentext um ein Objekt fließen lassen	Objekt über dem Text positionieren, *Objekt - Textumfluss - Erstellen*

Sie möchten ...	
einzelne Textzeichen bearbeiten	
Textobjekte in Pfade umwandeln	*Schrift - In Pfade umwandeln*
Zeichen formatieren	, Zeichen markieren, *Fenster - Schrift - Zeichen* oder Strg T, Formatierung im Zeichen-Bedienfeld wählen
Absätze formatieren	, Absätze markieren, *Fenster - Schrift - Absatz* oder Alt Strg T, Formatierung im Absatz-Bedienfeld wählen
die automatische Silbentrennung ausschalten	Im Absatz-Bedienfeld: Kontrollfeld *Silbentrennung* deaktivieren
das Tabulatoren-Bedienfeld einblenden	*Fenster - Schrift - Tabulatoren*

10.10 Übung

Text importieren und formatieren

Level		Zeit	ca. 10 min
Übungsinhalte	✔ Text erstellen, importieren und formatieren ✔ Text um ein Objekt fließen lassen		
Übungsdateien	*EDV-Kurs, Kursangebot.docx*		
Ergebnisdatei	*EDV-Kurs-E.ai*		

① Öffnen Sie die Übungsdatei *EDV-Kurs*.

② Geben Sie die Überschrift *Aktuelle Kursangebote* als Punkttext ein und weisen Sie dem entsprechenden Text die Schriftart Stencil und die Schriftgröße 24 pt zu.

③ Bearbeiten Sie den ersten und den letzten Buchstaben der Überschrift wie abgebildet. Verwenden Sie hierzu das Touch-Type-Textwerkzeug.

④ Importieren Sie den Text aus der Übungsdatei *Kursangebot.docx* und positionieren Sie diesen entsprechend der Abbildung. Der Text soll dabei um die Computer-Grafik fließen.

⑤ Weisen Sie den Überschriften im importierten Text die Schriftgröße 24 pt zu und formatieren Sie im ersten Abschnitt den Firmennamen *Kompetenz AG* fett.

⑥ Speichern Sie die Datei unter dem Namen *EDV-Kurs-E*.

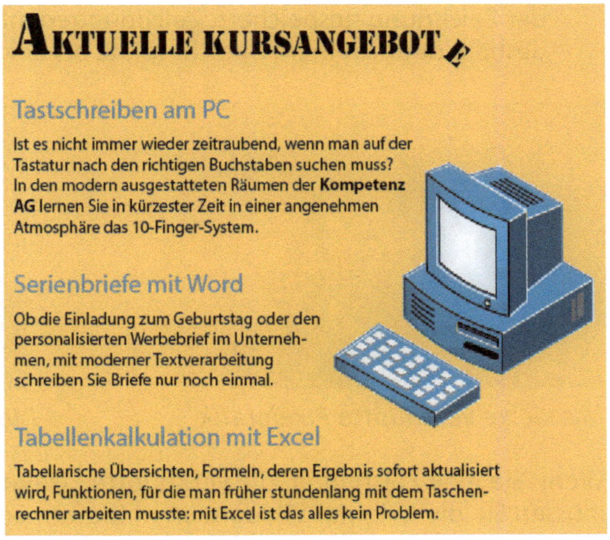

Ergebnisdatei „EDV-Kurs-E"

11 Mit Pixelgrafiken arbeiten

In diesem Kapitel erfahren Sie

- wie Sie Pixelgrafiken importieren
- wie Sie in der Zeichnung vorhandene Verknüpfungen verwalten
- wie Sie Pixelgrafiken in Vektorgrafiken umwandeln

Voraussetzungen

- Objekte bzw. Pfade zeichnen und bearbeiten

11.1 Pixelgrafiken importieren

Pixelgrafiken in Zeichnungen

Beim Importieren einer Pixelgrafik (z. B. eines Fotos oder eines ClipArts) können Sie wählen, ob das betreffende Bild als Verknüpfung eingefügt oder in die Zeichnung eingebettet werden soll.

- Pixelgrafiken werden standardmäßig **als Verknüpfung** in eine Zeichnung eingefügt. Dadurch wird u. a. gewährleistet, dass die betreffende Zeichnung weniger Speicherplatz beansprucht und schneller bearbeitet werden kann. Wenn das Original einer als Verknüpfung eingefügten Pixelgrafik geändert wird, aktualisiert sich auf Rückfrage automatisch das entsprechende Bild in der Illustrator-Zeichnung. Sie erkennen eine markierte verknüpfte Pixelgrafik an den gekreuzten Linien im Begrenzungsrahmen.
- Wenn Sie Pixelgrafiken in eine Zeichnung **einbetten**, werden die Bilder zusammen mit der Zeichnung gespeichert. Zeichnungen mit eingebetteten Pixelgrafiken benötigen deshalb deutlich mehr Speicherplatz als Zeichnungen mit verknüpften Bildern.

Markierte verknüpfte Pixelgrafik

Markierte eingebettete Pixelgrafik

Wenn Sie eine Zeichnung, die verknüpfte Pixelgrafiken enthält, an Dritte weitergeben, müssen Sie die Original-Bilddateien mitliefern oder die jeweiligen Bilder in die Zeichnung einbetten. Nur so stellen Sie sicher, dass die entsprechenden Zeichnungen problemlos bearbeitet und gedruckt werden können.

Pixelgrafiken einfügen

- Rufen Sie *Datei - Platzieren* auf oder drücken Sie Strg ⇧ P.
- Wechseln Sie im nun geöffneten Dialogfenster *Platzieren* zum Speicherort der Grafikdatei und klicken Sie auf die gewünschte Datei.
- Wenn Sie möchten, dass die Pixelgrafik in die Zeichnung eingebettet wird, **de**aktivieren Sie das Kontrollfeld *Verknüpfen*.
- Klicken Sie auf *Platzieren*.
- Möchten Sie das Bild in Originalgröße einfügen, klicken Sie mit dem veränderten Mauszeiger an die Stelle, an der sich die linke obere Ecke des Bildes befinden soll.

  oder Möchten Sie die Größe des Bildes individuell bestimmen, ziehen Sie mit dem veränderten Mauszeiger einen Rahmen in der gewünschten Größe auf.

- ✔ Sie können Pixelgrafiken auch über die Zwischenablage importieren. Bei dieser Variante werden die Bilder verknüpft und in Originalgröße in die Zeichnung eingefügt.
- ✔ Eingefügte Pixelgrafiken lassen sich auf die gleiche Weise transformieren wie gezeichnete Objekte.

11.2 Mit verknüpften Pixelgrafiken arbeiten

Verknüpfungen bei geänderten Originalbildern aktualisieren

Illustrator blendet in Zeichnungen mit verknüpften Pixelgrafiken das folgende Dialogfenster ein, wenn der **Inhalt** eines Originalbildes **geändert** wurde.

Wurde der **Dateiname** oder der **Speicherort** eines Originalbildes **geändert**, wird folgendes Dialogfenster angezeigt.

- Klicken Sie *Ersetzen*, wechseln Sie im nun geöffneten Dialogfenster *Ersetzen* zum Speicherort des Originalbildes und klicken Sie doppelt auf das betreffende Bild.

Das Verknüpfungen-Bedienfeld einblenden

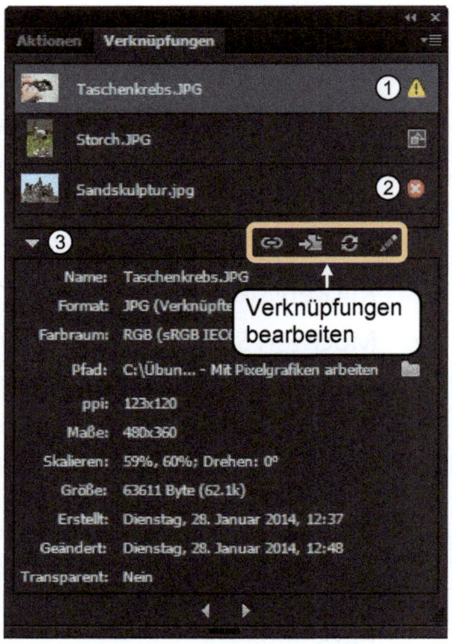

Mithilfe des Verknüpfungen-Bedienfeldes lassen sich die in der aktuellen Zeichnung vorhandene Verknüpfungen bearbeiten. Sie können die folgenden Erläuterungen anhand der Beispieldatei *Verknüpfungen bearbeiten* nachvollziehen.

- ▶ Blenden Sie das Verknüpfungen-Bedienfeld über *Fenster - Verknüpfungen* ein.

- ✔ Wurde der Inhalt des Originalbildes zwischenzeitlich geändert, erscheint im Bedienfeld das Symbol ①.
- ✔ Wurde der Dateiname oder der Speicherort des Originalbildes geändert, wird die Verknüpfung im Bedienfeld mit dem Symbol ② gekennzeichnet.
- ✔ Eingebettete Bilder erkennen Sie am Symbol .

Wenn Sie im Bedienfeld den Namen einer verknüpften Pixelgrafik markiert haben, können Sie über ③ ausführliche Informationen zur Verknüpfung einblenden.

Verknüpfungen bearbeiten

- ▶ Klicken Sie im Verknüpfungen-Bedienfeld auf den Eintrag der Verknüpfung, die Sie bearbeiten möchten.

Sie möchten ...	
eine fehlende Verknüpfung wiederherstellen	▶ Klicken Sie auf . ▶ Stellen Sie sicher, dass im nun eingeblendeten Dialogfenster das Kontrollfeld *Verknüpfen* aktiviert ist und klicken Sie doppelt auf die betreffende Datei.
zu einer verknüpften Pixelgrafik in der Zeichnung gelangen	▶ Klicken Sie auf .
eine Verknüpfung aktualisieren	▶ Klicken Sie auf . Die zwischenzeitlich durchgeführten Änderungen am Originalbild werden in die Zeichnung übernommen.
das Originalbild bearbeiten	▶ Klicken Sie auf . ▶ Nehmen Sie im geöffneten Anwendungsprogramm die gewünschten Änderungen vor. Die Änderungen werden nach dem Speichern der Grafikdatei automatisch in die Illustrator-Zeichnung übernommen.
die Verknüpfung lösen und die Pixelgrafik einbetten	▶ Wählen Sie im Bedienfeldmenü *Eingebettete Bilder*. *oder* Markieren Sie die Pixelgrafik auf der Zeichenfläche und klicken Sie im Steuerungsbedienfeld auf *Einbetten*.

11.3 Pixelgrafiken mit Effekten künstlerisch bearbeiten

Die Effekte-Galerie nutzen

- ▶ Markieren Sie die Pixelgrafik und rufen Sie *Effekt - Effekte-Galerie* auf.

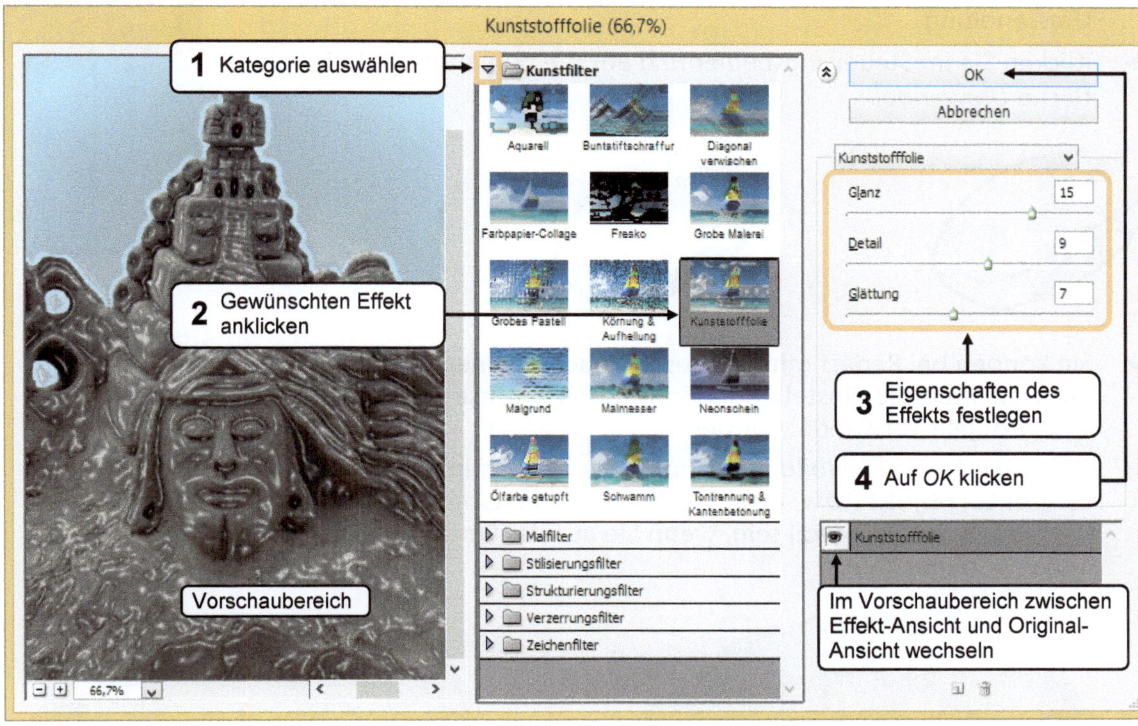

Haben Sie einen Effekt zugewiesen, können Sie diesen wie gewohnt mithilfe des Aussehen-Bedienfeldes vorübergehend ausblenden, ändern oder löschen (vgl. Abschnitt 9.5).

11.4 Pixelgrafiken in Vektorobjekte umwandeln

Pixelgrafiken mithilfe des Bildnachzeichners vektorisieren

Sie haben beispielsweise ein ClipArt einer Computermaus als Pixelgrafik in eine Zeichnung importiert. Sie möchten die entsprechende Pixelgrafik in ein Vektorobjekt umwandeln, damit Sie sie mit den Illustrator-Werkzeugen verlustfrei skalieren und bearbeiten können.

Hierzu nutzen Sie die Funktion *Bildnachzeichner*, die Ihnen verschiedene Einstellungen für die Umwandlung bietet.

Original-Pixelgrafik ... und umgewandelte Vektorobjekte

- Markieren Sie die Pixelgrafik, die Sie in ein Vektorobjekt umwandeln möchten.
- Klicken Sie im Steuerungsbedienfeld auf den Pfeil ① neben der Schaltfläche *Bildnachzeichner*.
- Wählen Sie in der geöffneten Liste die gewünschte Einstellung für die Umwandlung.
- Klicken Sie im Steuerungsbedienfeld auf die nun angezeigte Schaltfläche *Umwandeln*.

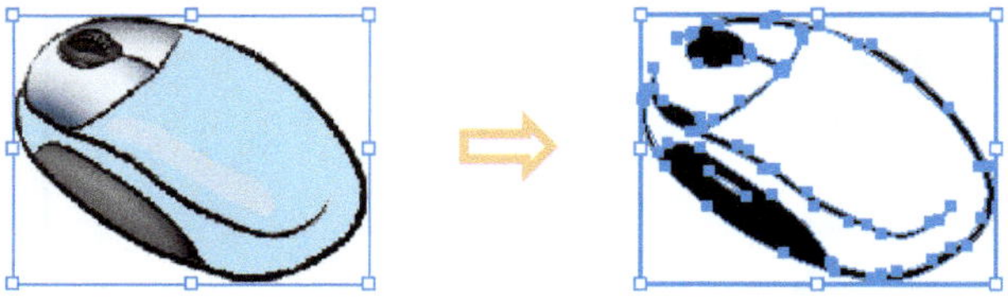

- ✓ Sie können bei Bedarf mithilfe des Bildnachzeichner-Bedienfeldes (*Fenster - Bildnachzeichner*) die Einstellungen individuell anpassen, die für die Umwandlung in ein Vektorobjekt verwendet werden.
- ✓ Über *Objekt - In Pixelbild umwandeln* Sie können in Illustrator auch ein zuvor markiertes **Vektorobjekt** (bzw. eine Objektgruppe) in eine **Pixelgrafik** umwandeln. Dies kann etwa dann sinnvoll sein, wenn Sie auf das Objekt Effekte aus der Effekte-Galerie anwenden möchten.

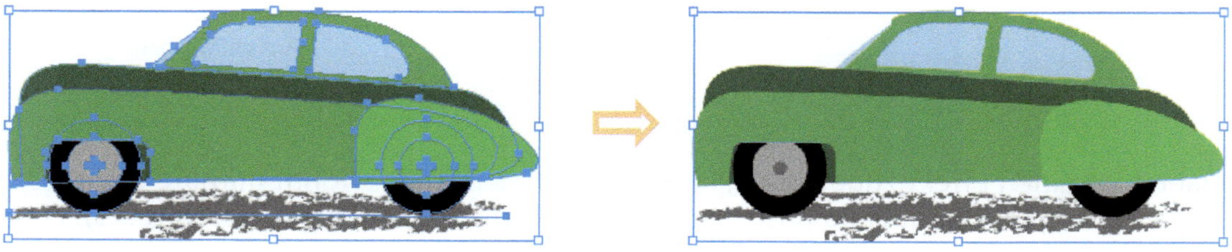

11.5 Schnellübersicht

Sie möchten ...	
Pixelgrafiken importieren	*Datei - Platzieren* oder Strg ⇧ P
das Verknüpfungen-Bedienfeld anzeigen	*Fenster - Verknüpfungen*
Pixelgrafiken mit Effekten künstlerisch bearbeiten	*Effekt - Effekte-Galerie*
eine Pixelgrafik in ein Vektorobjekt umwandeln	Im Steuerungsbedienfeld: auf den Pfeil neben *Bildnachzeichner* klicken, Einstellungen für Umwandlung wählen, *Umwandeln*
ein Vektorobjekt in eine Pixelgrafik umwandeln	*Objekt - In Pixelbild umwandeln*

11.6 Übung

Pixelgrafik in ein Vektorobjekt umwandeln

Level		**Zeit**	ca. 10 min
Übungsinhalte	✔ Pixelgrafik importieren und einbetten ✔ Pixelgrafik in ein Vektorobjekt umwandeln		
Übungsdatei	*Schmetterling.jpg*		
Ergebnisdatei	*Schmetterling-E*		

① Erstellen Sie eine neue Zeichnung (DIN A4, Querformat).

② Importieren Sie die Pixelgrafik *Schmetterling.jpg* als verknüpfte Datei.

③ Betten Sie die importierte Grafik in Ihre Zeichnung ein.

④ Wandeln Sie die Pixelgrafik in ein Vektorobjekt um. Nutzen Sie dabei die Einstellung *Geringe Fototreue*.

⑤ Heben Sie die Gruppierung des umgewandelten Objekts auf und entfernen Sie alle Flächen und Pfade, die nicht Teil des Schmetterlings sind.

⑥ Gruppieren Sie die zum Schmetterling gehörende Flächen und Pfade.

⑦ Speichern Sie die Datei unter dem Dateinamen *Schmetterling-E*.

3. Übungsschritt

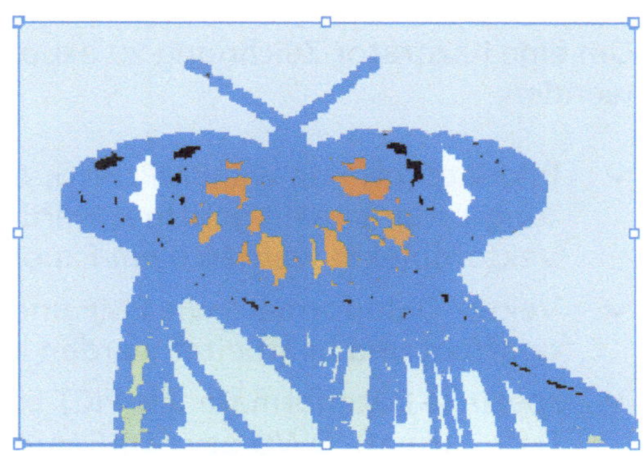

4. Übungsschritt

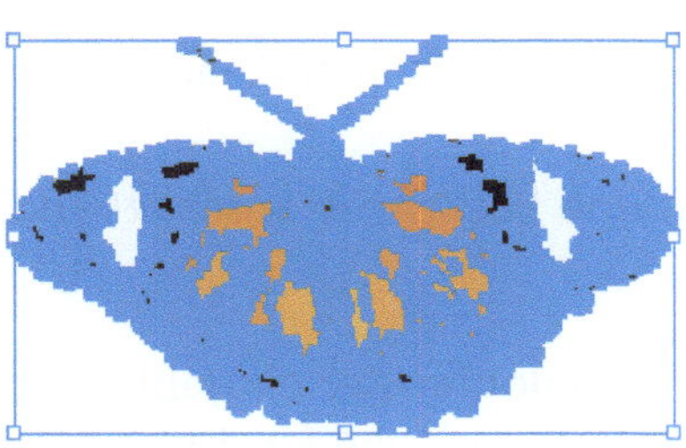

5. Übungsschritt

Ergebnisdatei „Schmetterling-E"

12 Zeichnungen für die Ausgabe vorbereiten

In diesem Kapitel erfahren Sie

- wie Sie Zeichnungen exportieren
- wie Sie Zeichnungen weboptimiert speichern
- wie Sie Zeichnungen für einen professionellen Druck vorbereiten
- wie Sie Zeichnungen mit individuellen Einstellungen drucken

Voraussetzungen

- Objekte bzw. Pfade zeichnen und bearbeiten

12.1 Zeichnungen exportieren

Zeichnungen für die Verwendung in anderen Programmen speichern

Illustrator bietet die Möglichkeit, Zeichnungen in fremden Dateiformaten zu speichern. So lassen sich Zeichnungen auch in anderen Programmen (Apps) nutzen.

Um eine Illustrator-Zeichnung zu exportieren, können Sie u. a. folgende Dateiformate verwenden:

- Bilddateiformate wie BMP, PNG, JPEG, TGA und TIF, die von den meisten Bildbearbeitungsprogrammen geöffnet werden können. Die in einer Zeichnung enthaltenen Vektorobjekte werden beim Export in Pixelgrafiken umgewandelt;
- Vektor-Dateiformate wie EMF und WMF, die von den meisten Zeichenprogrammen geöffnet und bearbeitet werden können;
- spezielle Dateiformate wie PICT bzw. PCT (für Macintosh-Programme), PSD (Photoshop-Dateiformat), DWG bzw. DXF (AutoCAD-Dateiformate) oder SWF (Adobe-Flash-Player-Dateiformat).

▶ Rufen Sie *Datei - Exportieren* auf und ändern Sie bei Bedarf im geöffneten Dialogfenster Speicherort und Dateinamen.

▶ Wählen Sie im Feld *Dateityp* das gewünschte Dateiformat und klicken Sie anschließend auf *Exportieren*.

Wenn Sie ein Bilddateiformat gewählt haben, wird ein weiteres Dialogfenster eingeblendet, in dem Sie spezielle Exportoptionen festlegen können. Die hier vorhandenen Einstellungsmöglichkeiten unterscheiden sich je nach zuvor gewähltem Dateiformat.

Zeichnungen im EPS-Format speichern

Um die Vektorobjekte einer Zeichnung in anderen Zeichenprogrammen bearbeiten zu können, sollten Sie die Zeichnung im EPS-Format speichern.

- EPS-Dateien können sowohl Vektorobjekte als auch Pixelgrafiken enthalten.
- Mehrere Zeichenflächen bleiben im EPS-Format erhalten.
- Enthält die Zeichnung mehrere Ebenen, werden diese beim Speichern zu einer Ebene zusammengefasst.

- ▶ Rufen Sie *Datei - Kopie speichern* auf und ändern Sie im geöffneten Dialogfenster bei Bedarf Speicherort und Dateinamen.
- ▶ Wählen Sie im Feld *Dateityp* das Dateiformat *Illustrator EPS (*.EPS)* und klicken Sie abschließend auf *Speichern.*

12.2 Zeichnungen im Internet veröffentlichen

Was Sie vorab wissen sollten

Um eine Zeichnung auf einer Webseite einbinden zu können, speichern Sie die entsprechende Zeichnung in einem Bilddateiformat, das sich für Bilder und Grafiken im Internet eignet (vgl. folgende Tabelle).

Dateiformat	Beschreibung
GIF (Graphic Interchange Format)	Im GIF-Format können Bilder mit bis zu 256 Farben und transparenten Bereichen gespeichert werden. Deshalb eignet sich dieses Format vor allem für Vektorobjekte und für Text. Ein GIF-Bild verwendet eine verlustfreie Komprimierung.
JPEG (Joint Photographic Experts Group)	Im JPEG-Format lassen sich Fotos mit einer Farbtiefe von bis zu 24 Bit speichern. Der Speicherbedarf lässt sich durch eine stufenlos einstellbare Komprimierung stark reduzieren. Allerdings verändert sich auch die Bildqualität entsprechend.
PNG (Portable Network Graphics)	PNG ist eine moderne Alternative zum GIF-Format, in dem Bilder mit einer Farbtiefe von bis zu 48 Bit gespeichert werden können. Zusätzlich werden Transparenz und Interlacing unterstützt. (Interlacing ermöglicht das schnelle Laden eines Vorschaubilds.) Das PNG-Format eignet sich nur eingeschränkt für die Verwendung auf Webseiten, da die verlustfreie Kompression zu beträchtlichen Dateigrößen führt.

Zeichnungen weboptimiert speichern

Mithilfe des Dialogfensters *Für Web speichern* können Sie prüfen, wie die Zeichnung bei der Verwendung verschiedener Dateiformate bzw. Komprimierungen auf einer Webseite dargestellt wird.

- Hierzu testen Sie verschiedene Einstellungen in Bezug auf Dateigröße und Qualität.
- Wenn Sie mit dem Ergebnis zufrieden sind, speichern Sie die Zeichnung mit den entsprechenden Einstellungen.

- ▶ Öffnen Sie die gewünschte Zeichnung und rufen Sie *Datei - Für Web speichern* auf, um das Dialogfenster *Für Web speichern* einzublenden.

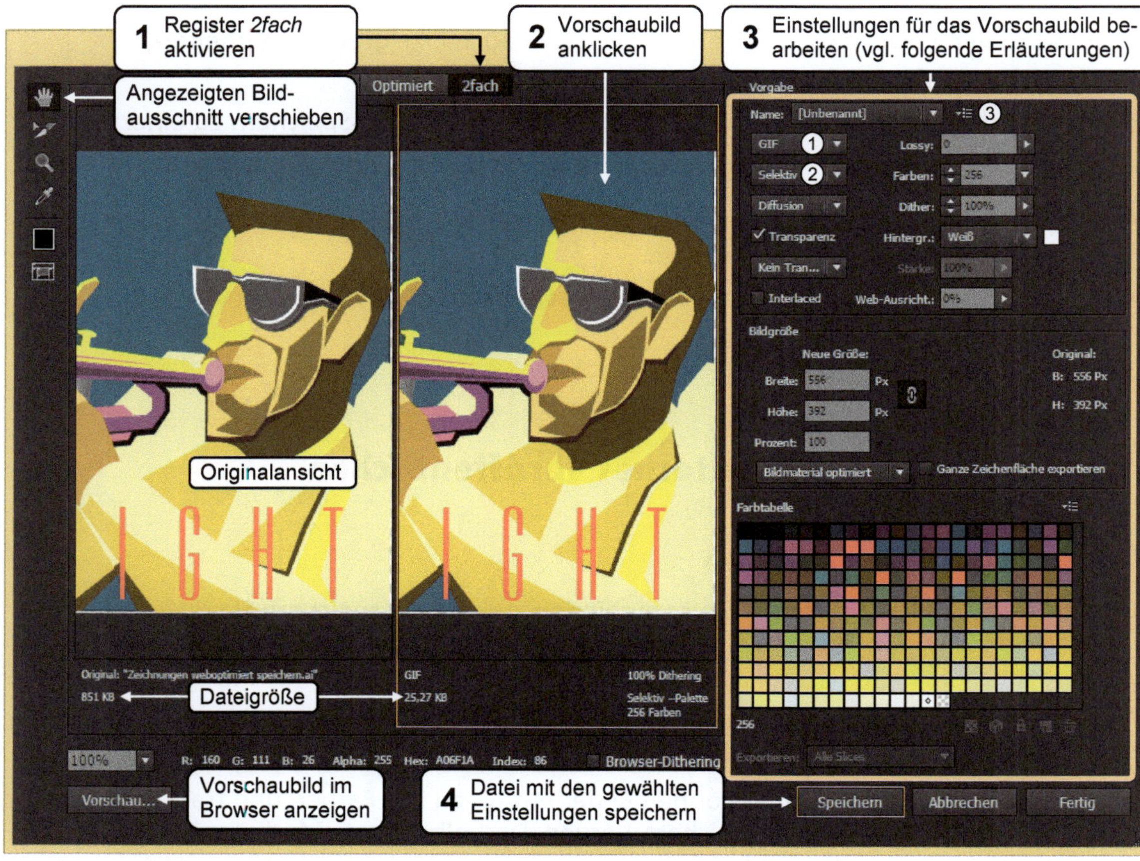

▶ Wählen Sie im Feld ① ein Dateiformat, z. B. GIF.

Die weiteren Einstellungsmöglichkeiten variieren je nach gewähltem Dateiformat.

▶ Legen Sie für das GIF- bzw. das PNG-8-Format im Feld ② die gewünschte Art der Farbreduktion fest (*Selektiv*, *Perzeptiv*, *Adaptiv* etc.).

oder Bestimmen Sie im Feld ② für das JPEG-Format eine Qualitätsstufe für das Bild. Je höher die Qualitätsstufe ist, desto weniger wird die Datei komprimiert.

Bestimmte Dateigröße für die Bilddatei festlegen

▶ Klicken Sie im Dialogfenster *Für Web speichern* auf ③ und wählen Sie *Auf Dateigröße optimieren.*

▶ Geben Sie im Feld ④ die gewünschte Dateigröße in Kilobytes ein.

▶ Aktivieren Sie die Option ⑤, um die Dateigröße basierend auf den Voreinstellungen zu optimieren.

oder Wählen Sie die Option ⑥, damit Illustrator die Einstellungen automatisch festlegt.

▶ Bestätigen Sie mit *OK*.

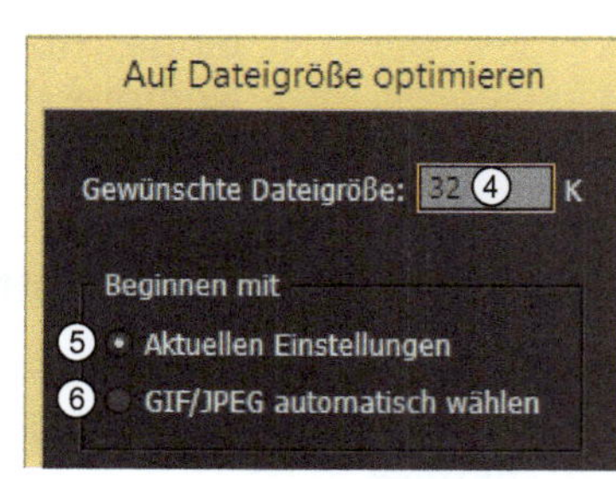

Die Bildgröße individuell festlegen

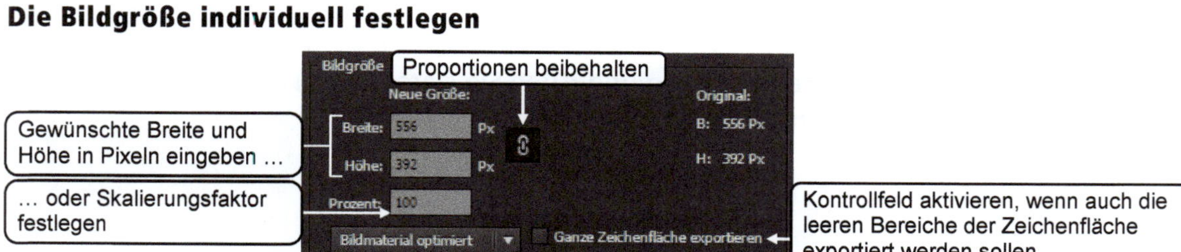

12.3 Zeichnungen für professionellen Ausdruck vorbereiten

Dateien für den Druck packen

Sie können alle Dateien, die für die Ausgabe Ihrer Zeichnung erforderlich sind, in einen Ordner packen und Ihrem Produktionspartner weitergeben. Im entsprechenden Ordner werden neben einer Textdatei mit Druckanleitungen die für den Druck benötigten Schriftarten und verknüpften Bilddateien abgelegt.

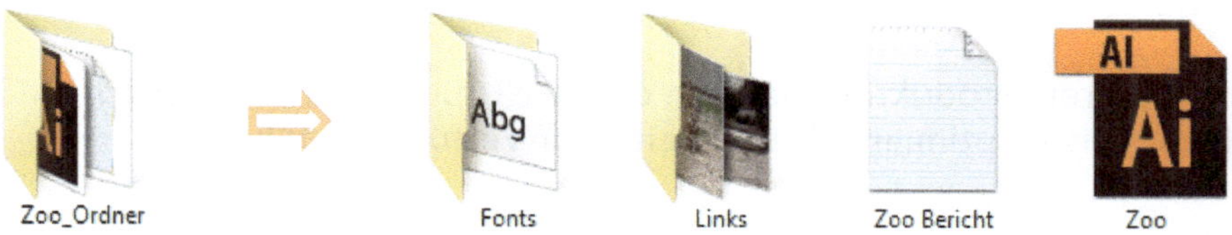

- Öffnen Sie die Zeichnung, die Sie für den Druck packen möchten, und wählen Sie *Datei - Verpacken*.

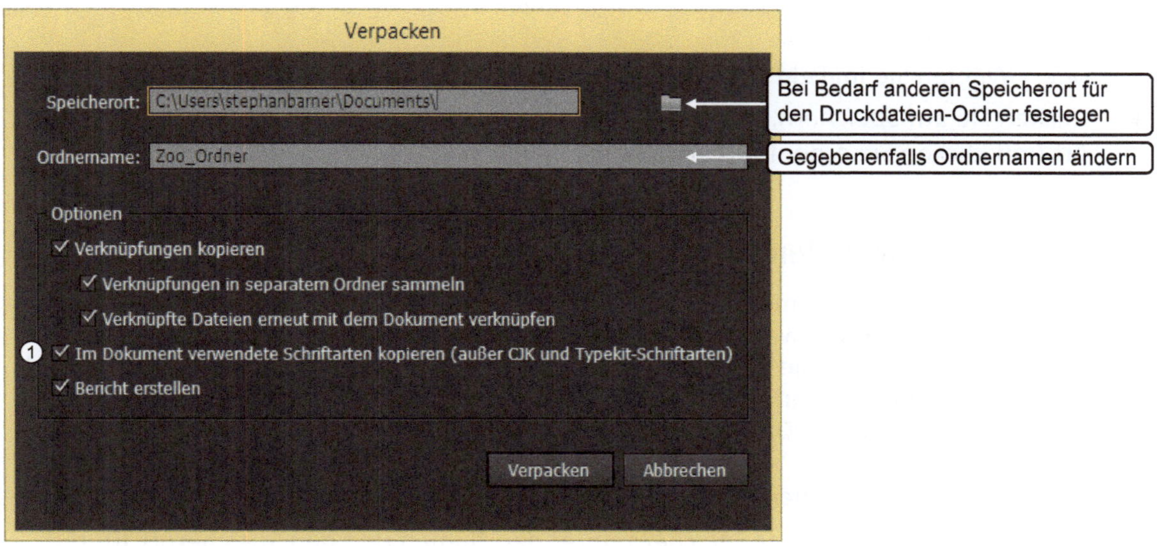

- Wenn Sie **nicht** über die entsprechenden Lizenzrechte bezüglich der in der Zeichnung verwendeten Schriften verfügen, **de**aktivieren Sie das Kontrollfeld ①.

  Adobe erlaubt das Erstellen einer Kopie der von Adobe lizenzierten Schriftarten für Druckdienstanbieter.
- Klicken Sie auf *Verpacken*.

War zuvor das Kontrollfeld ① aktiviert, blendet Illustrator einen Warnhinweis über das Kopieren von Schriftarten ein.

Wenn Sie beim Verpacken Ihrer Zeichnung OpenType-Schriften mitgegeben haben, muss der Empfänger des Pakets diese nicht auf seinem System installieren. Sobald er die Zeichnung öffnet, werden die Schriften automatisch aktiviert. Beim Schließen der Zeichnung werden die OpenType-Schriften wieder deaktiviert.

Eine PostScript-Datei erstellen

Wenn Sie Ihre Zeichnung an eine Druckerei oder ein Belichtungsstudio weitergeben möchten, kann dies auch über eine PostScript-Datei erfolgen.

- ✔ Beim Erstellen der PostScript-Datei ist eine PPD-Datei (PostScript Printer Definition) erforderlich. Diese enthält spezifische Informationen, beispielsweise zu Schriften, Papierformaten und zur Auflösung.
- ✔ Sie können bei Bedarf geräteunabhängige PostScript-Dateien erstellen, die auf jedem PostScript-fähigen Gerät ausgegeben werden können.

i Halten Sie Rücksprache mit Ihrem Produktionspartner, da viele Druckereien bzw. Belichtungsstudios auf ihre Bedürfnisse optimierte PPD-Dateien zur Verfügung stellen.

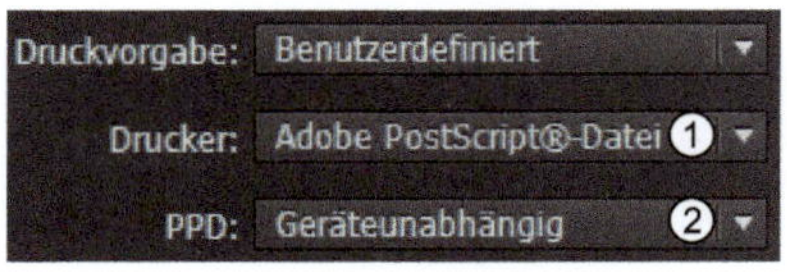

- ▶ Rufen Sie *Datei - Drucken* auf oder drücken Sie Strg P.
- ▶ Wählen Sie im Druckdialog im Feld ① *Adobe PostScript®-Datei*.
- ▶ Wählen Sie im Feld ② die vom Produktionspartner erhaltene PPD-Datei aus.

  oder Wählen Sie im Feld ② *Geräteunabhängig*.
- ▶ Klicken Sie auf *Speichern*, wählen Sie einen Speicherort und klicken Sie erneut auf *Speichern*.

Eine PDF-Datei erstellen

PDF-Dateien (Portable Document Format) können mit dem Adobe Reader auf jeder Plattform geöffnet und gelesen werden. PDF-Dateien sind besonders für die Ausgabe von Zeichnungen geeignet, da sie eine zuverlässige Übertragung von Schriftarten, Bildern und Layout-Einstellungen gewährleisten. Mithilfe der zur Verfügung gestellten Adobe-PDF-Vorgaben können Sie eine PDF-Datei schnell erstellen.

- ▶ Rufen Sie *Datei - Speichern unter* auf oder drücken Sie Strg ⇧ S.
- ▶ Legen Sie im Dialogfenster *Speichern unter* den Namen und den Speicherort für die Datei fest.
- ▶ Wählen Sie im Feld *Dateityp* den Eintrag *Adobe PDF* und klicken Sie auf *Speichern*.

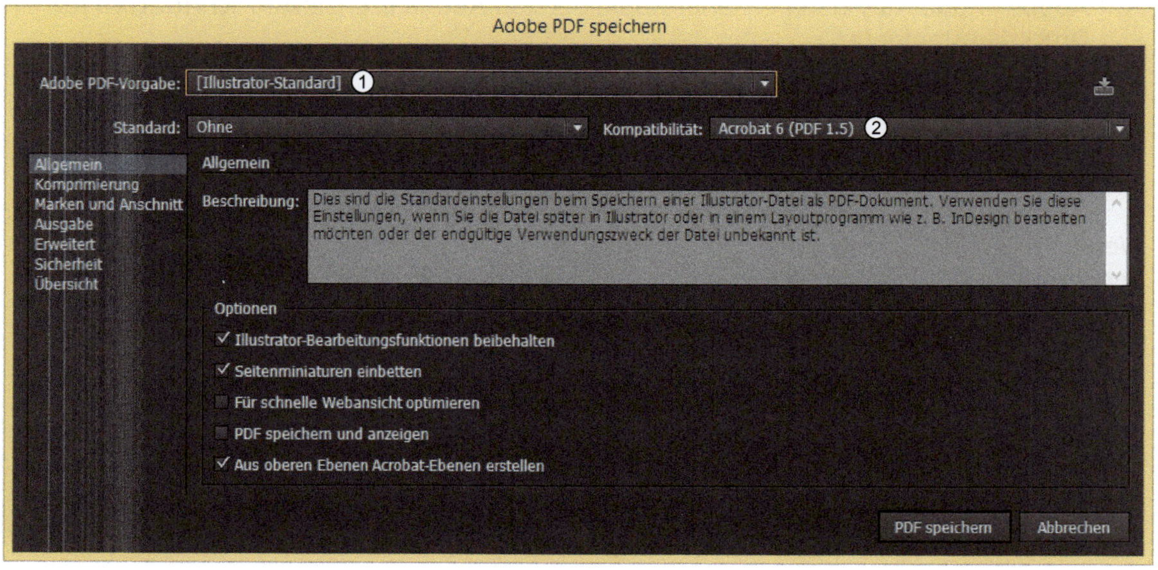

▶ Wählen Sie im Feld ① eine Vorgabe aus (vgl. nachfolgende Tabelle).
Eine Beschreibung der gewählten Vorgabe erscheint automatisch im Feld *Beschreibung*.

Sie möchten eine PDF-Datei erstellen, die ...	**PDF-Vorgabe**
sich für die Weiterbearbeitung in einem Layout-programm (z. B. InDesign) eignet	*[Illustrator-Standard]*
für den Ausdruck an einem Desktopdrucker geeignet ist	*[Qualitativ hochwertiger Druck]*
mit bestimmten ISO-Standards kompatibel ist	*[PDF/X-1a:2001]* oder *[PDF/X-3:2002]* oder *[PDF/X-4:2008]*
sich für einen gewerblichen Belichtungsbetrieb eignet	*[Druckausgabequalität]*
für die Anzeige im Web / in einem Intranet geeignet ist	*[Kleinste Dateigröße]*

▶ Ändern Sie bei Bedarf im Feld ② die gewünschte Kompatibilität.
Die Standardeinstellung *Acrobat 6 (PDF 1.5)* enthält die wichtigsten Einstellungen für die Druckvorstufe. Zeichnungen mit dieser Einstellung können auch mit den Adobe-Reader-Versionen 5 - 11 geöffnet werden.

▶ Nehmen Sie gegebenenfalls weitere Einstellungen über die Kategorien auf der linken Seite des Dialogfensters vor:

Kategorie	**Beschreibung**
Komprimierung	Hier legen Sie fest, wie Grafiken komprimiert werden sollen.
Marken und Anschnitt	Sie können Druckermarken und Beschnittzugaben über diese Kategorie definieren.
Ausgabe	Hier definieren Sie, wie Farben und PDF/X-Ausgabemethodenprofile gespeichert werden sollen.
Erweitert	Über diese Kategorie legen Sie Optionen für das Speichern von Schriftarten und Transparenzreduzierung fest.
Sicherheit	In dieser Kategorie stehen Ihnen Sicherheitsoptionen zur Verfügung. Beispielsweise können Sie hier festlegen, dass das Dokument nur nach Eingabe eines Kennworts geöffnet oder gedruckt werden kann.
Übersicht	Über diese Kategorie erhalten Sie eine Übersicht der PDF-Einstellungen. Sollte InDesign Unstimmigkeiten mit einer ausgewählten Vorgabe feststellen, wird ein Warndreieck ⚠ neben dieser Kategorie eingeblendet.

▶ Klicken Sie abschließend auf *PDF speichern* und bestätigen Sie die eingeblendete Meldung mit *OK*.

PDF-Vorgaben laden

Oft stellen Produktionspartner eigene Adobe-PDF-Vorgaben zur Verfügung. Sollten Sie eine PDF-Vorgabe erhalten, können Sie diese über *Bearbeiten - Adobe PDF-Vorgaben* aufrufen. Klicken Sie im geöffneten Dialogfenster *Adobe PDF-Vorgaben* auf *Importieren*, wählen Sie die Vorgabendatei und klicken Sie auf *Öffnen*. Nach dem Laden wird die Vorgabe im Dialogfenster *Adobe PDF speichern* im Feld *Adobe PDF-Vorgabe* angeboten.

12.4 Zeichnungen mit individuellen Einstellungen drucken

Den Druckdialog aufrufen

▶ Rufen Sie *Datei - Drucken* auf oder drücken Sie Strg P.

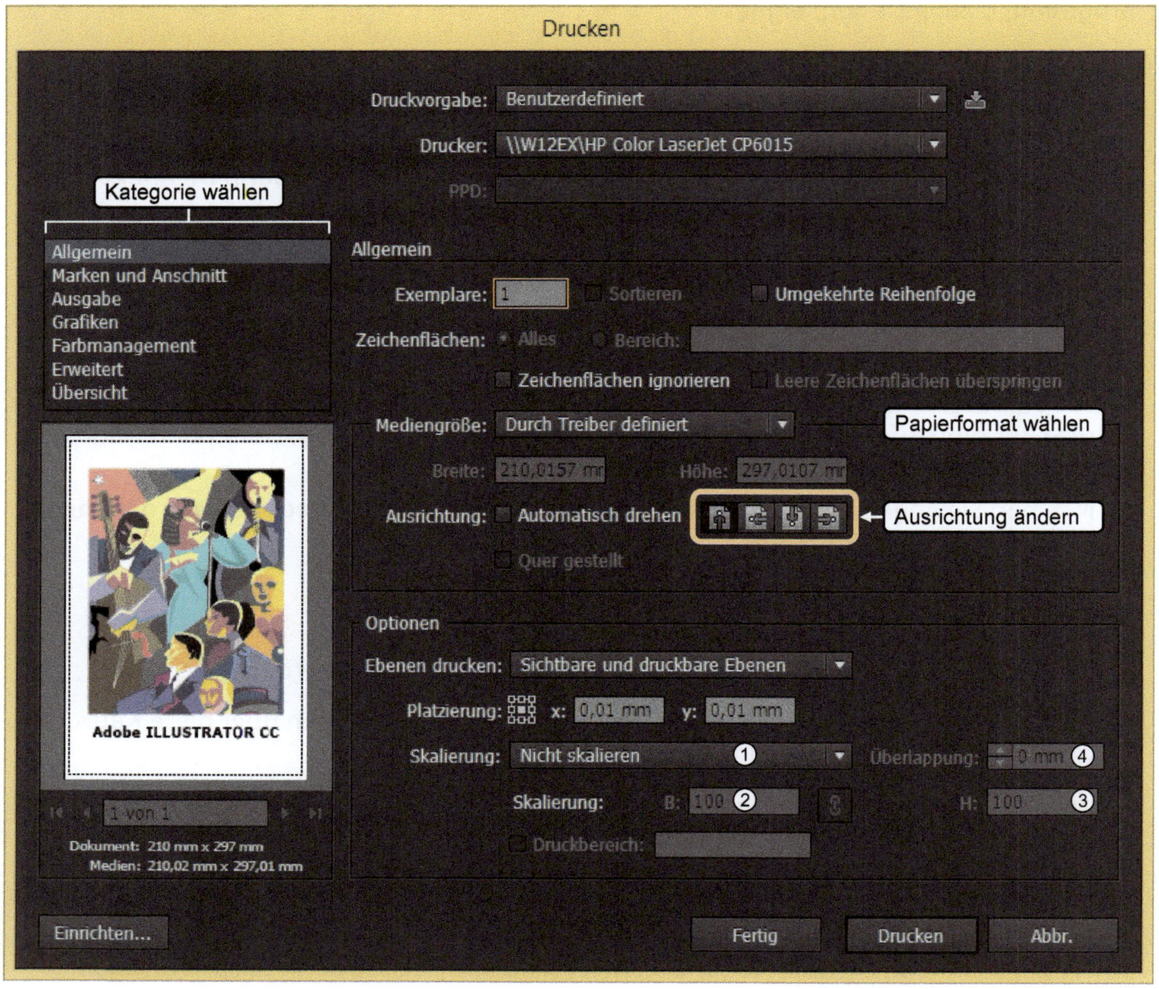

Zeichnung komplett auf einer Seite drucken

Zeichnungen, die nicht genau auf die Seite des Ausdrucks passen, können Sie verkleinern bzw. vergrößern.

▶ Wählen Sie im Feld ① *An Seite anpassen*, um die Zeichnung seitenfüllend zu drucken.

oder Wählen Sie im Feld ① *Benutzerdefiniert* und geben Sie in den Feldern ② und ③ den gewünschten Prozentwert für die Breite und Höhe ein.

Zeichnungen mit Übergröße auf verschiedene Druckseiten verteilen

Haben Sie etwa ein Plakat erstellt, das Sie auf Ihrem Desktopdrucker ausgeben möchten, können Sie die Zeichnung auf verschiedene Druckseiten verteilen. Sie legen dabei einen Bereich fest, in dem sich die Druckseiten überlappen. So gewährleisten Sie einen nahtlosen Übergang zwischen den Druckseiten.

▶ Wählen Sie im Feld ① *Fläche besteht aus ganzen Seiten*. Die Grafik wird auf möglichst wenige Seiten verteilt.

▶ Geben Sie im Feld ④ den Überlappungsbereich ein.

Druckermarken ausgeben

Sie können im Druckdialog in der Kategorie *Marken und Anschnitt* die folgenden Druckermarken für den Ausdruck einschalten:

- *Schnittmarken* ①
- *Passermarken* ②
- *Farbkontrollstreifen* ③
- *Seiteninformationen* (= Dateiname, Datum und Uhrzeit) ④

12.5 Individuelle Druckeinstellungen speichern

Druckvorgaben erstellen

Sie können die aktuellen Einstellungen im Druckdialog als Druckvorgabe speichern, die sich dort anschließend über das Feld ① auswählen lässt.

▶ Öffnen Sie den Druckdialog, z. B. über *Datei - Drucken*.

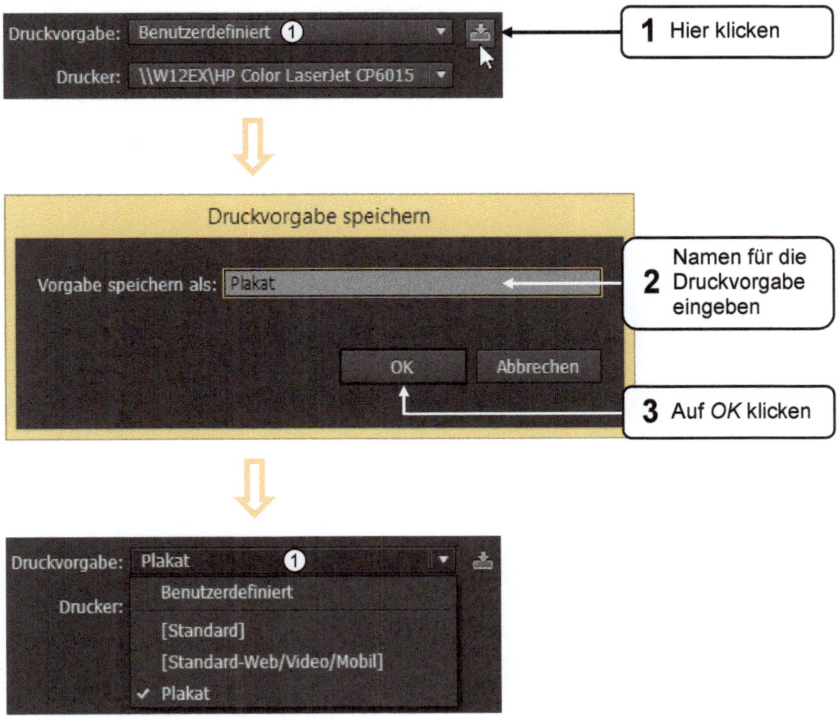

Über *Bearbeiten - Druckvorgaben* können Sie vorhandene **Druckvorgaben verwalten**, beispielsweise bearbeiten ② oder löschen ③.

12.6 Schnellübersicht

Sie möchten ...	
eine Zeichnung exportieren	*Datei - Exportieren*
eine Zeichnung weboptimiert speichern	*Datei - Für Web speichern*
Dateien für den Druck packen	*Datei - Verpacken*
eine PostScript-Datei erstellen	*Datei - Drucken*, im Feld *Drucker* Eintrag *Adobe PostScript®-Datei* wählen, *Speichern*
eine Zeichnung als PDF-Datei exportieren	*Datei - Speichern unter* oder Strg ⇧ S, im Feld *Dateityp* den Eintrag *Adobe PDF* wählen, *Speichern*
PDF-Vorgaben laden	*Bearbeiten - Adobe PDF-Vorgaben, Importieren*
eine Zeichnung mit individuellen Einstellungen drucken	*Datei - Drucken* oder Strg P
eine Druckvorgabe erstellen	*Datei - Drucken*,
eine selbst erstellte Druckvorgabe nutzen	*Datei - Drucken*, Feld *Druckvorgabe*
Druckvorgaben verwalten	*Bearbeiten - Druckvorgaben*

12.7 Übung

Zeichnung drucken und als PDF-Datei exportieren

Level		**Zeit**	ca. 5 min
Übungsinhalte	✔ Eine Zeichnung mit individuellen Einstellungen drucken ✔ Druckeinstellungen als Druckvorgabe speichern ✔ Eine Zeichnung als PDF-Datei exportieren		
Übungsdatei	*Natur*		
Ergebnisdatei	*Natur-E.pdf*		

① Öffnen Sie die Übungsdatei *Natur.ai*.

② Drucken Sie die Zeichnung so auf einem **DIN A4-Blatt**, dass:

- ✔ sie komplett auf dem Blatt erscheint,
- ✔ das Blatt mit Druckermarken versehen wird.

③ Speichern Sie die aktuellen Druckeinstellungen als Druckvorgabe unter dem Namen *Übungsvorgabe*.

④ Exportieren Sie die Zeichnung als PDF-Datei unter dem Namen *Natur-E.pdf.*

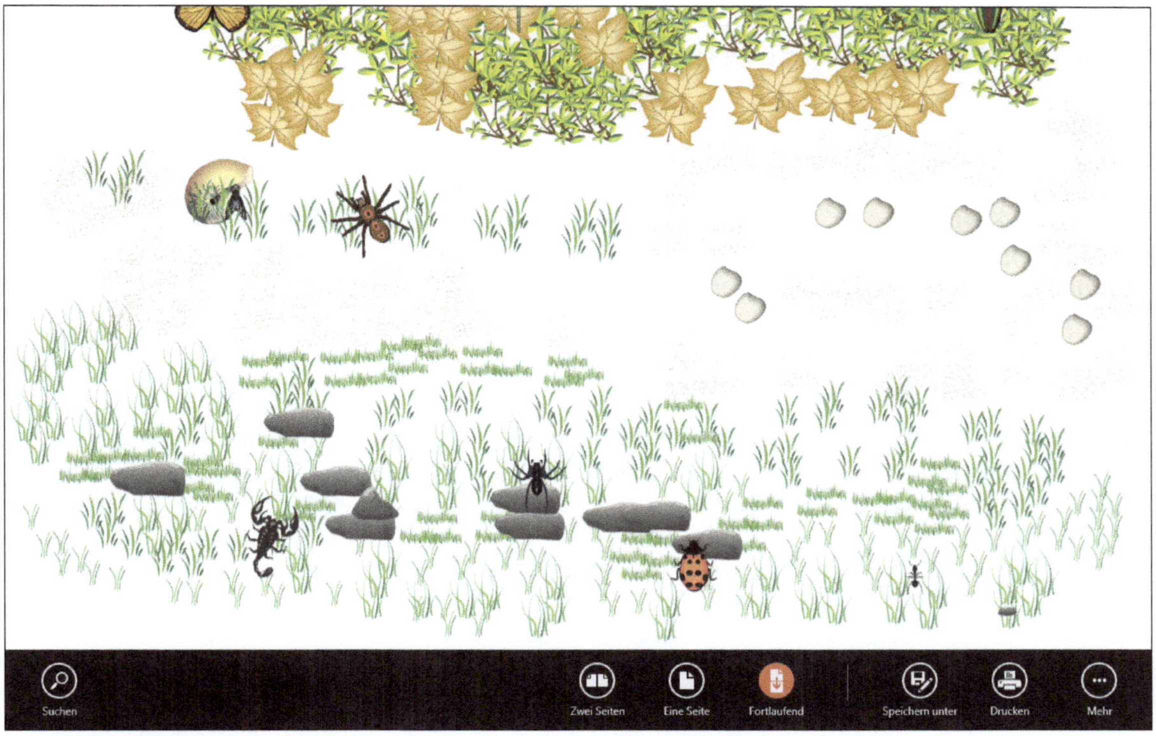

Ergebnisdatei „Natur-E.pdf" (geöffnet in der Windows-8-App Reader)

13 In der Creative Cloud arbeiten

In diesem Kapitel erfahren Sie

- wie Sie via Creative Cloud auf Dateien zugreifen
- wie Sie in der Creative Cloud gespeicherte Dateien verwalten
- wie Sie Dateien und Einstellungen synchronisieren

Welche Vorteile bietet die Creative Cloud?

Abhängig von Ihrer erworbenen Creative-Cloud-Lizenz können Sie neben Illustrator auch eine Vielzahl anderer spezieller Kreativ-Apps nutzen. Mit Hilfe dieser Apps können Sie beispielsweise professionell ...

- Bilder ① und Videos ② bearbeiten,
- Dokumente layouten ③, Webseiten ④ und PDF-Dokumente ⑤ erstellen,
- Ihre Projekt-Dateien ⑥ verwalten.

Apps der Creative Cloud (Auswahl)

Über die **Creative-Cloud-App** haben Sie, je nach erworbenem Lizenzmodell, die Möglichkeit, weitere Kreativ-Apps herunterzuladen bzw. von Adobe bereitgestellte Updates und Aktualisierungen zu installieren.

Creative Cloud als Online-Speicher

Sie können Ihre Illustrator-Dokumente und auch andere Dateien online in der Creative Cloud speichern. Hierzu steht Ihnen als Lizenznehmer der Creative Cloud standardmäßig 100 GB Speicherplatz zur Verfügung.

Es gibt mehrere Wege, wie Sie Dateien in der Creative Cloud speichern bzw. auf die dort gespeicherten Daten zugreifen:

- Über einen Webbrowser
- Über die Creative-Cloud-App

Darüber hinaus besteht die Möglichkeit, die im lokalen Ordner *Creative Cloud Files* gespeicherten Dateien mit den in der Creative Cloud online gespeicherten Dateien automatisch abzugleichen (**Dateisynchronisation**). Auf diesen Ordner kann über die Favoriten des Explorers und somit auch in den Dialogfenstern *Öffnen* bzw. *Speichern unter* zugegriffen werden.

Zugang zum Online-Speicher Ihres Creative-Cloud-Kontos

- Rufen Sie in Ihrem Browser die Web-Adresse *creative.adobe.com/files* auf.

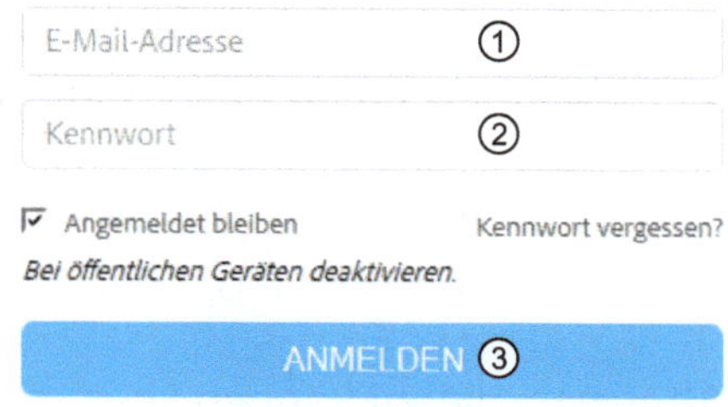

Gegebenenfalls müssen Sie sich anschließend anmelden. Geben Sie hierzu in den abgebildeten Feldern die E-Mail-Adresse ① und das Kennwort ② Ihrer Adobe-ID ein und klicken Sie auf *ANMELDEN* ③.

Alternativ dazu gelangen Sie auch über die Creative-Cloud-App zur besagten Website:

- Um die Creative-Cloud-App zu starten, tippen Sie direkt auf dem Windows-Startbildschirm die Anfangsbuchstaben der App ein (*cre*) und klicken Sie in der nun eingeblendeten Suchleiste auf den nebenstehend abgebildeten Eintrag.

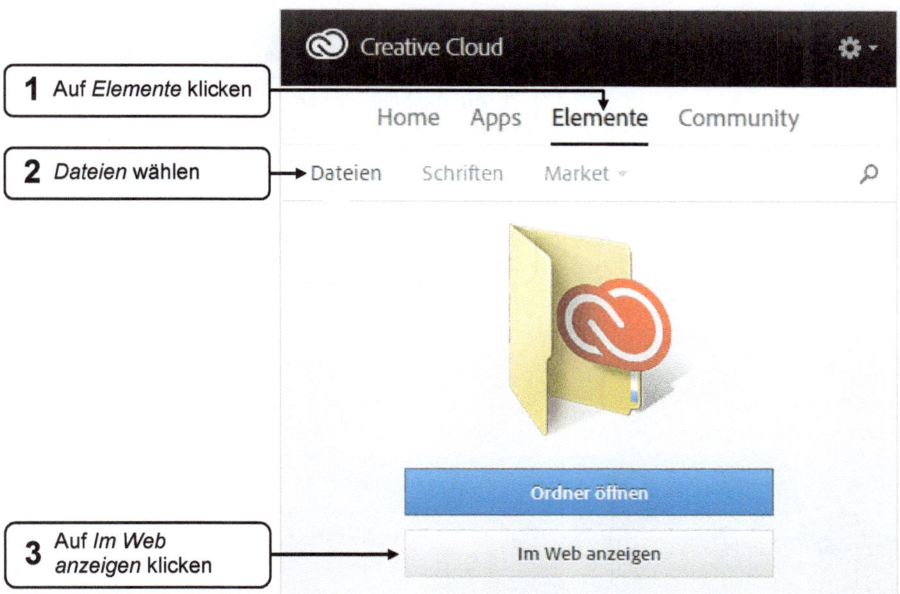

Der Online-Speicher der Creative Cloud wird nun im Browser angezeigt:

Dateien in der Creative Cloud speichern

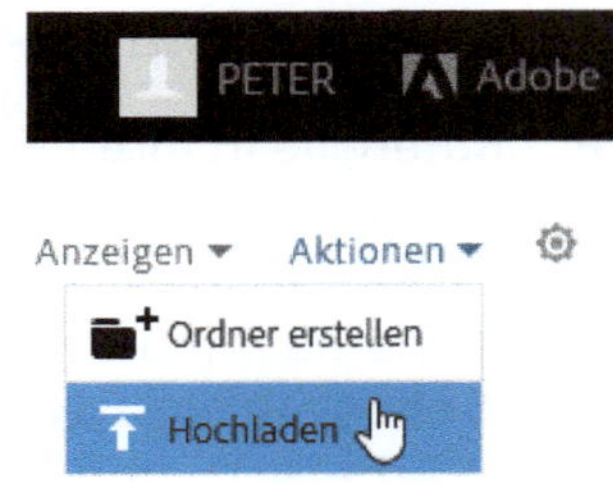

- Klicken Sie auf *Aktionen* und wählen Sie *Hochladen*.
- Wechseln Sie im Dialogfenster *Datei hochladen* zum Speicherort der Dateien, die Sie in Ihrem Creative-Cloud-Konto speichern möchten.
- Markieren Sie die Dateien und klicken Sie auf *Öffnen*.

Alternativ hierzu können Sie eine Datei in der Creative Cloud speichern, indem Sie die Datei z. B. aus dem Explorer heraus mit der Maus in das Browserfenster ziehen.

Dateien aus der Creative Cloud auf Ihren Rechner kopieren

- Klicken Sie in der Creative Cloud auf die Datei, die Sie herunterladen möchten.

Die Detailseite der markierten Datei wird geöffnet:

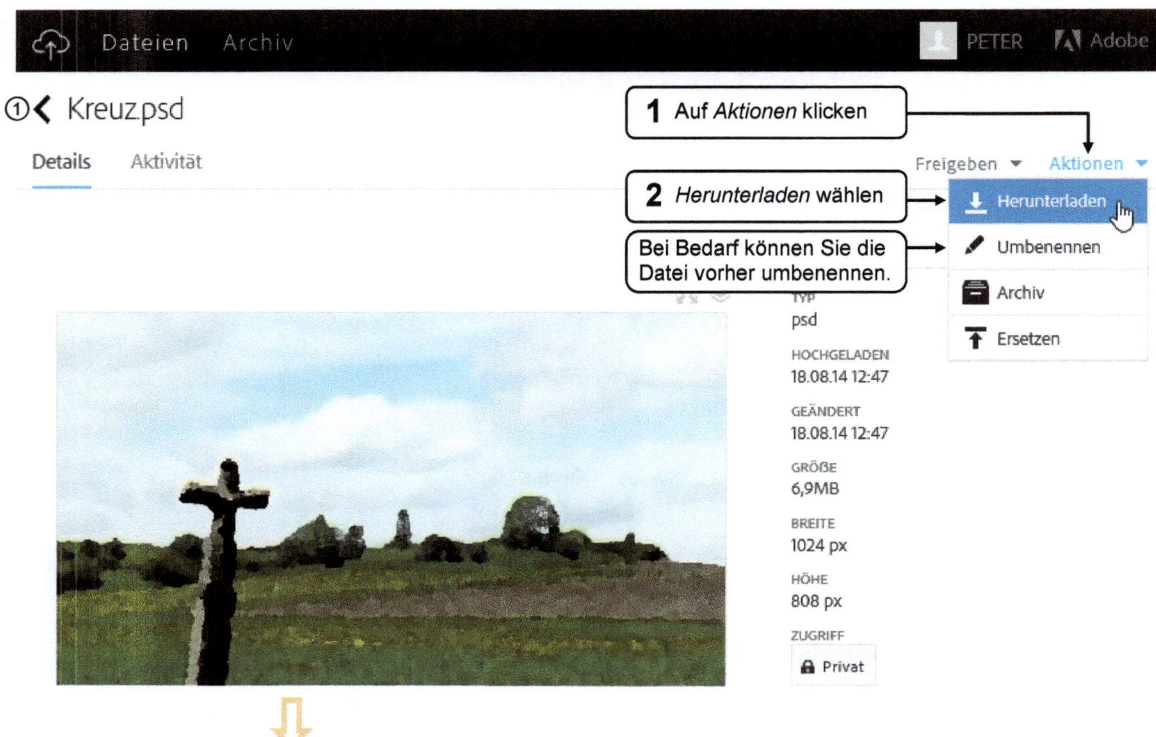

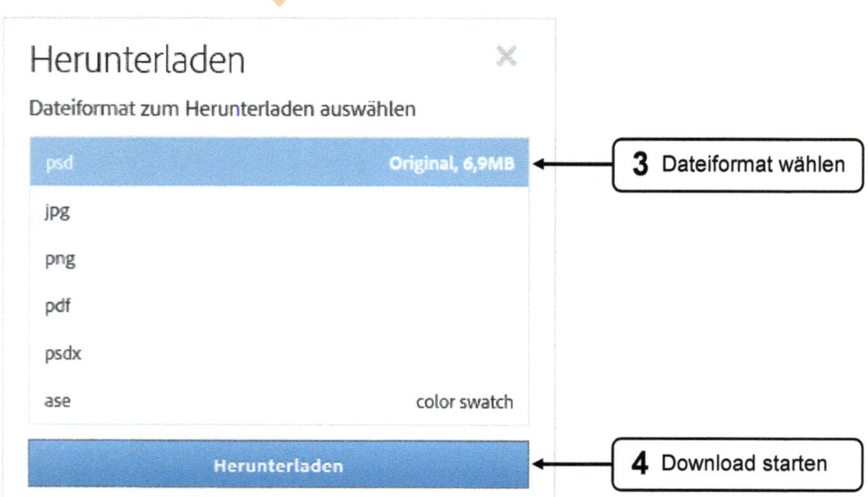

- Klicken Sie links oben auf ❮ ①, um die Detailseite zu verlassen.

13.2 Creative-Cloud-Dateien verwalten

Ordner für Creative-Cloud-Dateien anlegen

▶ Öffnen Sie im Browser den Online-Speicher der Creative Cloud.

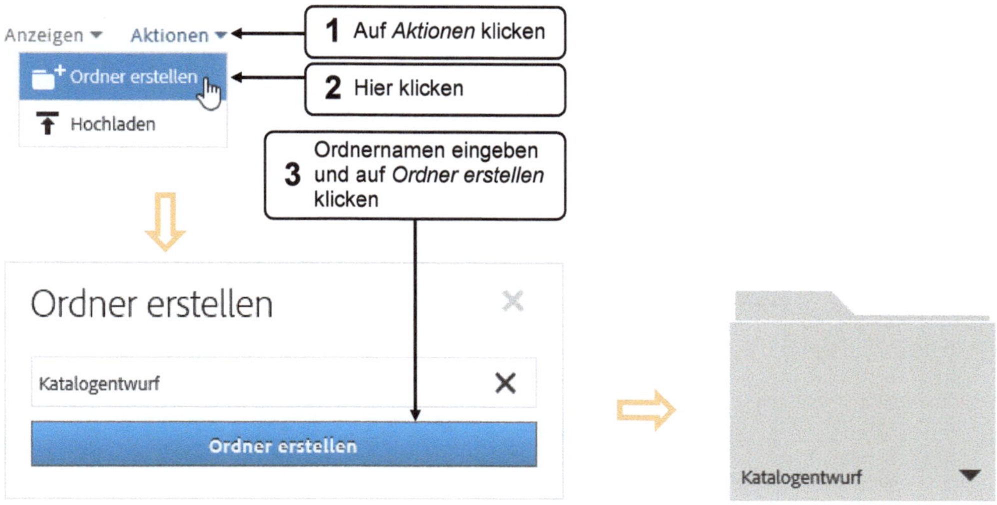

Creative-Cloud-Dateien in Ordner verschieben

▶ Öffnen Sie im Browser den Online-Speicher der Creative Cloud.

Um eine oder mehrere Dateien in einen Ordner verschieben zu können, aktivieren Sie zunächst die Listenansicht:

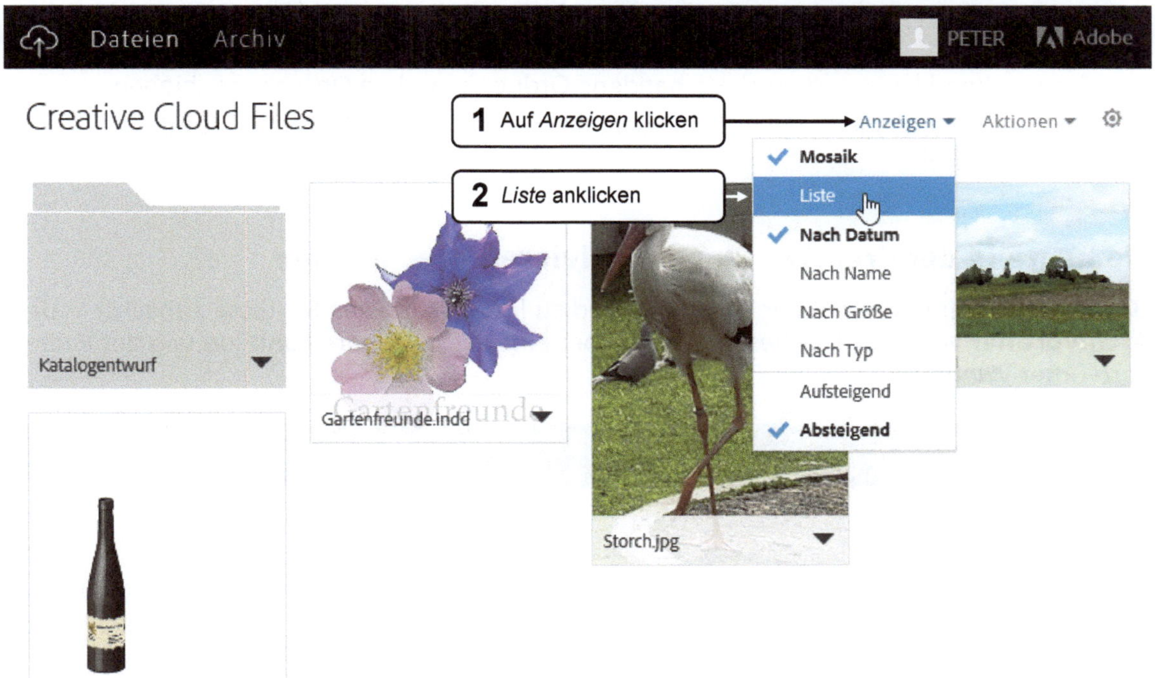

Online-Speicher der Creative Cloud in der Mosaikansicht

In der nun angezeigten Listenansicht können Sie einzelne oder mehrere Dateien bzw. Ordner markieren. Anschließend lassen sich mit den markierten Elementen verschiedene Aktionen durchführen.

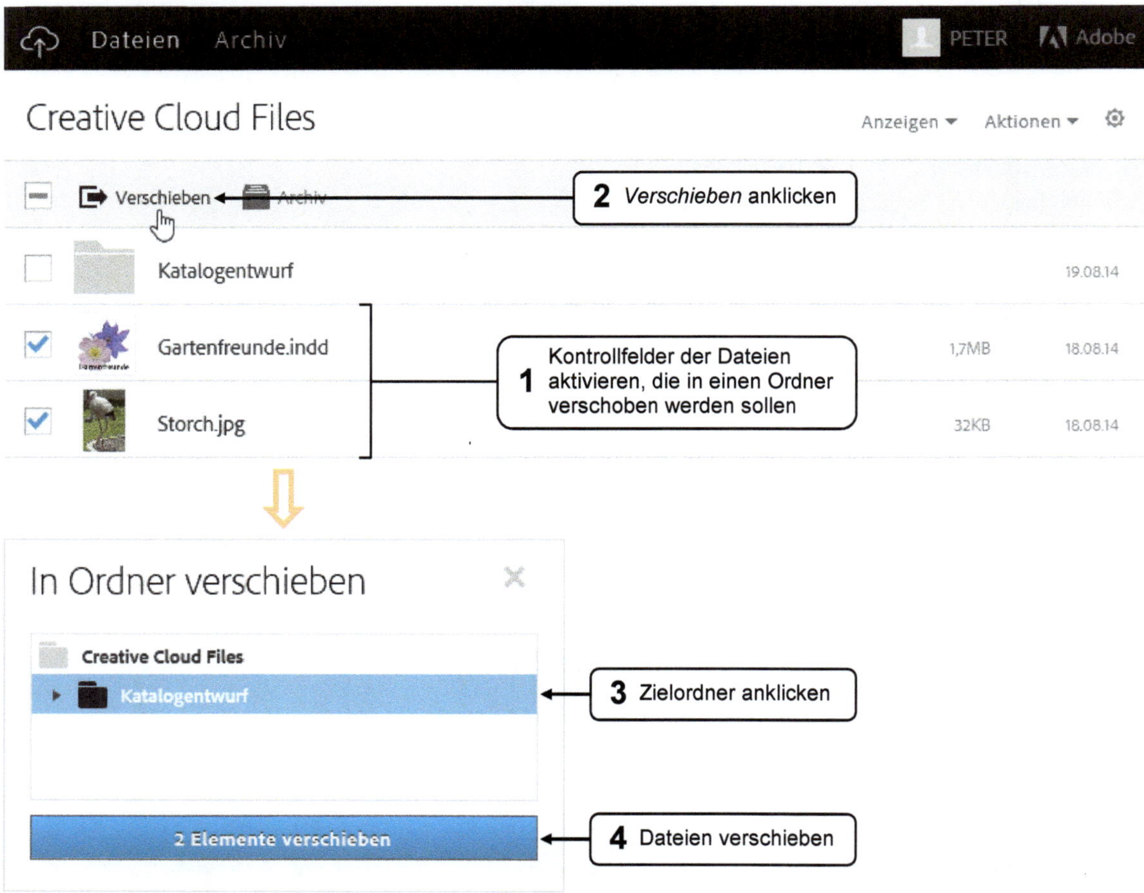

- Entsprechend lassen sich auch vorhandene Ordner in andere Ordner verschieben.
- Möchten Sie den Inhalt eines Ordners im Browser anzeigen, klicken Sie auf das Ordnersymbol.

Elemente in der Creative Cloud archivieren bzw. löschen

Um Dateien oder Ordner in der Creative Cloud zu löschen, müssen Sie diese zunächst in den **Archivordner** verschieben. Dieser verfügt über eine vergleichbare Funktion wie der *Papierkorb* unter Windows.

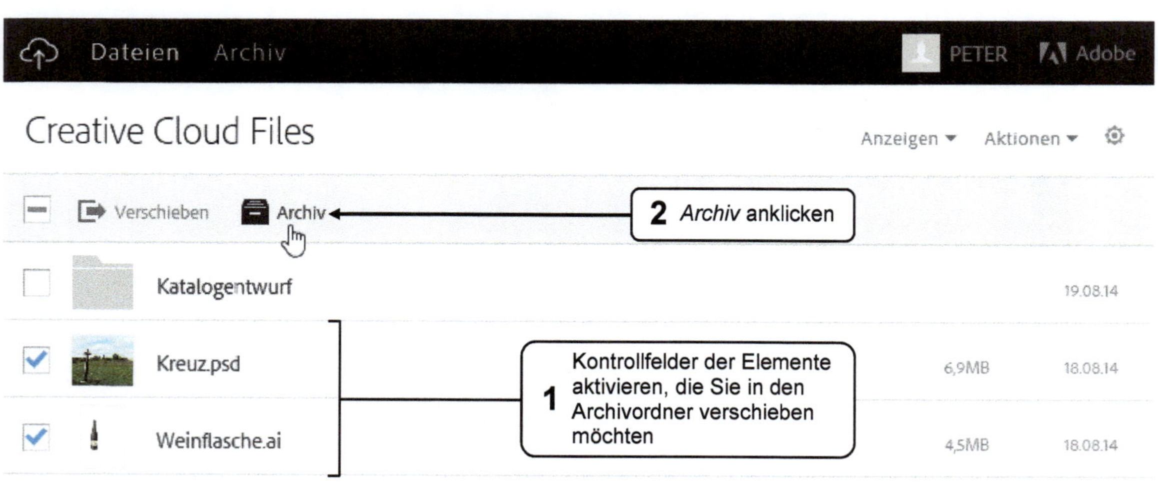

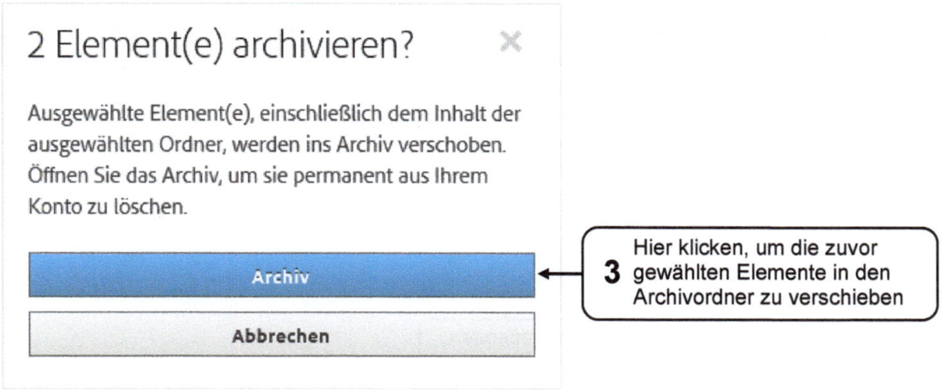

Dateien, die sich im Archivordner befinden, belegen weiterhin Online-Speicherplatz. Daher sollten Sie archivierte Dateien, die Sie nicht länger benötigen, endgültig löschen.

Um Dateien **endgültig zu löschen**, gehen Sie folgendermaßen vor:

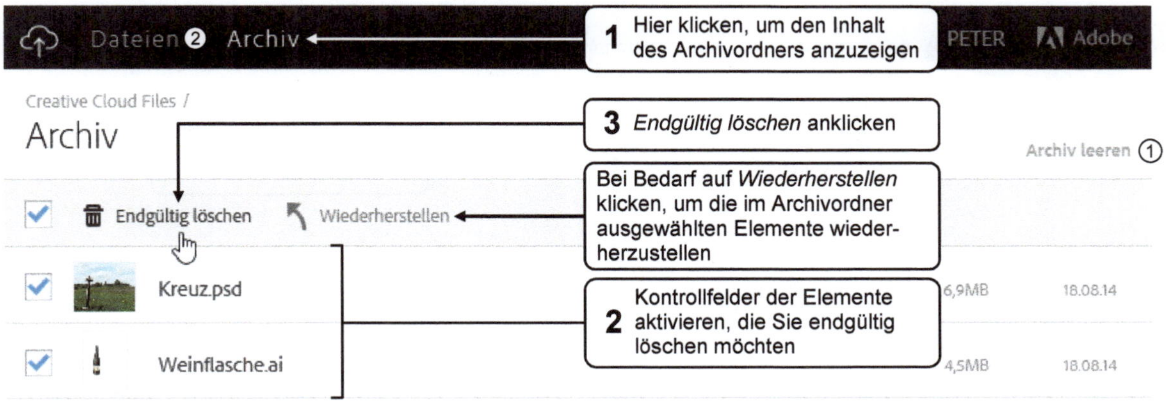

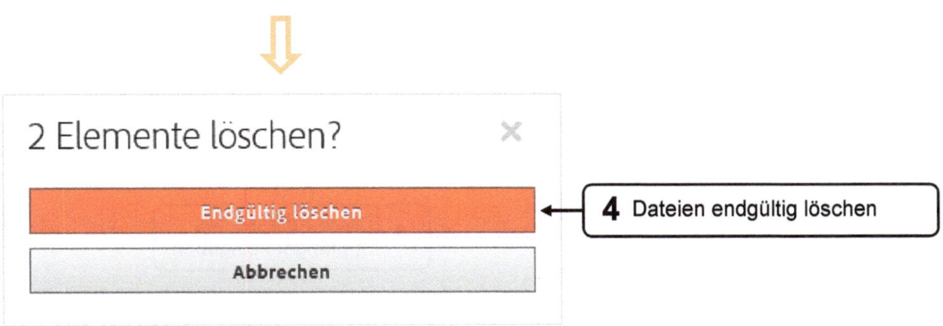

- ✔ Über *Archiv leeren* ① können Sie sämtliche im Archiv vorhandenen Elemente auf einmal löschen.
- ✔ Um zum Online-Speicher der Creative Cloud zurückzukehren, klicken Sie auf *Dateien* ②.

Creative-Cloud-Dateien für andere Nutzer freigeben

Sie können Dateien bzw. Ordner in der Creative Cloud für andere Nutzer freigeben. Die Personen werden per E-Mail über die Freigabe informiert und können über den in der Mail enthaltenen Link auf das freigegebene Element zugreifen.

▶ Öffnen Sie im Browser den Online-Speicher der Creative Cloud.

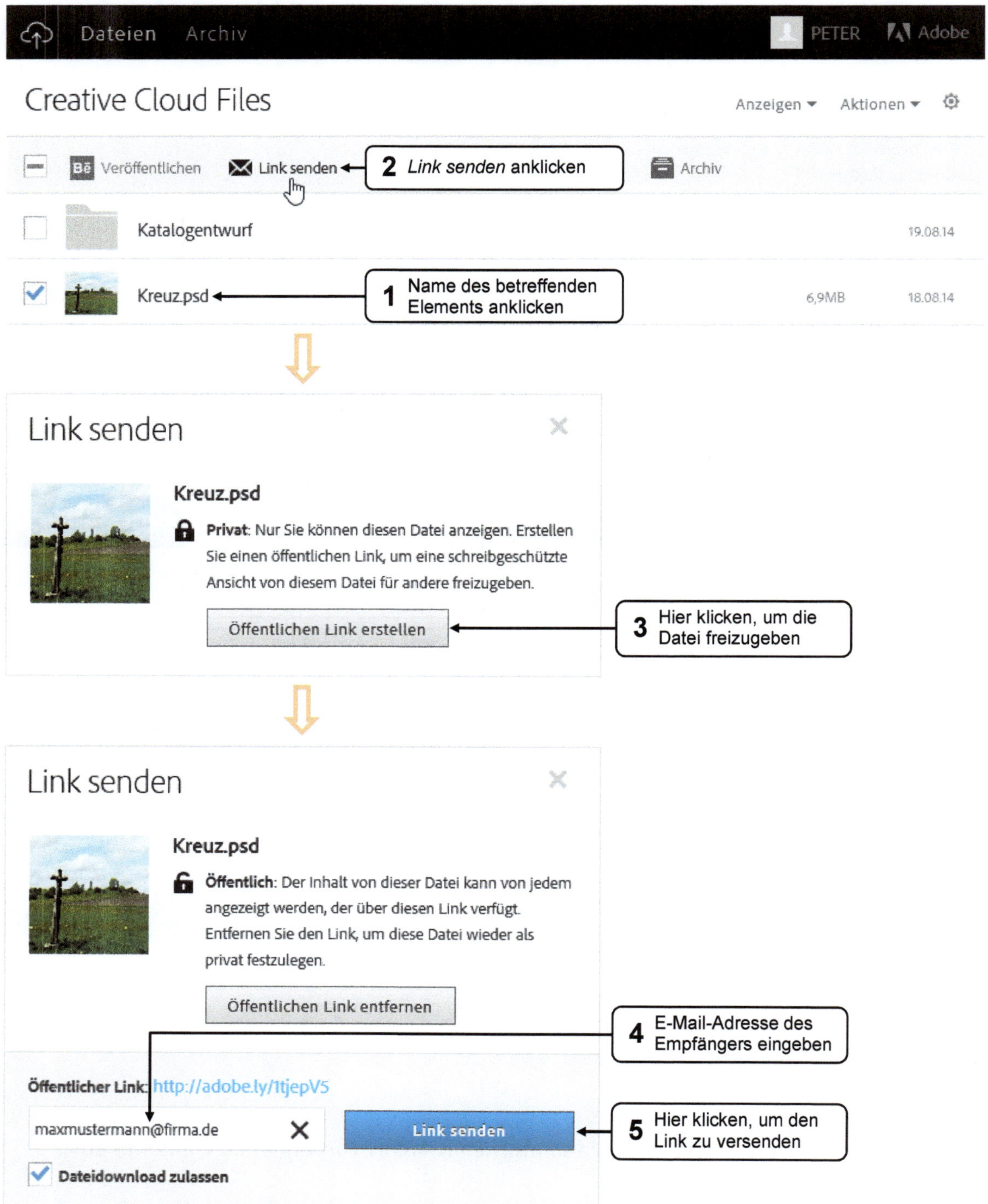

In der **Mosaikansicht** lassen sich einzelne Elemente über die Schaltfläche ▼

① für andere Nutzer freigeben,
② in einen Ordner verschieben,
③ umbenennen,
④ archivieren (bzw. endgültig löschen).

13.3 Dateien synchronisieren

Synchronisation von lokal und online gespeicherten Dateien

Alternativ zu den Vorgehensweisen im Browser können Sie auch mit den „Bordmitteln" des Betriebssystems Dateien in die Creative Cloud übertragen bzw. von dort aus abrufen.

Voraussetzung hierfür ist, dass Ihr Computer mit dem Internet verbunden ist, die App *Adobe Creative Cloud* installiert ist und Sie in der App mit Ihrer Adobe ID angemeldet sind.

Sind diese Bedingungen erfüllt, werden alle Dateien, die sich im lokalen Ordner *Creative Cloud Files* befinden, automatisch mit dem Onlinespeicher der Creative Cloud synchronisiert. Das bedeutet konkret:

- ✔ Ändern Sie eine in der Creative Cloud gespeicherte Datei, wird deren lokale Kopie im Ordner *Creative Cloud Files* automatisch aktualisiert.
- ✔ Ändern Sie eine im Ordner *Creative Cloud Files* gespeicherte Datei, wird deren Kopie in der Creative Cloud ebenfalls automatisch geändert.
- ✔ Dies trifft auch für Verwaltungsarbeiten, wie z. B. Ordner anlegen, Dateien verschieben, kopieren oder umbenennen, zu.

Beachten Sie, dass die Dateisynchronisation automatisch und ohne Rückfrage erfolgt. Um ein unbeabsichtigtes Überschreiben wichtiger Dateien zu vermeiden, sollten Sie sich gegebenenfalls Sicherheitskopien außerhalb des Ordners *Creative Cloud Files* anlegen.

Zugriff auf den Ordner *Creative Cloud Files*

Am schnellsten gelangen Sie zum Ordner *Creative Cloud Files* über die Favoritenliste des Explorers:

▶ Öffnen Sie den Explorer, indem Sie in der Taskleiste auf klicken bzw. Win E drücken.

Der Ordner *Creative Cloud Files* entspricht einem normalen Windows-Ordner: Sie können die darin enthaltenen Elemente wie gewohnt kopieren, verschieben, umbenennen oder in Ordnern organisieren. Um Dateien oder Ordner hinzuzufügen, ziehen Sie die gewünschten Elemente mit gedrückter Maustaste in das Ordnerfenster hinein.

Auch in den Dialogfenstern *Öffnen* und *Speichern unter* erhalten Sie über die Favoritenliste schnellen Zugang zum Ordner *Creative Cloud Files*.

Innerhalb des Ordners *Creative Cloud Files* erhalten Sie über den Kontextmenüpunkt *Creative Cloud* Zugang zu speziellen Befehlen:

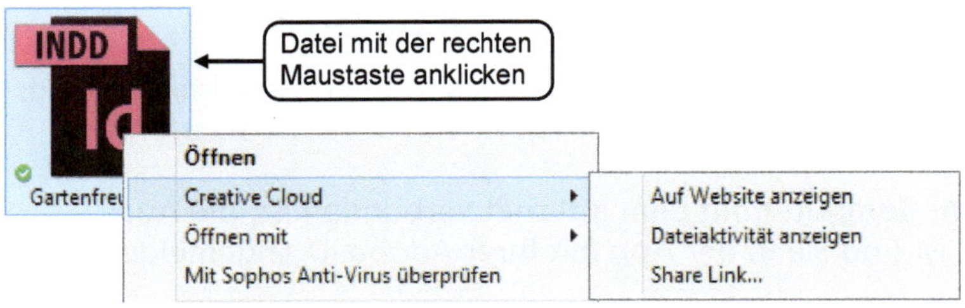

Befehl	Der Browser wird geöffnet und ...
Auf Website anzeigen	der Online-Speicherort der Datei wird angezeigt.
Dateiaktivität anzeigen	der Zeitpunkt der letzten Aktualisierung wird angezeigt.
Share Link ...	das Fenster zum Versenden eines Download-Links wird geöffnet.

Klicken Sie in der Favoritenliste des Explorers mit der rechten Maustaste auf Creative Cloud Files und wählen Sie *Senden an - Desktop (Verknüpfung erstellen)*. Nun können Sie auch vom Desktop aus schnell auf den Ordner zugreifen.

Einstellungen rund um die Dateisynchronisation ändern

- Klicken Sie in der Creative-Cloud-App auf .
- Wählen Sie *Einstellungen* und wechseln Sie im gleichnamigen Dialogfenster zum Register *Dateien*.

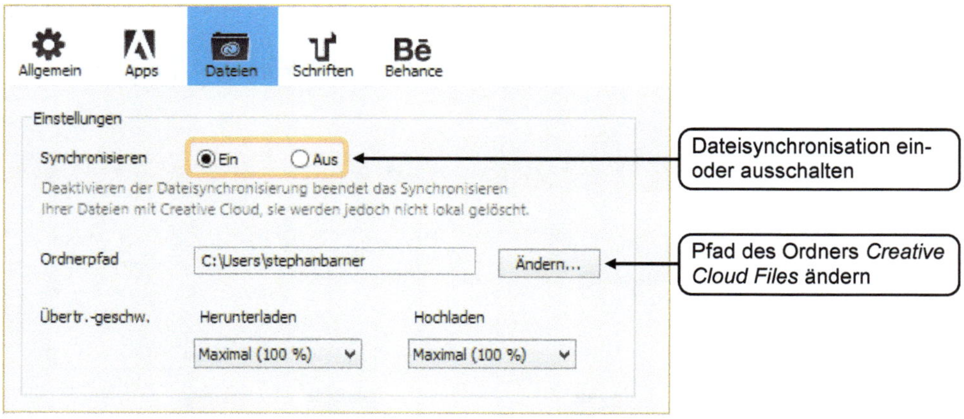

Wenn Sie den Ordnerpfad ändern, werden die darin enthaltenen Elemente nicht mitkopiert und zukünftig auch nicht mehr synchronisiert.

Status der Dateisynchronisation prüfen

Je nach Dateigröße und Geschwindigkeit der Internetverbindung dauert es eine gewisse Zeit, bis die geänderten Elemente synchronisiert sind.

Um sicherzustellen, dass die online gespeicherten Dateien auch tatsächlich aktualisiert wurden, sollten Sie bei Bedarf den Status der Synchronisation prüfen.

Um den allgemeinen Status der Synchronisation zu prüfen, öffnen Sie die Creative-Cloud-App. Hier können Sie auf einen Blick sehen, ob **alle** in der Creative Cloud befindlichen Dateien aktuell sind.

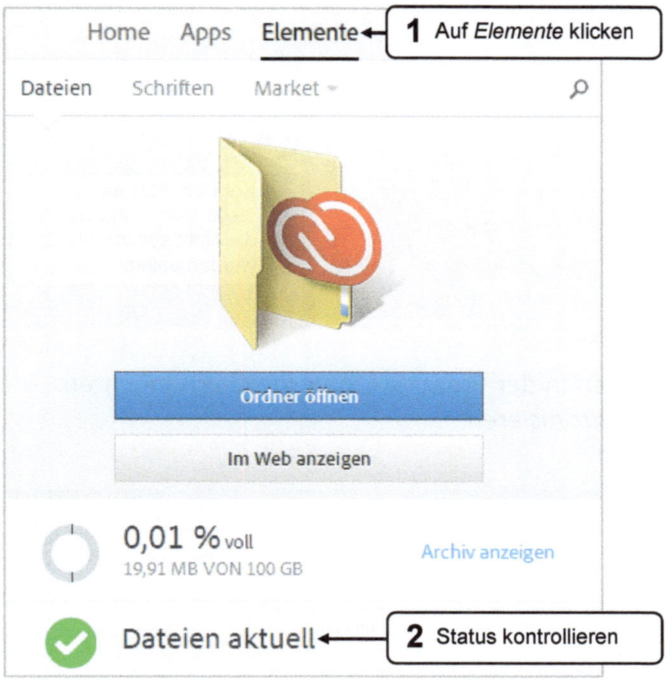

Darüber hinaus können Sie den Datei- bzw. Ordnersymbolen im Ordner *Creative Cloud Files* entnehmen, ob **bestimmte** Elemente bereits synchronisiert wurden bzw. noch zur Synchronisierung anstehen:

- Synchronisierte Elemente sind mit ✓ gekennzeichnet.
- Elemente, deren Synchronisation noch aussteht, sind mit ⇆ gekennzeichnet.

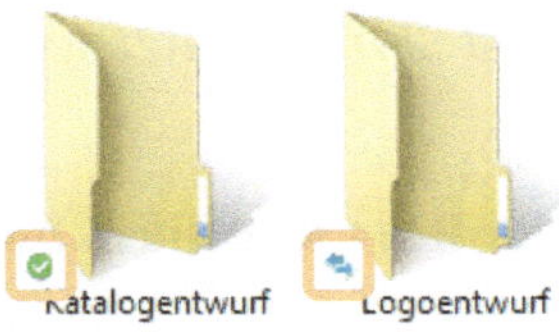

13.4 Einstellungen synchronisieren

Festlegen, welche Einstellungen synchronisiert werden sollen

Sie können verschiedene Einstellungen Ihrer aktuellen Illustrator-Arbeitsumgebung in Ihrem Creative-Cloud-Konto online speichern. Diese Einstellungen lassen sich anschließend mit der Synchronisieren-Funktion schnell wiederherstellen - und zwar unabhängig davon, auf welchem Computer Sie mit Illustrator arbeiten.

Beachten Sie in diesem Zusammenhang, dass die Synchronisation von Dateien und die Synchronisation von Einstellungen voneinander unabhängige Aktionen sind.

Um festzulegen, welche Ihrer Einstellungen in der Creative Cloud gesichert werden sollen, gehen Sie folgendermaßen vor:

▶ Rufen Sie in Illustrator *Bearbeiten - Einstellungen - Einstellungen synchronisieren* auf.

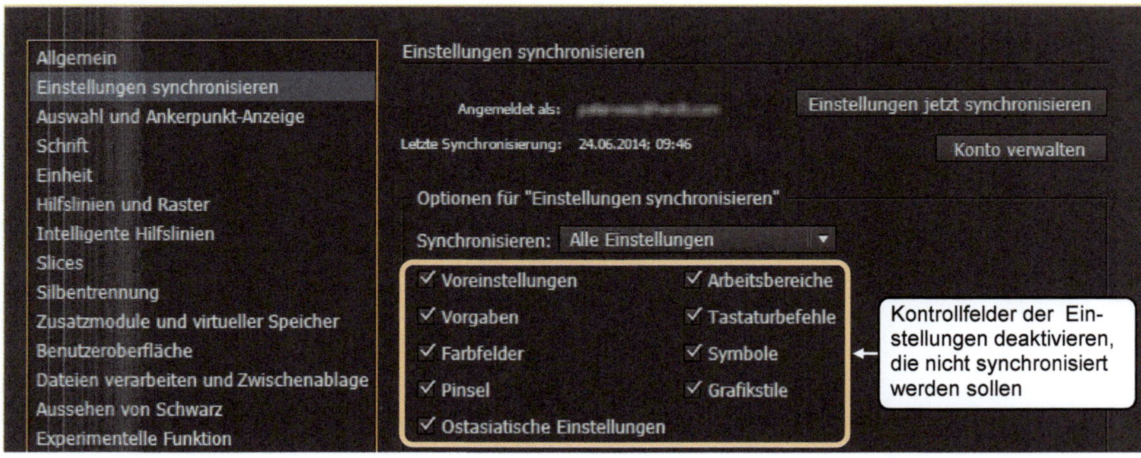

- Falls Sie nun Ihre aktuellen Einstellungen in der Creative Cloud speichern möchten, klicken Sie auf *Einstellungen jetzt synchronisieren*.
- Schließen Sie das Fenster mit *OK*.

Synchronisation durchführen

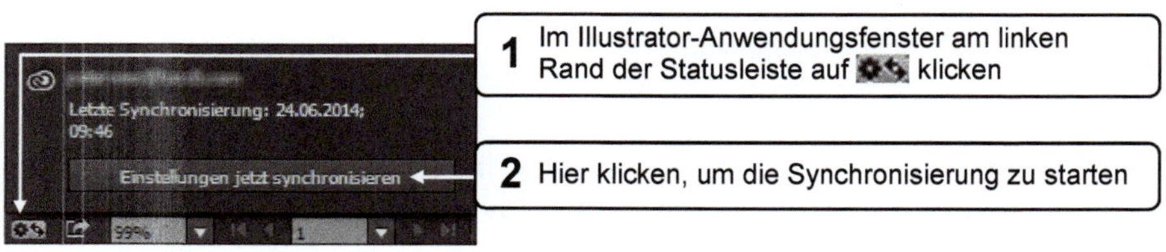

Sie können die Synchronisierung auch starten, indem Sie *Bearbeiten - <Adobe-ID> - Einstellungen jetzt synchronisieren* aufrufen.

Mögliche Konflikte bei der Synchronisation

Falls Sie auf einem zweiten Computer den Arbeitsbereich ändern und anschließend die Einstellungen synchronisieren, „weiß" Illustrator nicht, welche Einstellungen bevorzugt werden sollen. Eine Konfliktmeldung mit folgenden zwei Optionen erscheint:

- ✔ Um die **lokalen Einstellungen** auf dem zweiten Computer **beizubehalten** und die online gespeicherten Einstellungen zu überschreiben, wählen Sie *Lokal synchronisieren*.
- ✔ Möchten Sie die **lokalen Einstellungen** auf dem zweiten Computer mit den online gespeicherten Einstellungen **überschreiben**, klicken Sie auf *Cloud synchronisieren*.

Synchronisierungsdaten aus der Creative Cloud entfernen

- Öffnen Sie im Browser oder über die App *Adobe Creative Cloud* Ihren Online-Speicher.
- Klicken Sie auf , falls der Infobereich der Creative Cloud nicht angezeigt wird.
- Klicken Sie im Infobereich auf *Desktop-Synchronisationseinstellungen*.

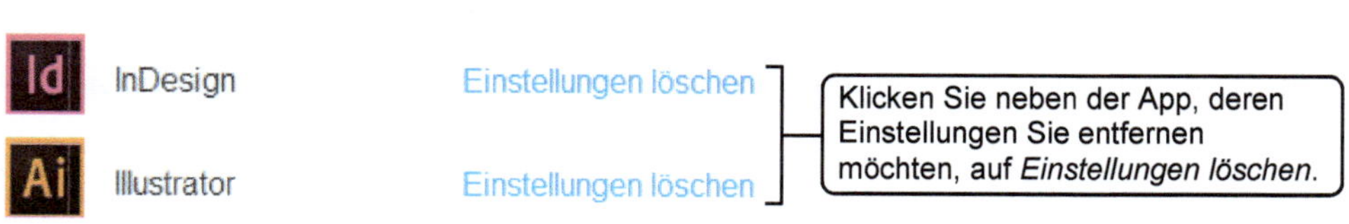

Beachten Sie, dass das Löschen der in der Creative Cloud gespeicherten Einstellungen sofort und ohne weitere Rückfrage erfolgt.

13.5 Creative-Cloud-Anwendungen aktualisieren

Updates abfragen und installieren

Illustrator und andere Creative-Cloud-Apps werden in vergleichsweise kurzen Abständen aktualisiert. Neben Fehlerbehebungen bringen die Updates oftmals auch neue Funktionen mit. Creative-Cloud-Apps sollten daher immer auf den neuesten Stand gebracht werden.

Liegt eine neue Version vor, werden Sie im Infobereich der Windows-Taskleiste automatisch benachrichtigt.

Rufen Sie die Seite *helpx.adobe.com/de/illustrator/using/whats-new.html* in Ihrem Browser auf, um sich über die Neuerungen der jeweils aktuellen Illustrator-Version zu informieren.

Um die Verfügbarkeit von Updates manuell zu prüfen oder um Updates herunterzuladen und zu installieren, gehen Sie folgendermaßen vor:

- Starten Sie die Creative-Cloud-App.

Liegen Updates vor, wird die rote Schaltfläche *Update(s)* angezeigt:

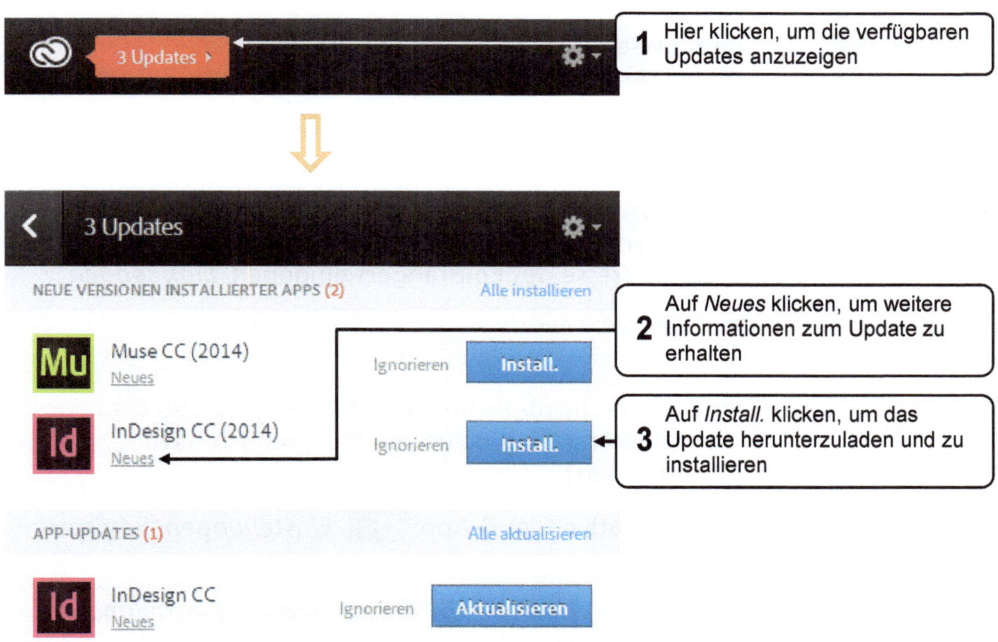

- ✔ Vergessen Sie **vor** einem Update nicht, evtl. geöffnete Dateien zu speichern und darüber hinaus sicherzustellen, dass alle Synchronisationen abgeschlossen sind.
- ✔ Da das Update vor der Installation heruntergeladen wird, sollten Sie für den Update-Vorgang ausreichend Zeit einkalkulieren. Grundsätzlich empfiehlt es sich, Updates erst nach dem Abschluss zeitkritischer Projekte durchzuführen.

13.6 Schnellübersicht

Sie möchten ...	
auf Ihren Online-Speicher in der Creative Cloud zugreifen	Im Browser: *creative.adobe.com/files*, Adobe-ID eingeben In der Creative-Cloud-App: *Elemente, Dateien, Im Web anzeigen*
sich von der Creative Cloud abmelden	Im Browser: , *Abmelden*
Dateien in der Creative Cloud speichern	Im Browser: *Aktionen - Hochladen* oder Datei aus dem Explorer in den Browser ziehen
Dateien aus der Creative Cloud herunterladen	Im Browser: Datei anklicken, *Aktionen - Herunterladen*, Dateiformat auswählen, *Herunterladen*
Ordner in der Creative Cloud anlegen	Im Browser: *Aktionen - Ordner erstellen*
die Listenansicht im Online-Speicher aktivieren	Im Browser: *Anzeigen - Liste*
Elemente in einen Ordner verschieben	Im Browser: Datei(en) in der Listenansicht markieren, *Verschieben*, Zielordner wählen, *Elemente verschieben*
Elemente in der Creative Cloud archivieren	Im Browser: Datei(en) in der Listenansicht markieren, *Archiv, Archiv*
Elemente endgültig aus der Creative Cloud löschen	Im Browser: *Archiv*, Datei(en) markieren, *Endgültig löschen*
Elemente für andere Nutzer freigeben	Im Browser: betreffendes Element in der Listenansicht markieren, *Link senden, Öffentlichen Link erstellen*, E-Mail-Adresse des Empfängers eingeben, *Link senden*
lokal auf den Ordner *Creative Cloud Files* zugreifen	Im Explorer: *Favoriten*, Creative Cloud Files
den Status der Datei-Synchronisation prüfen	Im Explorer: Symbole im Ordner *Creative Cloud Files* kontrollieren (= synchronisiert, = noch nicht synchronisiert)
die Einstellungen der Datei-Synchronisation ändern	In der Creative-Cloud-App: , *Einstellungen*, Register *Dateien*
Festlegen, welche Einstellungen synchronisiert werden	In Illustrator: *Bearbeiten - Einstellungen - Einstellungen synchronisieren*
Einstellungen synchronisieren	In Illustrator: am linken Rand der Statusleiste auf klicken, *Einstellungen jetzt synchronisieren* oder *Bearbeiten - <Adobe-ID> - Einstellungen jetzt synchronisieren*
prüfen, ob Updates vorliegen	In der Creative-Cloud-App: kontrollieren, ob rote Update-Schaltfläche angezeigt wird
Updates installieren	In der Creative-Cloud-App: rote Update-Schaltfläche anklicken, *Install.*

Anhang: Werkzeuge effizient einsetzen

A.1 Überblick über die Werkzeuge

Werkzeugbedienfeld

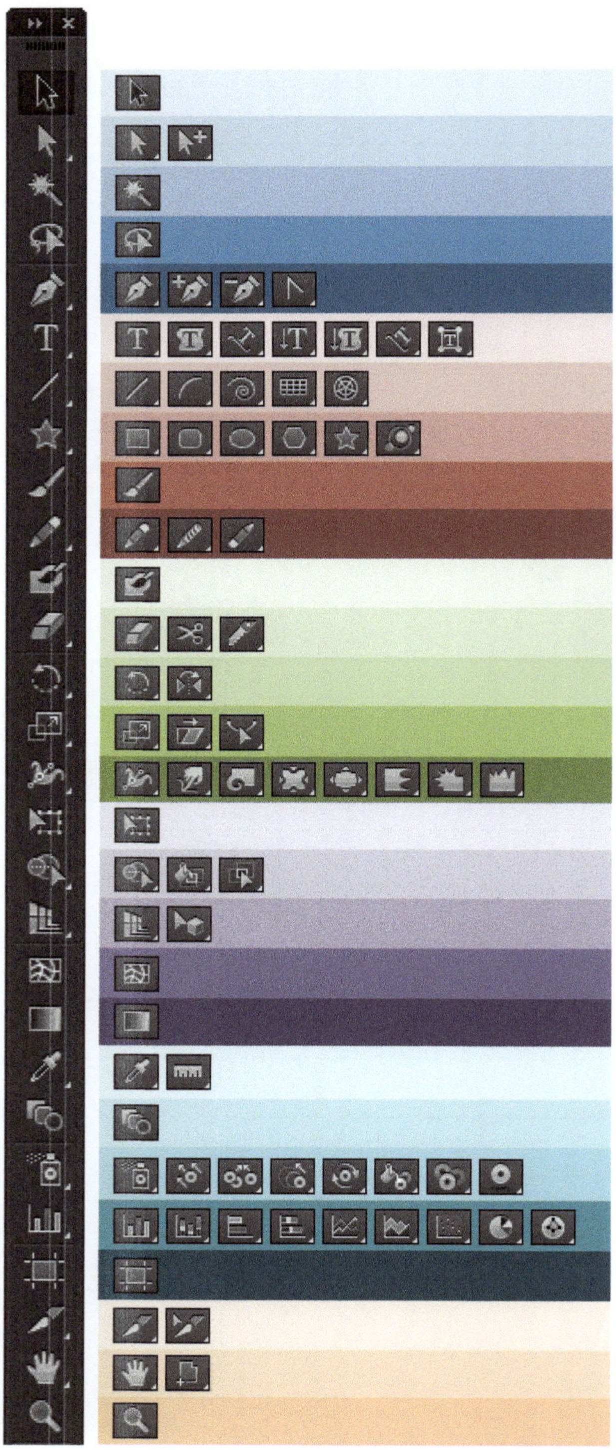

Bedienfelder im Verankerungsbereich

Farbe	F6
Farbhilfe	⇧ F3
Kuler	
Farbfelder	
Pinsel	F5
Symbole	⇧ Strg F11
Kontur	Strg F10
Verlauf	Strg F9
Transparenz	⇧ Strg F10
Aussehen	⇧ F6
Grafikstile	⇧ F5
Ebenen	F7
Zeichenflächen	

- Auswahl-Werkzeug V
- Direktauswahl-Werkzeug A
- Gruppenauswahl-Werkzeug
- Zauberstab-Werkzeug Y
- Lasso-Werkzeug Q
- Zeichenstift-Werkzeug P
- Ankerpunkt-hinzufügen-Werkzeug +
- Ankerpunkt-löschen-Werkzeug -
- Ankerpunkt-konvertieren-Werkzeug ⇧ C
- Text-Werkzeug T
- Flächentext-Werkzeug
- Pfadtext-Werkzeug
- Vertikaler-Text-Werkzeug
- Vertikaler-Flächentext-Werkzeug
- Vertikaler-Pfadtext-Werkzeug
- Touch-Type-Textwerkzeug ⇧ T
- Liniensegment-Werkzeug ⇧ .
- Bogen-Werkzeug
- Spirale-Werkzeug
- Rechteckiges-Raster-Werkzeug
- Radiales-Raster-Werkzeug
- Rechteck-Werkzeug M
- Abgerundetes-Rechteck-Werkzeug
- Ellipse-Werkzeug L
- Polygon-Werkzeug
- Stern-Werkzeug
- Blendenflecke-Werkzeug
- Pinsel-Werkzeug B
- Buntstift-Werkzeug N
- Glätten-Werkzeug
- Löschen-Werkzeug
- Tropfenpinselwerkzeug ⇧ B
- Radiergummi-Werkzeug ⇧ E
- Schere-Werkzeug C
- Messer
- Drehen-Werkzeug R
- Spiegeln-Werkzeug O
- Skalieren-Werkzeug S
- Verbiegen-Werkzeug
- Form-ändern-Werkzeug

- Breitenwerkzeug ⇧ W
- Verkrümmen-Werkzeug ⇧ R
- Strudel-Werkzeug
- Zusammenziehen-Werkzeug
- Aufblasen-Werkzeug
- Ausbuchten-Werkzeug
- Kristallisieren-Werkzeug
- Zerknittern-Werkzeug
- Frei-transformieren-Werkzeug E
- Formerstellungswerkzeug ⇧ M
- Interaktiv-malen-Werkzeug K
- Interaktiv-malen-Auswahlwerkzeug ⇧ L
- Perspektivenraster-Werkzeug ⇧ P
- Perspektivenauswahl-Werkzeug ⇧ V
- Gitter-Werkzeug U
- Verlaufwerkzeug G
- Pipette-Werkzeug I
- Mess-Werkzeug
- Angleichen-Werkzeug W
- Symbol-aufsprühen-Werkzeug ⇧ S
- Symbol-verschieben-Werkzeug
- Symbol-stauchen-Werkzeug
- Symbol-skalieren-Werkzeug
- Symbol-drehen-Werkzeug
- Symbol-färben-Werkzeug
- Symbol-transparent-gestalten-Werkzeug
- Symbol-gestalten-Werkzeug
- Vertikales Balkendiagramm J
- Gestapeltes vertikales Balkendiagramm
- Horizontales Balkendiagramm
- Gestapeltes horizontales Balkendiagramm
- Liniendiagramm
- Flächendiagramm
- Streudiagramm
- Kreisdiagramm
- Netzdiagramm
- Zeichenflächenwerkzeug ⇧ O
- Slice-Werkzeug ⇧ K
- Slice-Auswahl-Werkzeug
- Hand-Werkzeug H
- Druckaufteilungswerkzeug
- Zoomwerkzeug Z

A.2 Individuelle Werkzeugbedienfelder verwenden

Werkzeugbedienfelder mit individueller Auswahl an Werkzeugen

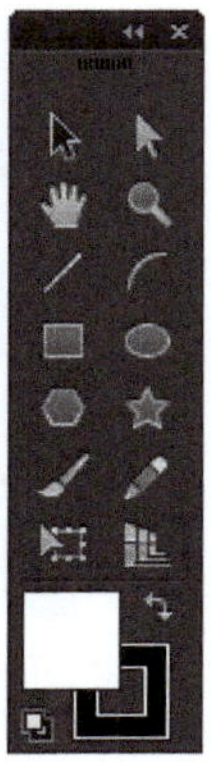

Mithilfe eines benutzerdefinierten Werkzeugbedienfelds lassen sich Zeichnungen schneller und effizienter erstellen. Hier können Sie sich eine individuelle Werkzeugpalette zusammenstellen, die genau auf Ihre Bedürfnisse abgestimmt ist.

So haben Sie beispielsweise

- ✔ immer die passenden Werkzeuge für die aktuelle Arbeit zur Verfügung;
- ✔ direkten Zugriff auf Werkzeuge, die sich im standardmäßig angezeigten Werkzeugbedienfeld im Menü eines anderen Werkzeugs befinden.

Neues Werkzeugbedienfeld erstellen

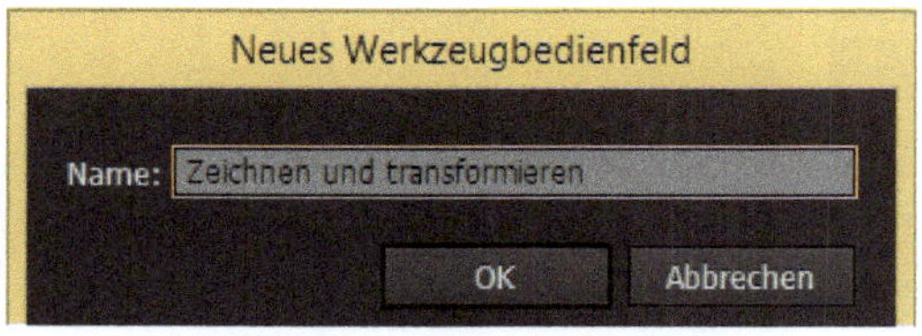

- ▶ Rufen Sie *Fenster - Werkzeuge - Neues Werkzeugbedienfeld* auf.
- ▶ Geben Sie im geöffneten Dialogfenster einen Namen für das neue Werkzeugbedienfeld ein und bestätigen Sie mit *OK*.

  Illustrator blendet auf der Zeichenfläche ein neues Werkzeugbedienfeld ein, in dem bereits die Schaltflächen zum Färben von Flächen und Konturen ① vorhanden sind.
- ▶ Ziehen Sie das gewünschte Werkzeug aus dem Standard-Werkzeugbedienfeld in den mit einem Pluszeichen gekennzeichneten Bereich ② des neuen Bedienfeldes.

Falls das betreffende Werkzeug zu einer Werkzeuggruppe gehört, klicken Sie bei gedrückter (Alt)-Taste so oft auf das im Standard-Werkzeugbedienfeld angezeigte Werkzeug der Werkzeuggruppe, bis das gewünschte Werkzeug dort eingeblendet wird.

- ▶ Ziehen Sie anschließend ein weiteres Werkzeug in das neue Bedienfeld.

  Sie können das Werkzeug oberhalb oder unterhalb des zuvor eingefügten Werkzeuges ablegen. Die jeweilige Einfügeposition wird beim Ziehen durch eine blaue Linie ③ gekennzeichnet.

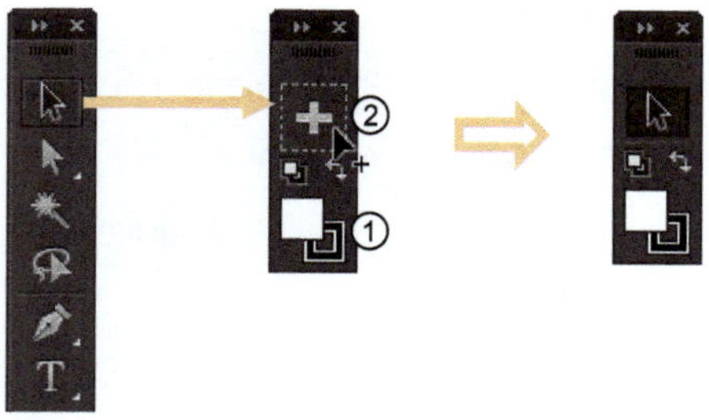

Erstes Werkzeug einfügen

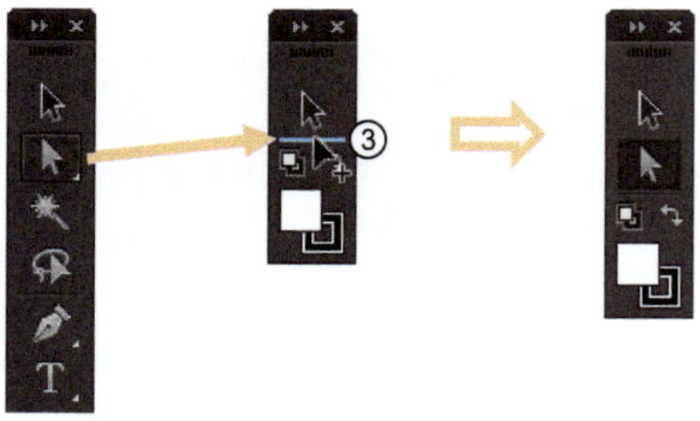

Weitere Werkzeuge einfügen

Individuell erstellte Werkzeugbedienfelder lassen sich jederzeit anpassen. Hierzu können Sie wie zuvor erläutert weitere Werkzeuge hinzufügen oder nicht mehr benötigte Werkzeuge entfernen, indem Sie diese mit der Maus aus dem Bedienfeld ziehen.

Werkzeugbedienfelder ein- bzw. ausblenden

- Rufen Sie *Fenster - Werkzeuge* auf.
- Aktivieren bzw. deaktivieren Sie im geöffneten Untermenü den entsprechenden Menüpunkt ①, um das gleichnamige Werkzeugbedienfeld ein- bzw. auszublenden.

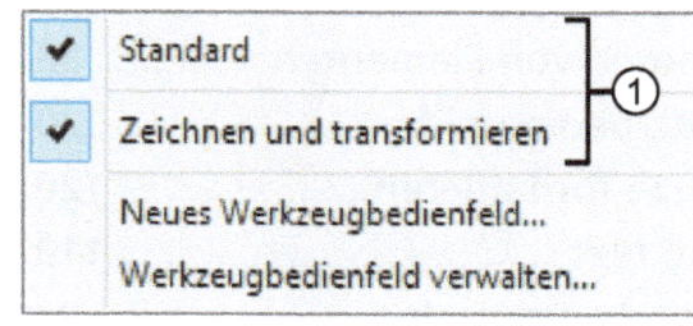

Möchten Sie ein selbst erstelltes Werkzeugbedienfeld verankern, ziehen Sie es am Anfasser ② an den linken oder rechten Rand des Anwendungsfensters.

Werkzeugbedienfelder verwalten

- Rufen Sie *Fenster - Werkzeuge - Werkzeugbedienfeld verwalten* auf.

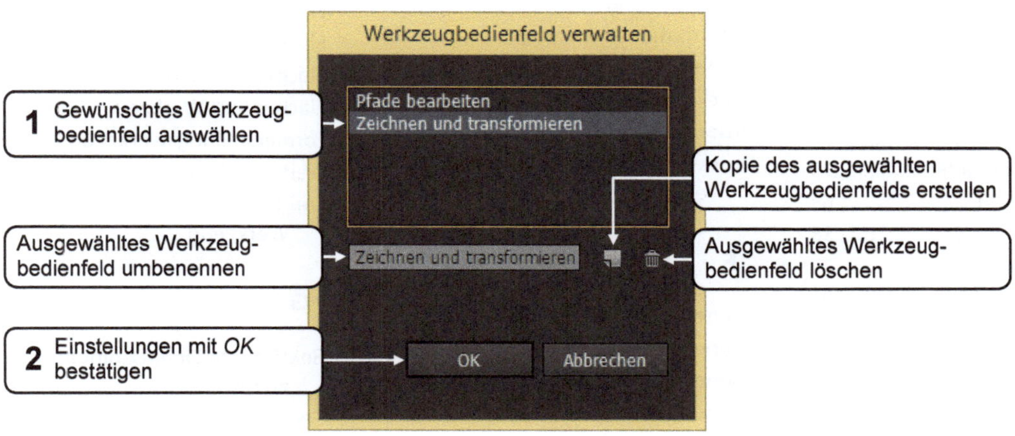

3

A

B

C

D

E

F

G

H

I

Impressum

Matchcode: ILLCC2014

Autor: Peter Wies

Produziert im HERDT-Digitaldruck

1. Ausgabe, August 2014

HERDT-Verlag für Bildungsmedien GmbH
Am Kümmerling 21-25
55294 Bodenheim
Internet: www.herdt.com
E-Mail: info@herdt.com